Learn French

The Essentials You Need to Go From an Absolute Beginner to Intermediate and Advanced

© Copyright 2023 - All rights reserved.

The content contained within this book may not be reproduced, duplicated, or transmitted without direct written permission from the author or the publisher.

Under no circumstances will any blame or legal responsibility be held against the publisher, or author, for any damages, reparation, or monetary loss due to the information contained within this book, either directly or indirectly.

Legal Notice:

This book is copyright protected. It is only for personal use. You cannot amend, distribute, sell, use, quote, or paraphrase any part, or the content within this book, without the consent of the author or publisher.

Disclaimer Notice:

Please note the information contained within this document is for educational and entertainment purposes only. All effort has been executed to present accurate, up-to-date, reliable, and complete information. No warranties of any kind are declared or implied. Readers acknowledge that the author is not engaging in the rendering of legal, financial, medical, or professional advice. The content within this book has been derived from various sources. Please consult a licensed professional before attempting any techniques outlined in this book.

By reading this document, the reader agrees that under no circumstances is the author responsible for any losses, direct or indirect, that are incurred as a result of the use of the information contained within this document, including, but not limited to, errors, omissions, or inaccuracies.

Free Bonuses from Raoul Dumont

Hi French Learners!

My name is Raoul Dumont, and first off, I want to THANK YOU for reading my book.

Now you have a chance to join my exclusive French language learning email list so you can get the ebooks below for free as well as the potential to get more French books for free! Simply click the link below to join.

P.S. Remember that it's 100% free to join the list.

Access your free bonuses here:
https://livetolearn.lpages.co/learn-french-paperback/

Table of Contents

PART 1: FRENCH FOR BEGINNERS 1
    INTRODUCTION 2
    CHAPTER 1: FRENCH BASICS 4
    CHAPTER 2: MEETING NEW PEOPLE 17
    CHAPTER 3: CHECKING INTO YOUR ROOM 30
    CHAPTER 4: GOING SHOPPING 43
    CHAPTER 5: GOING SIGHTSEEING 68
    CHAPTER 6: HAVING A HOUSE PARTY 92
    CHAPTER 7: EATING OUT 110
    CHAPTER 8: AT THE MOVIES 123
    CHAPTER 9: TALKING ABOUT YOUR PAST 135
    CHAPTER 10: BASIC GRAMMAR REVISION 147
PART 2: INTERMEDIATE FRENCH 201
    INTRODUCTION 202
    CHAPTER 1: FROM BEGINNER TO INTERMEDIATE 203
    CHAPTER 2: NUMBERS, NUMBERS, NUMBERS 223

CHAPTER 3: GRAMMATICAL GENDERS 240

CHAPTER 4: FROM PRONOUNS TO POSSESSIVES 250

CHAPTER 5: MASTERING ADJECTIVES AND ADVERBS 264

CHAPTER 6: DEMONSTRATING HOW ARTICLES WORK 274

CHAPTER 7: THE VERB I. FOCUS ON THE PRESENT 281

CHAPTER 8: THE VERB II. THINKING ABOUT THE PAST 292

CHAPTER 9: THE VERB III. TOWARDS THE FUTURE 302

CHAPTER 10: PREPOSITIONS AND CONJUNCTIONS 318

CHAPTER 11: ASKING AND NEGATING INFORMATION 328

CHAPTER 12: REPORTING INFORMATION (INDIRECT SPEECH) 338

ANSWER KEY 346

PART 3: ADVANCED FRENCH 365

INTRODUCTION 366

CHAPTER 1: ARE YOU A MASTER OF MAIN CONCEPTS? 368

CHAPTER 2: READING STRATEGIES FOR THE ADVANCED LEARNER 380

CHAPTER 3: FIRST CONJUGATIONS 384

CHAPTER 4: SECOND CONJUGATIONS 401

CHAPTER 5: THIRD CONJUGATIONS 408

CHAPTER 6: SPEAKING, SPEAKING, SPEAKING… 419

CHAPTER 7: REFLEXIVE VERBS 427

CHAPTER 8: GERUNDS AND INFINITIVES 437

CHAPTER 9: THE PASSIVE AND THE CONDITIONAL 446

CHAPTER 10: FROM DIRECT TO INDIRECT SPEECH 455

CHAPTER 11: PHRASAL VERBS AND OTHER USEFUL IDIOMS 462

CHAPTER 12: FORMAL WRITING 475

ANSWER KEY 498

HERE'S ANOTHER BOOK BY LINGO PUBLISHING THAT YOU
   MIGHT LIKE..519

FREE BONUSES FROM RAOUL DUMONT..520

Part 1: French for Beginners

Learn French in 30 Days Without Wasting Time

Introduction

Grâce à ce livre, tu apprendras le français de manière ludique à travers le voyage de Martin. Parcours les 10 chapitres, avec exercices inclus, afin de t'améliorer dans la langue de Molières.

Tu découvriras au fil des chapitres et du voyage de Martin en France, différentes facettes de la grammaire, du vocabulaire et de la culture française. Avance petit à petit, chapitre par chapitre et apprends le français en 30 jours seulement ! Ce livre te garantit de solides bases dans cette langue et te servira tout au long de ton périple grâce à ces dialogues et ces mises en situations réelles. Martin t'explique chacun de ces astuces et difficultés qu'il a rencontré lors de l'apprentissage de la langue. Grâce à son expérience, tu pourras donc éviter de faire les mêmes erreurs et te plonger directement dans le vif du sujet. Si tu écoutes chacun de ses conseils, ta progression se fera très rapidement.

En bonus et pour rendre l'apprentissage encore plus fun, tu découvriras quelques recettes typiquement françaises et des anecdotes tout aussi drôle sur la culture de ce pays. Aussi, n'oublies pas que la meilleure façon d'apprendre une nouvelle langue est d'essayer de la pratiquer directement avec des locaux alors n'hésites plus à raconter ce que tu as appris dans ce bouquin et ce que tu as fait durant ton voyage en France.

Bonne chance dans ton apprentissage du français !

Thanks to this book, you will learn French in a playful way through Martin's journey. Go through the 10 chapters, with exercises included, to improve your French.

You will discover through the chapters and Martin's journey in France, different facets of French grammar, vocabulary, and culture. Advance little by little, chapter by chapter, and learn French in only 30 days! This book guarantees you a solid foundation in the language and will serve you throughout your journey thanks to these dialogues and real-life situations. Martin explains each of the tips and difficulties he encountered while learning the language. Thanks to his experience, you can avoid making the same mistakes and dive straight into the heart of the matter. If you listen to his advice, your progress will be fast.

As a bonus and to make learning even more fun, you will discover some typical French recipes and some funny facts about the culture of this country. Also, don't forget that the best way to learn a new language is to try to practice it directly with locals, so do not hesitate to share what you learned in this book and what you did during your trip to France.

Good luck in learning French!

Chapter 1: French Basics

Tout au long du livre et directement dans ce premier chapitre, tu vas découvrir le périple de Martin, un jeune étudiant voulant découvrir la France et le français. Par le biais de ses aventures, tu vas toi-même en apprendre plus sur la culture française et sur la langue.

Ce tout premier chapitre t'apportera les bases du français dont tu auras besoin en arrivant sur place. Tout comme toi, Martin n'a pour le moment que très peu de connaissance de la langue française. Il est ici pour te guider à travers son voyage et t'enseigner ce qu'il a appris de très pratique.

Throughout the book and directly in this first chapter, you will discover the journey of Martin, a young student who wants to discover France and French. You will learn more about French culture and the language through his adventures.

This very first chapter will give you the basic French you will need when you arrive. Like you, Martin has very little knowledge of the French language at the moment. He is here to guide you through his journey and teach you what he has learned in a very practical way.

Brief history of the French language

Le français est un langage complexe et est considéré comme une langue romane. Cette langue est parlée dans plusieurs pays tels que la France, la Belgique, la Suisse et le Canada. Suite à la colonisation de plusieurs pays d'Afrique depuis les années 1800, le français est encore à ce jour parlé sur ce continent, notamment au Congo et au Sénégal.

Aujourd'hui, le français est souvent désigné comme la langue de l'Amour. Aux allures romantiques, de plus en plus de personnes se lancent dans l'apprentissage de cette langue, toi y compris, et Martin!

French is a complex language and is considered a Romance language. This language is spoken in several countries such as France, Belgium, Switzerland, and Canada. Following the colonization of several African countries since the 1800s, French is still spoken on this continent, notably in Congo and Senegal.

Today, French is often referred to as the language of love. With its romantic allure, more and more people are starting to learn this language, including you and Martin!

The Alphabet and Accents

Dans cette première leçon, il est impératif que tu apprennes l'alphabet. La colonne de droite t'aidera à bien prononcer les sons des différentes lettres. N'hésites pas à t'aider d'une vidéo afin de prononcer les lettres à haute voix pour bien mémoriser toutes ces sonorités.

Martin, lui a décidé d'apprendre l'alphabet par cœur afin de ne plus jamais l'oublier. Il trouve aujourd'hui que ça l'a beaucoup aidé lorsqu'il devait apprendre de nouveaux mots de vocabulaire.

In this first lesson, it is imperative that you learn the alphabet. The right column will help you to pronounce the sounds of the different letters. Don't hesitate to use a video to pronounce the letters out loud to help you memorize all the sounds.

Martin decided to learn the alphabet by heart so that he would never forget it again. He now finds that it has helped him a lot when he had to learn new vocabulary words.

Lettres - Letters	Prononciation - Pronunciation
A	/ɑ/
B	/be/
C	/se/
D	/de/

E	/ə/
F	/ɛf/
G	/ʒe/
H	/aʃ/
I	/i/
J	/ʒi/
K	/kɑ/
L	/ɛl/
M	/ɛm/
N	/ɛn/
O	/o/
P	/pe/
Q	/ky/
R	/ɛʁ/
S	/ɛs/
T	/te/
U	/y/
V	/ve/
W	/dublə ve/
X	/iks/

Y	/igʁɛk/
Z	/zɛd/

En français, il existe aussi différents accents qui modifient la prononciation de certaines lettres et parfois même dans certains cas, la signification de la lettre. Réfères-toi au tableau ci-dessous afin de bien comprendre le son qu'ils apportent à la lettre. Important, les accents en français se trouvent uniquement sur les voyelles suivantes: a / e / i / o / u.

In French, there are also different accents that change the pronunciation of certain letters and sometimes even the meaning of the letter. Refer to the table below to understand the sound they make on the letter. Important, accents in French are only found on the following vowels: a / e / i / o / u.

Les accents en français / French accents					
Sans accent	a	e	i	o	u
Accent aigu		é			
Accent grave	à	è			ù
Accent circonflexe	â	ê	î	ô	û
Le tréma		ë	ï		

La prononciation des accents changent uniquement sur le « e » et le « i ». Sur les lettres « a », « o » et « u », la prononciation ne change pas de l'alphabet traditionnel.

Le « é » se prononce: [e]

Le « è » et le « ê » se prononcent: [ɛ]

Le tréma s'utilise lorsqu'on veut que le son de la lettre en question et la lettre précédente se prononcent séparément. Il est généralement utilisé sur le « i » mais peut aussi être utilisé sur le « e ».

Exemple 1: Loïc c'est un prénom d'origine bretonne. Le son du « o » et du « i » doivent être séparé.

Exemple 2: Noël Le son du « o » doit être séparé du son du « e ».

The pronunciation of the accents changes only on the "e" and "i". On the letters "a", "o" and "u", the pronunciation does not change from the traditional alphabet.

"é" is pronounced: **[e]**

"è" and "ê" are pronounced: **[ɛ]**

The umlaut is used when you want the sound of the letter in question and the previous letter to be pronounced separately. It is usually used on the "i," but it can also be used on the "e".

Example 1: Loïc it is a first name of Breton origin. The sound of the "o" and the "i" must be separated. **[lɔik]**

Example 2: Noël it means Christmas in English. The "o" sound must be separated from the "e" sound. **[nɔɛl]**

Pronunciation Tips

Afin de parfaire ta prononciation, Martin te donne quelques conseils pour que tu puisses bien être compris par tes interlocuteurs.

In order to perfect your pronunciation, Martin gives you some advice so that you can be well understood by your interlocutors.

1. En français, il existe des voyelles orales ou nasales. Il est important de bien faire la différence entre ces deux types. Un voyelle orale est une voyelle qui possède la prononciation que tu as apprise grâce à l'alphabet.

    Par exemple: m**a**rd**i** les deux voyelles dans le mot « mardi » possèdent exactement le même son que dans l'alphabet que tu as appris plus haut.

    In French, there are oral and nasal vowels. It is important to make the difference between these two types. An oral vowel is a vowel that has the pronunciation that you have learned through the alphabet.

    For example: m**a**rd**i,** which means "Tuesday." The two vowels in the word "mardi" have the exact same sound as in the alphabet you learned earlier.

1. Les voyelles nasales font parties d'un mot où sa prononciation de base sera modifiée. Elles ont un son nasale ce qui veut dire que le son vient du nez.

    Par exemple: impossible le son du « i » est modifié et devient [ɛ̃pɔsibl]

    Nasal vowels are part of a word where its basic pronunciation will be modified. They have a nasal sound which means that the sound comes from the nose.

    For example: impossible which means "impossible." The sound of the "i" is modified and becomes [ɛ̃pɔsibl]

1. Certaines consonnes ont différentes prononciations. C'est le cas pour la lettre « c » et la lettre « s ».

    Quand le « c » se trouve devant un « e » ou un « i », il se prononce comme un « s ».

    Par exemple: cible [sibl]

    Mais quand le « c » est devant un « a », un « o » ou un « u », il se prononce comme un « k ».

    Par exemple: canapé [kanape]

    Quand le « s » se trouve entre deux voyelles, il se prononce comme un « z ».

    Par exemple: cerise [səʁiz]

    Some consonants have different pronunciations. This is the case for the letter "c" and the letter "s".

    When the "c" is in front of an "e" or an "i", it is pronounced like an "s".

    For example: cible, which means "target" in English. [sibl]

    But when the "c" is in front of an "a", "o" or "u", it is pronounced like a "k".

    For example: canapé which means "sofa" in English [kanape]

    When the "s" is between two vowels, it is pronounced like a "z".

    For example: cerise which means "cherry" in English. [səʁiz]

1. Certaines consonnes combinées entre elles donnent de nouveaux sons. C'est le cas pour les consonnes « ch ».

    Par exemple: cheval [ʃəval]

Some consonants combined together give new sounds. This is the case for the consonants "ch".

<u>For example:</u> cheval, which means "horse" in English. [ʃəval]

1. On peut aussi combiner des consonnes avec des voyelles en français. On retrouve notamment tous les sons en « IN » [in], en « ON » [ɔ̃] et en « EN » [ɑ̃].

   Consonants can also be combined with vowels in French. In particular, we find all the sounds in " IN " [in], in " ON " [ɔ̃] and in " EN " [ɑ̃].

Le son « on » [ɔ̃]
-on
-om
Le son « in » [in]
-in
-ain
-ein
-un
-um
-im
Le son « en » [ɑ̃]
-en
-em
-an
-am

Word Order in a simple sentence

L'ordre des mots dans une phrase simple, c'est une des premières choses que Martin a appris. En effet, afin de pouvoir communiquer avec quelqu'un, tu dois être capable de pouvoir construire une phrase simple en utilisant au minimum un sujet, un verbe et un complément.

Suis les étapes suivantes afin d'apprendre à faire une phrase simple correctement.
1. Dans une phrase simple, le sujet se trouve toujours en première position.
2. Le verbe se trouve en deuxième position.
3. En troisième position, il y a l'objet/le complément.

Exemple: je mange une pomme.

Dans la phrase ci-dessus, le « je » représente le sujet et se trouve en $1^{\text{ère}}$ position. Le verbe « mange » suit le sujet et se trouve donc en $2^{\text{ème}}$ position. Le complément « une pomme » se trouve en fin de phrase, en $3^{\text{ème}}$ position.

The order of words in a simple sentence is one of the first things Martin learned. In order to communicate with someone, you need to be able to construct a simple sentence using at least a subject, a verb, and a complement.

Follow these steps to learn how to make a simple sentence correctly.
1. In a simple sentence, the subject is always in the first position.
2. The verb is in the second position.
3. In the third position, there is the object/complement.

Example: je mange une pomme (it means: I eat an apple).

In the sentence above, "je" represents the subject and is in the 1st position. The verb "mange" follows the subject and is therefore in 2nd position. The complement "une pomme" is at the end of the sentence, in 3rd position.

Capitalization

En français, la première lettre de certains commencent par une majuscule. Les mots commençant par des majuscules sont des noms propres tels que des prénoms, des noms de famille, des noms de pays, des noms de marque, des noms de ville et village. En début de phrase, le premier mot possède toujours une majuscule.

Exemples :
1. Je m'appelle **M**artin.
2. Je voyage en **F**rance.
3. Je viens de **L**ondres.

In French, the first letter of some words starts with a capital letter. Words beginning with capital letters are proper nouns such as first names, family names, country names, brand names, and city and village names. At the beginning of a sentence, the first word is always capitalized.

Examples:
1. Je m'appelle **M**artin. My name is Martin.
2. Je voyage en **F**rance. I am traveling in France.
3. Je viens de **L**ondres. I come from London.

Punctuation

La ponctuation est très important dans la langue française. Elle sert à positionner certains mots et à fixer le sens d'une phrase. Grâce aux signes de ponctuation, il est plus facile de comprendre s'il s'agit d'une question, une exclamation ou d'une affirmation.

Le point (.) : il marque la fin d'une phrase. A l'oral, on baisse naturellement la voix afin que notre interlocuteur puisse comprendre qu'il s'agit de la fin de la phrase.

La virgule (,) : elle marque une pause ou une succession d'éléments comme pour dicter une liste.

Le point d'interrogation (?) : ce point précise que la phrase est une question. A l'oral, on monte le ton de notre voix à la fin de la question pour que notre interlocuteur puisse comprendre qu'il s'agit d'une question.

Le point d'exclamation (!) : le point d'exclamation sert à exprimer un sentiment dans une phrase comme par exemple de la joie, de la déception ou de l'admiration.

Punctuation is very important in the French language. It is used to position certain words and to fix the meaning of a sentence. Thanks to punctuation marks, it is easier to understand if it is a question, an exclamation, or a statement.

The point (.): marks the end of a sentence. When speaking, we naturally lower our voice so that our interlocutor can understand that it is the end of the sentence.

The comma (,): marks a pause or a succession of elements as if dictating a list.

The question mark (?): this mark specifies that the sentence is a question. When speaking, we raise the tone of our voice at the end of the question so that our interlocutor can understand that it is a question.

The exclamation mark (!): the exclamation mark is used to express a feeling in a sentence, such as joy, disappointment, or admiration.

Vocabulary

Colors

Français	English
La couleur	The color
Rouge	Red
Bleu	Blue
Vert	Green
Jaune	Yellow
Blanc	White
Noir	Black
Gris	Grey
Brun	Brown
Rose	Pink
Violet	Purple
Orange	Orange

Beige	Beige
Doré	Gold
Argenté	Silver

Numbers 1-19

Les chiffres	The numbers
Un	1
Deux	2
Trois	3
Quatre	4
Cinq	5
Six	6
Sept	7
Huit	8
Neuf	9
Dix	10
Onze	11
Douze	12
Treize	13
Quatorze	14
Quinze	15

Seize	16
Dix-sept	17
Dix-huit	18
Dix-neuf	19

Exercises

Après avoir bien compris la théorie, lance-toi dans la réalisation des exercices ci-dessous. Tu trouveras les réponses dans le chapitre « Answer Key ».

Once you understand the theory, try the exercises below. You will find the answers in the chapter "Answer Key."

Exercice 1

Complète les phrases ci-dessous avec la bonne couleur.

Complete the sentences below with the correct color.

1. La banane est _____.
2. Le cochon est _____.
3. L'arbre est _____.
4. La fraise est _____.
5. Le ciel est _____.
6. La pierre est _____.
7. Le corbeau est _____.
8. Le riz est _____.
9. Le raisin est _____.
10. Le chocolat est _____.

Exercice 2

Identifie les verbes dans les phrases suivantes en les surlignant. Si tu veux exercer en plus ta prononciation, lis les phrases à voix haute.

Identify the verbs in the following sentences by highlighting them. If you want to practice your pronunciation, read the sentences out loud.

1. Martin voyage en France.
2. Il commence son voyage à Paris.

3. Il visite le Louvre.
4. Il boit un café dans un restaurant.
5. Il mange une crêpe.
6. Il se promène au bord de la Seine.
7. Il prend le métro.
8. Il écoute un concert de Jean-Jacques Goldmann.
9. Il dort à l'hôtel.
10. Il mange un croissant dans une boulangerie.

Chapter 2: Meeting New People

Dans le chapitre 2, nous allons découvrir ensemble comment apprendre à connaître de nouvelles personnes dans une langue étrangère à la nôtre. Martin voyage essentiellement en auberge de jeunesse et partage généralement sa chambre avec d'autres voyageurs. C'est très important pour lui de pouvoir se présenter et poser quelques questions basiques à son voisin de chambre.

In chapter 2, we will discover together how to get to know new people in a language other than our own. Martin travels mainly in hostels and usually shares his room with other travelers. It is very important for him to be able to introduce himself and ask some basic questions to his roommate.

Functions

Afin de pouvoir te présenter et poser quelques questions simples, lance-toi dans les thèmes ci-dessous.

In order to be able to introduce yourself and ask a few simple questions, take a look at the topics below.

Greetings

En français, il n'y a aucune différence entre « bonjour » le matin ou l'après-midi. Nous disons tout simplement « bonjour ».

In French, there is no difference between "bonjour" in the morning or in the afternoon. We simply say "bonjour".

Français	English
Bonjour (le matin)	Good morning
Bonjour (l'après-midi)	Good afternoon
Bonsoir	Good evening
Bonne nuit	Good night
Salut	Hello
Au revoir	Goodbye
À bientôt	See you soon
Bonne journée	Have a good day
Bonne soirée	Have a good evening
À demain	See you tomorrow
Tchao	Bye
Bienvenue	Welcome
Enchanté	Nice to meet you

Introducing yourself

En entrant dans son dortoir à l'auberge de jeunesse, Martin se présente toujours aux personnes avec lesquelles il va partager les prochaines nuits. Cet exercice lui permet de pratiquer son français et de rencontrer de nouvelles personnes. Souvent, grâce à quelques petites phrases, il arrive à faire connaissance avec de chouette personnes et partage ensuite des activités avec elles.

Upon entering to his dormitory at the youth hostel, Martin always introduces himself to the people he will be sharing the next few nights with. This exercise allows him to practice his French and to meet new people. Often, thanks to a few short sentences, he manages to get to know some nice people and then shares activities with them.

Français	English
Je m'appelle.../ Mon prénom est ...	My name is...
Je viens de...	I come from...
J'habite à...	I live in...
J'ai ... ans	I am ... years old
J'étudie ... à l'université	I study ... at the university
Je travaille en tant que ...	I am working as ...
Je suis ...	I am ...

Voici ce que Martin dit généralement lorsqu'il se présente:

Bonjour, je m'appelle Martin et j'ai 22 ans. Je suis anglais. Je viens de Londres. Je suis étudiant en droit à l'université.

Here is what Martin usually says when he introduces himself:

Hello, my name is Martin and I am 22 years old. I am English. I come from London. I am a law student at the university.

Asking simple questions

Il y a deux différentes manières de poser des questions en français et les deux sont très importantes car elles sont complémentaires.

There are two different ways to ask questions in French, and both are very important because they are complementary.

La première méthode utilise la forme « est-ce que » et voici comment l'utiliser:

1. La forme « est-ce que » se situe en 1ère position.
2. Le sujet se place en 2ème position.
3. Le verbe se place en 3ème position.
4. Le complément d'objet, s'il y en a un, se place en dernière position.

The first method uses the "est-ce que" form and here is how to use it:
1. The form "est-ce que" is in 1st position.
2. The subject is placed in 2nd position.
3. The verb is placed in 3rd position.
4. The object complement, if there is one, is placed in the last position.

Par exemple / for example:

L'autre manière de poser des questions se fait en utilisant les mots interrogatifs de la liste ci-dessous. Ils sont à apprendre par cœur afin que tu puisses bien comprendre la question que te pose ton interlocuteur.

The other way to ask questions is to use the interrogative words from the list below. They should be memorized so that you can understand the question your interlocutor is asking you.

Français	English
Quoi ? Quel(s) ? Quelle(s) ? Que ?	What ?
Qui ?	Who ?
Où ?	Where ?
Comment ?	How ?
Quand ?	When ?
Pourquoi ?	Why ?

Voici la méthode à appliquer pour utiliser cette manière de poser des questions :
1. Le mot interrogatif se place en 1ère position.
2. Le verbe se place en 2ème position car il faut inverser le sujet et le verbe. En inversant le sujet et le verbe, il est obligatoire de les lier avec un trait d'union.
3. Le sujet se place en 3ème position, juste après le verbe.

Here is the method to apply to use this way to ask questions:
1. The interrogative word is placed in 1st position.
2. The verb is placed in the 2nd position because the subject and the verb must be reversed. When inverting the subject and the verb, it is mandatory to link them with a hyphen.
3. The subject is placed in the 3rd position, just after the verb.

Par exemple / for example:

Voici d'autres exemples de questions utilisant les mots interrogatifs:

Other examples of questions using interrogative words:
1. Que fais-tu ? / What are you doing?
2. Qui es-tu ? / Who are you?
3. Où es-tu ? / Where are you?
4. Comment t'appelles-tu ? / What is your name?
5. Quand viens-tu ? / When do you come?
6. Pourquoi fais-tu cela ? / Why do you do that?

Useful questions

Lorsque Martin rencontre quelqu'un dans une auberge de jeunesse, voici les questions qu'il lui pose en général afin de faire plus ample connaissance:
1. Comment t'appelles-tu ?
2. Quel âge as-tu ?
3. D'où viens-tu ?
4. Quel est ton travail ?
5. Est-ce que tu es étudiant ? Qu'est-ce que tu étudies ?
6. Où habites-tu ?
7. Depuis combien de temps est-ce que tu voyages en France ?
8. Est-ce que tu veux visiter un musée avec moi aujourd'hui ?
9. Quelle langue est-ce que tu parles ?
10. Est-ce que tu as des recommandations à me donner sur cette ville ?

When Martin meets someone in a youth hostel, these are the questions he usually asks to get to know them better:
1. What is your name?
2. How old are you?
3. Where do you come from?
4. What job do you do?
5. Are you a student? What do you study?
6. Where do you live?
7. How long have you been traveling in France?
8. Would you like to visit a museum with me today?
9. What language do you speak?
10. Do you have any recommendations for this city?

Dialogue: two people who meet each other for the first time

Dans ce dialogue, Martin rencontre quelqu'un pour la première fois. Lis ce dialogue et entraine-le seul ou avec quelqu'un.

In this dialogue, Martin meets someone for the first time. Read this dialogue and practice it alone or with someone.

Martin: Bonjour, je m'appelle Martin. Et toi, comment t'appelles-tu ?
Anne: Salut Martin. Je m'appelle Anne.
Martin: Enchanté. Est-ce que tu es à Paris en voyage ?
Anne: Non, je suis à Paris pour les études. Et toi ?
Martin: Je suis en vacances à Paris. Est-ce que tu es libre aujourd'hui ?
Anne: Oui, je suis libre. Je peux te faire visiter la ville si tu souhaites.
Martin: Oui, ça serait vraiment super ! Merci beaucoup.
Martin: Hello, my name is Martin. And you, what is your name?
Anne: Hi Martin. My name is Anne.
Martin: Nice to meet you. Are you in Paris on a trip?
Anne: No, I am in Paris to study. What about you?
Martin: I am on holiday in Paris. Are you free today?
Anne: Yes, I am free. I can show you around the city if you want.
Martin: Yes, that would be really great! Thank you very much.

Grammar

Il est important que tu apprennes un minimum de la grammaire française pour débuter l'apprentissage de cette langue. Nous allons commencer par la base et petit à petit, nous augmenterons la difficulté pour parfaire tes connaissances.

It is important that you learn a minimum of French grammar to start learning this language. We will start with the basics and gradually increase the difficulty to perfect your knowledge.

Subject pronouns

Français	English
Je	I
Tu	You
Il / elle / on	He / she / it
Nous	We
Vous	You
Ils / elles	They

The verb "to be"

Le verbe "être" est un des verbes de base. Il est donc important que tu l'apprennes par cœur.

The verb "to be" is one of the basic verbs. It is therefore important that you learn it by heart.

Être - au présent	
Je suis	I am
Tu es	You are
Il est / elle est / on est	He is / she is / it is

Nous sommes	We are
Vous êtes	You are
Ils sont / elles sont	They are

The gender of nouns

En français, le genre des noms se définit par le masculin, le féminin, le singulier et le pluriel. Lorsque tu apprends du vocabulaire, il est nécessaire que tu apprennes aussi son genre afin de te faciliter la tâche par la suite.

In French, the gender of nouns is defined as masculine, feminine, singular and plural. When you learn vocabulary, it is necessary that you also learn its gender in order to make it easier for you later on.

Le: masculin / singulier = male form + singular form

La: féminin / singulier = female form + singular form

L': masculin ou féminin / singulier = male or female form + singular form

Les: masculin ou féminin / pluriel = male or female form + plural form

Quelques exemples:

Masculin / singulier: le chat, le vélo, le soleil, l'avion, l'ordinateur

Féminin / singulier: la vache, la voiture, la lune, l'armoire, l'île

Masculin / pluriel: les chiens, les bus, les pantalons, les bâtiments, les oiseaux

Féminin / pluriel: les crevettes, les étoiles, les robes, les maisons, les assiettes

Some examples:

Male form + singular form: the cat, the bike, the sun, the plane, the computer

Female form + singular form: the cow, the car, the moon, the wardrobe, the island

Male form + plural form: the dogs, the busses, the trousers, the buildings, the birds

Female form + plural form: the shrimps, the stars, the dresses, the houses, the plates

Vocabulary

Countries and nationalities

Français	English
La France	France
La Suisse	Switzerland
L'Allemagne	Germany
L'Autriche	Austria
L'italie	Italy
L'Angleterre	England
La Pologne	Poland
La Russie	Russia
La Grèce	Greece
L'Espagne	Spain
Le Portugal	Portugal
La Norvège	Norway
La Suède	Sweden
Les Etats-Unis	The United States
Le Canada	Canada
Le Mexique	Mexico
Le Brésil	Brazil

La Chine	China
Le Japon	Japan
La Thaïlande	Thailand
L'Inde	India
L'Australie	Australia
La Nouvelle-Zélande	New Zealand
L'Egypte	Egypt
Le Maroc	Morocco
Le Sénégal	Senegal
L'Afrique du Sud	South Africa
L'Europe	Europe
L'Amérique du Nord	North America
L'Amérique du Sud	South America
L'Asie	Asia
L'Afrique	Africa
L'Océanie	Oceania
La nationalité	The nationality
L'origine	The origin
La culture	The culture

Numbers over 20

Les chiffres en français sont relativement compliqués à mémoriser mais heureusement, Martin a une technique infaillible qui pourra t'aider à les apprendre.

The numbers in French are quite complicated to memorize but fortunately, Martin has a foolproof technique that can help you learn them.

Les chiffres	The numbers
Vingt	20
Trente	30
Quarante	40
Cinquante	50
Soixante	60
Soixante-dix	70
Quatre-vingts	80
Quatre-vingt-dix	90
Cent	100
Mille	1000
Un million	1'000'000

1. Les chiffres de 20 à 69 sont réguliers.

    The numbers from 20 to 69 are regular.

    Par exemple / for example:

    21 = vingt-et-un

    34 = trente-quatre

    46 = quarante-six

    57 = cinquante-sept

    69 = soixante-neuf

1. Pour les chiffres de 70 à 79, il faut utiliser: 60 + 10

    For the numbers from 70 to 79, you have to take: 60 + 10

    Par exemple / for example:

    72 = soixante-douze it is like you say "sixty-twelve" instead of seventy two.

    75 = soixante-quinze it is like you say "sixty-fifteen" instead of seventy five.

    78 = soixante-dix-huit it is like you say "sixty-eighteen" instead of seventy eight.

1. Le chiffre 80 est à apprendre par cœur: quatre-vingts

    You have to learn the number 80 by heart: four times twenty

1. Pour les chiffres de 81 à 89, il faut utiliser: quatre-vingt + 1...

    For the numbers from 81 to 89, you have to take: four times twenty + 1

    Par exemple / for example:

    81 = quatre-vingt-un it is like you say "four times twenty-one" instead of eighty one

    83 = quatre-vingt-trois it is like you say "four times twenty-three" instead of eighty-three

    89 = quatre-vingt-neuf it is like you say "four times twenty-nine" instead of eighty-nine

1. Pour les chiffres de 90 à 99, il faut utiliser: quatre-vingt + 10

    For the numbers from 90 to 99, you have to take four times twenty + 10

    Par exemple / for example:

    92 = quatre-vingt-douze it is like you say "four times twenty twelve" instead of ninety-two

    96 = quatre-vingt-seize it is like you say "four times twenty sixteen" instead of ninety-six

    97 = quatre-vingt-dix-sept it is like you say "four times twenty seventeen" instead of ninety-seven

Exercises

Exercise 3

Ecris les chiffres en français.

Write the numbers in French.

14 = _____

27 = _____

35 = _____

42 = _____

53 = _____

63 = _____

77 = _____

82 = _____

99 = _____

100 = _____

Exercice 4

Réponds aux questions ci-dessous en écrivant des phrases complètes.
Answer the questions below by writing in complete sentences.

1. Comment t'appelles-tu ?
   _____

2. Quel âge as-tu ?
   _____

3. Où habites-tu ?
   _____

4. D'où viens-tu ?
   _____

5. Quel travail fais-tu / quelles études fais-tu ?
   _____

Chapter 3: Checking Into Your Room

Si toi aussi, comme Martin, tu aimes voyager à l'étranger, tu devras savoir te débrouiller dans la langue du pays pour pourvoir faire ton check-in dans l'hôtel que tu as choisi. Martin va t'aider dans ce chapitre en te proposant des phrases et des nouveaux mots de vocabulaire utiles.

If you, like Martin, like to travel abroad, you will need to know the local language in order to check into your chosen hotel. Martin will help you in this chapter with useful phrases and new vocabulary.

Functions

Booking a room

Lorsque tu pars en voyage, il te faudra réserver une chambre dans un hôtel ou un lit dans une auberge. Bien que tu puisses le faire sur internet sans forcément apprendre à communiquer dans la langue du pays où tu te rends, il est souvent agréable de ne pas réserver tout son voyage et de voir au jour le jour où tu veux te rendre ensuite. Dans ce genre de situation, il est plus favorable de te rendre directement à la réception d'un hôtel pour réserver une chambre ou bien de téléphoner pour être sûr que l'hôtel a encore de la place pour toi.

Martin a fait une sélection de différents mots et phrases qui pourront t'être utile dans ce genre de situation.

When you go on a trip, you will have to book a room in a hotel or a bed in a hostel. Although you can do this on the internet without necessarily learning to communicate in the language of the country you are going to, it is often nice not to book your entire trip and to see where you want to go next. In this kind of situation, it is better to go directly to the reception of a hotel to book a room or to call to make sure that the hotel still has room for you.

Martin has made a selection of different words and phrases that may be useful in this kind of situation.

Français	English
L'hôtel	The hotel
L'auberge de jeunesse	The hostel
La réception	The reception
Le check-in	The check-in
Le check-out	The check-out
Le petit-déjeuner	The breakfast
Le petit-déjeuner est servi de 6h à 10h.	Breakfast is served from 6 am to 10 am.
La clé	The key
Est-ce qu'il y a un dépôt pour la clé ?	Is there a key deposit?
La porte d'entrée	The front door
La porte d'entrée est ouverte de 7h à 22h.	The front door is open from 7 am to 10 pm.
La serviette	The towel
Les draps	The sheets

L'oreiller	The pillow
Je souhaite réserver une chambre privative.	I would like to book a private room.
Combien de nuits souhaitez-vous rester ?	How many nights do you want to stay?
Je souhaite rester 3 nuits.	I would like to stay 3 nights.
Est-ce que vous avez encore des dortoirs à 6 lits ?	Do you still have 6-bed dorms?
Est-ce que les dortoirs sont séparés fille/garçon ?	Are the dormitories separate for girls and boys?
Combien coûte une nuit ?	How much does a night cost?
Quel est le prix pour une nuit ?	What is the price for one night?
Est-ce que je peux payer par carte ?	Can I pay by card?
La réception est ouverte de 8h à 20h.	The reception is open from 8 am to 8 pm.

Asking for the room number

Même si ce point peut paraître facile, les chiffres en français, comme tu as pu les apprendre dans le chapitre précédent, sont parfois difficiles à comprendre et à retenir. Afin de ne pas te perdre dans l'établissement, Martin t'a préparé quelques phrases et questions afin que tu puisses trouver ta chambre sans problème.

Although this may seem easy, French numbers, as you learned in the previous chapter, are sometimes difficult to understand and remember. In order not to get lost in the building, Martin has prepared a few phrases and questions for you so that you can find your room without any problems.

Français	English
Quel est le numéro de la chambre ?	What is the room number?
Vous êtes à la chambre numéro 732.	You are in room number 732.
Où est-ce que se situe la chambre ?	Where is the room located?
La chambre se situe au 7ème étage au fond du couloir.	The room is located on the 7th floor at the end of the hallway.
Vous pouvez prendre l'ascenseur sur votre gauche et monter jusqu'au 7ème étage. Ensuite, tournez directement dans le couloir à droite et vous trouverez votre chambre au fond du couloir.	You can take the elevator on your left and go up to the 7th floor. Then turn right into the hallway and you will find your room at the end of the hallway.
Où sont les escaliers ?	Where are the stairs?
Les escaliers sont juste derrière vous.	The stairs are right behind you.

Describing the room

Martin a remarqué qu'à la réception des auberges de jeunesse, ils prennent souvent le temps de t'expliquer comment est ta chambre et où se trouve ton lit. Grâce à ces quelques phrases, tu pourras comprendre ce que le réceptionniste te dit.

Martin has noticed that at the reception of the hostels, they often take the time to explain to you what your room is like and where your bed is. With these few sentences, you will be able to understand what the receptionist is telling you.

Français	English
Votre lit se situe contre le mur à côté de l'armoire.	Your bed is located against the wall next to the closet.
Il n'y a pas de salle de bain dans la chambre, elle se situe dans le couloir en face de votre chambre.	There is no bathroom in the room, it is located in the corridor in front of your room.
Il y a 8 lits dans le dortoir.	There are 8 beds in the dormitory.
Il y a des casiers pour mettre vos affaires et objets de valeur.	There are lockers for your belongings and valuables.
Il y a une télévision dans votre chambre privative.	There is a television in your private room.
La salle de bain est équipée d'un sèche-cheveux.	The bathroom has a hairdryer.
Il y a la climatisation dans votre chambre.	There is air conditioning in your room.

Pour chaque description, que ce soit pour un objet, un lieu ou un paysage, nous utilisons souvent la forme « il y a » pour décrire quelque chose. Avec les explications ci-dessous, tu pourras maîtriser cette nouvelle forme de phrase et décrire tout ce dont tu as envie.

Premièrement, il n'y a pas de différence entre le singulier et le pluriel en français lorsque tu utilises cette forme. Ensuite, mis à part cette spécificité, cette forme s'utilise comme en anglais.

For every description, whether it's an object, a place or a landscape, we often use the form "there is/there are" to describe something. With the explanations below, you will be able to master this new sentence form and describe anything you want.

First, there is no difference between singular and plural in French when you use this form. Secondly, apart from this specificity, this form is used like in English.

Exemples /examples:

Il y a un oiseau dans l'arbre. There is a bird in the tree.

Il y a une femme dans la voiture. There is a woman in the car.

Il y a des croissants à la boulangerie. There are croissants at the bakery.

Il y a des fraises au marché. There are strawberries at the market.

Comme tu peux le voir dans les exemples ci-dessus, que ce soit au singulier, au pluriel, au masculin ou au féminin, la forme « il y a » ne change pas et s'utilise toujours comme cela.

As you can see in the examples above, whether it is singular, plural, masculine or feminine, the form "there is" does not change and is always used like that.

Dialogue: booking a room in a hotel

Dans ce dialogue, tu pourras t'entrainer à pratiquer ton oral en reproduisant la conversation entre Martin et la réceptionniste de l'auberge de jeunesse.

In this dialogue you can practice your speaking skills by reproducing the conversation between Martin and the receptionist at the youth hostel.

Martin: Bonjour, je souhaiterais réserver une chambre dans votre auberge s'il-vous-plaît.

La réceptionniste: Bonjour. Bien sûr. Quel type de chambres souhaitez-vous ? Une chambre privée ou un dortoir ?

Martin: Plutôt un dortoir, si possible.

La réceptionniste: Nous avons encore un dortoir à 6 lits à 14€ la nuit ou à 8 lits à 12€ la nuit de disponible. Lequel préférez-vous ?

Martin: Je vais prendre un lit dans le dortoir à 6. Je souhaite rester 5 nuits.

La réceptionniste: Très bien, cela vous coûtera 70€. Vous souhaitez payer par carte ou en cash ?

Martin: Je vais payer par carte. Est-ce que le petit-déjeuner est inclus ?

La réceptionniste: Oui et il est servi à partir de 7h00 jusqu'à 9h00. Votre dortoir se trouve au numéro 212. Il est au deuxième étage sur votre droite en sortant de l'ascenseur. N'hésitez pas à venir à la réception en cas de question. Elle est ouverte de 8h00 à 22h00.

Martin: Merci beaucoup et bonne journée.

La réceptionniste: Bonne journée à vous aussi.

Martin: Hello, I would like to book a room in your hostel please.

The receptionist: Hello. Yes, of course. What type of rooms would you like? A private room or a dormitory?

Martin: More like a dormitory, if possible.

The receptionist: We still have a 6 bed dormitory at 14€ per night or an 8 bed dormitory at 12€ per night available. Which one do you prefer?

Martin: I will take a bed in the 6 person dorm. I want to stay 5 nights.

The receptionist: Very well, it will cost you 70€. Would you like to pay by card or cash?

Martin: I will pay by card. Is breakfast included?

The receptionist: Yes, and it is served from 7:00 am to 9:00 am. Your dormitory is located at number 212. It is on the second floor on your right as you exit the elevator. Do not hesitate to come to the reception if you have any questions. It is open from 8:00 am to 10:00 pm.

Martin: Thank you very much and have a nice day.

The receptionist: Good day to you too.

Grammar

Definite/indefinite articles

L'article défini est représenté par: **le, la, l', les**. Cela signifie qu'on individualise l'objet ou l'être dont on parle.

L'article indéfini est représenté par: **un, une, des**. Il ne représente pas un objet ou un être spécifique. Il a une notion plus générale.

Par exemple / for example:

Le restaurant the restaurant / C'est un endroit défini. On parle d'un restaurant précis. It is a defined place. We're talking about a specific restaurant.

Un restaurant a restaurant / On parle aussi d'un restaurant mais de n'importe lequel. On ne peut pas savoir exactement de quel restaurant il s'agit. We are also talking about a restaurant, but any restaurant. We can't know exactly which restaurant it is.

Yes/No questions

Les questions oui/non sont aussi appelées « questions fermées » en français. On les appelle comme cela car elles ne laissent pas la possibilité de répondre autre chose que oui ou non.

En utilisant la forme « est-ce que », tu peux poser une question fermée.

Exemples:

Question 1: Est-ce que je peux venir ce soir ? **Réponse 1:** Oui, tu peux venir ce soir.

Question 2: Est-ce que le repas est prêt ? **Réponse 2:** Oui, le repas est prêt.

Question 3: Est-ce que as réussi tes examens ? **Réponse 3:** Non, je ne les ai pas réussis.

Yes/no questions are also called "closed questions" in French. They are so called because they do not allow the possibility of answering anything other than yes or no.

By using the form "est-ce que", you can ask a closed question.

Examples:

Question 1: Can I come tonight? **Answer 1:** Yes, you can come tonight.

Question 2: Is the meal ready? **Answer 2:** Yes, the meal is ready.

Question 3: Have you passed your exams? **Answer 3:** No, I didn't.

Prepositions of place

Dans la liste, tu trouveras toutes les prépositions de lieux que Martin connaît. Il est important de bien les connaître et d'apprendre à les utiliser.

In the list, you will find all the prepositions of place that Martin knows. It is important to know them well and to learn how to use them.

Français	English
À / au / aux	To
Dans	In
Sur	On

Sous	Under
Au dessus de	Above
Au dessous de	Below
Entre	Between
Parmi	Among
Au milieu de	In the middle of
Devant	In front of
Derrière	Behind
En face de	In front of
À côté de	Next to
Contre	Against
Près de	Close to
Loin de	Far from
Vers	Towards
En	To / in
Au bout de	At the end of
A l'intérieur de	Inside
A l'extérieur de	Outside
Le long de	Along
En dehors de	Apart from

Ces mots sont invariables. Cela veut dire qu'ils ne s'accordent pas au pluriel, au féminin ou au masculin. Ils gardent leur forme de base.

These words are invariable. This means that they do not have a plural, feminine or masculine form. They keep their basic form.

Vocabulary

Parts of the house

Français	English
Le rez-de-chaussée	The ground floor
Le premier (1er) étage	The first floor
Le deuxième (2ème) étage	The second floor
Le troisième (3ème) étage	The third floor
Le sous-sol	The basement
L'intérieur	The inside
L'extérieur	The outside
Le couloir	The hallway

Rooms of the house

Français	English
La cuisine	The kitchen
La chambre à coucher	The bedroom
Le salon	The living room
La salle de bain	The badroom
Le bureau	The office room

Le garage	The garage
Le jardin	The garden
L'entrée	The hall
La cave	The cellar
Le balcon	The balcony

Objects in the house

Français	English
Le lit	The bed
Le canapé	The sofa
La chaise	The chair
Le tabouret	The stool
Les toilettes	The toilets
La douche	The shower
La baignoire	The bath
La casserole	The pan
La poêle	The frying pan
Le bol	The bowl
L'assiette	The plate
La fourchette	The fork
Le couteau	The knife

La cuillère à soupe	The spoon
La cuillère à café	The tea spoon
Le verre	The glas
La télévision / la TV	The television / the TV
L'ordinateur	The computer
La table	The table
Le bureau	The desk
Le fauteuil	The armchair
La poubelle	The bin
La plante	The plant
La cheminée	The chimney
L'étagère	The shelf
La fenêtre	The window
La porte	The door

Exercises

Exercise 5

Surligne la bonne préposition dans les phrases ci-dessous.
Highlight the correct preposition in the sentences below.

1. Je pars **à / sur** Lyon.
2. La serviette est **en / dans** la salle de bain.
3. Des guides sont disponible **sous / à** la réception.
4. Le verre est **sur / vers** la table.
5. Le chat se cache **sous / dans** la table.

6. La gare se trouve **en dessous de / en face de** la mairie.
7. Je me balade **parmi / le long de** la rivière.
8. Le salon de coiffure est **entre / à l'intérieur** du centre commercial.
9. Il s'assied **à côté de / à** moi.
10. Le musée est **près de / dans** la station de métro.

Exercise 6

Mets les mots dans le bon ordre afin de former une phrase correcte.
Put the words in the right order to form a correct sentence.

1. se situe / La / au / étage. / troisième / chambre

_____

est / cuisine ? / Où / la

_____

Je / réserver / une / deux / pour / chambre / personnes. / souhaite

_____

prix / nuit ? / pour / le / Quel / est / une

_____

petit-déjeuner / inclus / prix. / dans / le / n'est pas / Le

_____

Chapter 4: Going Shopping

Lors de son périple en France, Martin est souvent allé acheter des choses au supermarché ou dans les marchés locaux. Il a dû s'exprimer en français pour acheter de la nourriture mais aussi pour acheter quelques souvenirs à rapporter à sa famille. Grâce à son expérience, tu pourras toi aussi faire des achats tout en pratiquant la langue française.

During his trip to France, Martin often went to buy things at the supermarket or in the local markets. He had to speak French to buy food but also to buy some souvenirs to bring back to his family. Thanks to his experience, you too will be able to shop while practicing the French language.

Functions

Asking for and finding products in a store

Martin te propose ci-dessous quelques phrases et mots qui te seront utiles dans un magasin. Apprends-les afin de pouvoir te débrouiller seul.

Below are some phrases and words that will be useful in a store. Learn them so that you can manage to buy anything on your own.

Français	English
Je souhaite acheter ...	I would like to buy ...
Où est-ce que je peux trouver ...	Where can I find ...

Français	English
Est-ce que vous avez ... dans votre magasin ?	Do you have ... in your shop?
Où est-ce que je peux acheter des souvenirs ?	Where can I buy some souvenirs?
Est-ce que je peux avoir ... ?	Can I have ... ?
Pouvez-vous m'indiquer où se trouve ... ?	Can you tell me where is ... ?
Le ... est dans ce rayon.	The ... is in this area.
Désolé, nous n'avons plus cela.	Sorry, we don't have that anymore.
Nous n'avons pas ce produit en magasin.	We do not have this product in store.

Telling the price of a product

Pour réussir ce module, tu auras besoin de tes connaissances des chiffres que tu as appris dans les chapitres 1 et 2. Si tu as encore des doutes avec les nombres, retournes à ces chapitres afin de les réviser et de les maîtriser.

To pass this module, you will need the number skills you learned in Chapters 1 and 2. If you are still unsure about numbers, go back to those chapters to review and master them.

Français	English
Combien coûte un/une ... ?	How much does a ... cost?
Quel est le prix du/de la ... ?	What is the price for the ...?
Cela vous coûtera 34 euros.	It will cost you 34 euros.
Un centime	One cent
Un billet de banque	A bank note

Une pièce	A coin
Est-ce que vous avez la monnaie ?	Do you have the change?
Par carte	By card
En cash	In cash
Est-ce que je peux payer avec un chèque ?	Can I pay with a check?

Anecdote: même si ce n'est plus vraiment utilisé dans d'autres pays, les Français paient souvent par chèque.

Fun fact: Even if it is not really used anymore in other countries, French people often pay by check.

Asking why – questions

En français, les questions avec le mot interrogatif « pourquoi » sont formées d'une manière spécifique et leurs réponses aussi.

In French, questions with the interrogative word "pourquoi" are formed in a specific way and so are their answers.

Exemple / example:

Pourquoi est-ce que *tu pleures* ? Why do *you cry*?

Je pleure **parce que** j'ai raté mon permis de conduire. *I am crying* **because** I failed my driver's license.

Comme tu peux le remarquer dans cet exemple, la réponse à la question se constitue en deux parties. La première partie « je pleure » est reprise par la fin de la question « tu pleures ». Ensuite, il faut ajouter le groupe de mot « parce que » et donner une raison.

As you can see in this example, the answer to the question is in two parts. The first part "I am crying" is taken up by the end of the question "you cry". Then, you have to add the word group "because" and give a reason.

Dialogue: to buy food in an organic shop

Dans cette nouvelle situation, Martin fait ses courses dans un magasin vendant de la nourriture biologique. Il a quelques questions à poser au vendeur.

In this new situation, Martin goes shopping at a store selling organic food. He has a few questions for the employee.

Martin: Bonjour, excusez-moi de vous déranger. Pouvez-vous m'indiquer où est-ce que je peux trouver du café dans le magasin ?

Le vendeur: Bonjour. Le café se trouve dans le rayon numéro 4, à côté du rayon où se trouve le thé.

Martin: Merci. D'où vient le café que vous vendez ?

Le vendeur: Il vient d'Amérique du Sud, plus précisément de Colombie. Il est fabriqué de manière biologique et respectueuse de l'humain et de l'environnement.

Martin: Merci pour ces informations. Quel est le prix d'un paquet ?

Le vendeur: Un paquet de café vous coûtera 9€.

Martin: Hello, I am sorry to bother you. Can you tell me where I can find coffee in the store?

The seller: Hello. The coffee is in area number 4, next to the tea area.

Martin: Thank you. Where does the coffee you sell come from?

The seller: It comes from South America, more precisely from Colombia. It is manufactured in an organic way and respectful of the human being and the environment.

Martin: Thank you for this information. What is the price of a package?

The seller: A pack of coffee will cost you 9€.

Grammar

Demonstrative articles

L'article ou le déterminant démonstratif désigne de façon précise l'objet, la personne ou l'animal dont il est question.

Ils se distinguent en 3 catégories: masculin, féminin et pluriel. On dit donc qu'il varie en genre et en nombre.

The article or the demonstrative determiner designates the object, person or animal in question.

They are distinguished in 3 categories: masculine, feminine and plural. It is therefore said to vary in gender and number.

Masculin singulier / male + single form	Ce, cet / this
Féminin singulier / female + single form	Cette / this
Masculin ou féminin pluriel / male or female + plural form	Ces / these

Par exemple / for example:

Masculin singulier / male + single form: Je veux acheter ce pain. I want to buy this bread.

Féminin singulier / female + single form: Cette pomme est rouge. This apple is red.

Masculin pluriel / male + plural form: Ces fruits sont bons. These fruits are tasty.

Féminin pluriel / female + plural form: Ces bières sont fortes. These beers are strong.

La forme au masculin singulier du déterminant démonstratif peut varier selon le mot. En effet, si le déterminant est suivi d'un mot commençant par une voyelle (a, e, i, o, u, y) ou un h muet, « ce » deviendra obligatoirement « cet ». Le « h muet » est un « h » qui ne se prononce et ne s'entend pas à l'oral, c'est pourquoi on dit qu'il est « muet ».

The masculine singular form of the demonstrative determiner can vary depending on the word. Indeed, if the determiner is followed by a word beginning with a vowel (a, e, i, o, u, y) or a silent h, "ce" will necessarily become "cet". The "silent h" is an "h" that is not pronounced or heard in speech, which is why it is called "silent".

Par exemple / for example:

Cet abricot this apricot

Cet oignon this onion

Cet habit this clothe

Cet homme this man

Adverbs of quantity

Quand on souhaite parler de quantité, il y a plusieurs manières de le faire. On peut utiliser les nombres pour désigner précisément combien il y en a, ou les adverbes de quantités qui désignent plus ou moins bien la quantité ou le volume de la chose. On peut dire que les adverbes de quantité de donne pas une quantité précise mais plutôt une idée de la quantité.

Les adverbes de quantité sont invariables. Cela veut dire qu'ils ne s'accordent pas avec le nom qu'ils définissent.

When we want to talk about quantity, there are several ways to do so. We can use numbers to indicate precisely how many there are, or quantity adverbs that indicate more or less the quantity or volume of the thing. It can be said that adverbs of quantity do not give a precise quantity but rather an idea of the quantity.

Adverbs of quantity are invariable. This means that they do not change with the noun they define.

Exemples d'adverbes de quantité / examples of adverbs of quantity:

Peu	Few, not much, very little
Assez	Enough
Beaucoup, énormément	A lot, many
Trop	Too many
Environ, à peu près	About
Approximativement	Approximately

Il y a peu de lait. There is very little milk.

Il y a encore beaucoup de farine. There is still a lot of flour.

Le croissant coûte environ 1 euro. The croissant costs about 1 euro.

Il y a assez de sucre pour faire un gâteau. There is enough sugar to make a cake.

Il y a énormément de pommes sur l'arbre. There are many apples on the tree.

Il y a à peu près 1 kilo de café. There are about 1 kilo of coffee.

Ce repas coûte approximativement 12 euros. This meal costs approximately 12 euros.

Il y a trop de monde au magasin. There are too many people in the store.

Interrogative pronouns

Il existe plusieurs formes de pronoms interrogatifs. Nous en avons déjà appris quelques-uns dans le chapitre 2 sur comment poser des questions (qui, que, quoi, où, pourquoi, comment) et comme tu les maîtrises déjà, nous allons directement passer aux nouveaux. Ils se divisent en 4 catégories et s'accordent en genre et en nombre: masculin singulier, féminin singulier, masculin pluriel et féminin pluriel. On utilise ces pronoms interrogatifs afin de poser des questions et pour interroger précisément sur l'identité de l'objet ou de la personne. Les pronoms interrogatifs remplacent un nom dans la phrase/question.

There are several forms of interrogative pronouns. We have already learned some of them in chapter 2 on how to ask questions (who, what, where, why, how) and since you have already mastered them, we will go straight to the new ones. They are divided into 4 categories and change in gender and number: masculine singular, feminine singular, masculine plural and feminine plural. These interrogative pronouns are used to ask questions and to ask about the identity of the object or person. Interrogative pronouns replace a noun in the sentence/question.

Masculin singulier / male + single form	Lequel, duquel, auquel / which
Féminin singulier / female + single form	Laquelle, de laquelle, à laquelle / which
Masculin pluriel / male + plural form	Lesquels, desquels, auxquels / which
Féminin pluriel / female + plural form	Lesquelles, desquelles, auxquelles / which

Exemples / examples:

1. Il y a deux vélos. Lequel est le tien ? / There are two bikes. Which one is yours?
    - « Lequel » reprend le mot « vélo » / "Which" is define by the word "bike".

2. J'adore la veste de ce magasin. Laquelle est-ce que tu aimes ? / I love the jacket from this store. Which one do you like?

- « Laquelle » est définit par le mot « veste ». On pose cette question s'il y a en plusieurs et qu'on ne sait pas de laquelle on parle. / "Which" is define by the word "jacket". We ask this question if there are several and we do not know which one we are talking about.

The present forms of regular verbs

En français, les verbes sont divisés en 3 groupes: le 1er groupe, le 2ème groupe et le 3ème groupe. Les verbes réguliers sont tous compris dans le 1er et le 2ème groupe et ce sont ceux-ci que nous allons découvrir dans ce thème.

Les verbes du 1er groupe terminent tous par « **-er** » tandis que ceux du 2ème groupe terminent tous par « **-ir** ».

In French, verbs are divided into 3 groups: the 1st group, the 2nd group and the 3rd group. The regular verbs are all included in the 1st and 2nd group and it is these that we will discover in this topic.

The verbs of the 1st group all end in "**-er**" while those of the 2nd group all end in "**-ir**".

Voici comment les verbes du <u>1er groupe</u> se conjuguent / Here is how the <u>1st group</u> verbs are conjugated:

Manger – To eat	
Je mang**e**	I eat
Tu mang**es**	You eat
Il mang**e** / elle mang**e** / on mang**e**	He eats / she eats / it eats
Nous mang**eons**	We eat
Vous mang**ez**	You eat
Ils mang**ent** / elles mang**ent**	They eat

Martin a fait une petite liste des verbes du 1er groupe qu'il utilise régulièrement. Elle t'aidera sûrement dans ton quotidien. Apprends-les et essaies de les utiliser dans des phrases simples.

Martin has made a small list of 1st group verbs that he uses regularly. It will surely help you in your daily life. Learn them and try to use them in simple sentences.

Français	English
Manger	To eat
Chanter	To sing
Jouer	To play
Travailler	To work
Danser	To dance
Marcher	To walk
Aimer	To love
Appeler	To call
Acheter	To buy
Commencer	To begin
Créer	To create
Oublier	To forget
Payer	To pay
Pleurer	To cry
Apporter	To bring
Envoyer	To send
Gagner (à un jeu)	To win (a game)

Gagner (de l'argent)	To earn
Répéter	To repeat
Regarder	To look / to watch
Essuyer	To wipe
Fermer	To close
Penser	To think
Parler	To speak
Discuter	To chat
Crier	To yell
Nettoyer	To clean
Ranger	To tidy up
Laver	To wash
Cuisiner	To cook
Observer	To observe
Épeler	To spell
Enseigner	To teach
Prier	To pray

Voici comment les verbes du 2ème groupe se conjuguent / Here is how the 2nd group verbs are conjugated:

Réussir – to succeed	
Je réuss**is**	I succeed
Tu réuss**is**	You succeed
Il réuss**it** / elle réuss**it** / on réuss**it**	He succeeds / she succeeds / it succeeds
Nous réuss**issons**	We succeed
Vous réuss**issez**	You succeed
Ils réuss**issent** / elles réuss**issent**	They succeed

Martin a aussi fait une petite liste des verbes du 2ème groupe qu'il utilise régulièrement. Elle t'aidera sûrement dans ton quotidien. Apprends-les et essaies de les utiliser dans des phrases simples.

Martin has also made a small list of verbs of the 2nd group that he uses regularly. It will surely help you in your daily life. Learn them and try to use them in simple sentences.

Français	English
finir	to finish
grandir	to grow up
bâtir	to build
guérir	to cure
saisir	to grab
réunir	to reunite

réussir	to succeed
vomir	to throw up
choisir	to choose
nourrir	to feed
vieillir	to get old
définir	to define
ralentir	to slow down
grossir	to gain weight
maigrir	to lose weight
agir	to act
garantir	to guarantee
réagir	to react
Mentir	To lie

Vocabulary

Fruits

Français	English
Le fruit	The fruit
La pomme	The apple
La poire	The pear
La banane	The banana

La fraise	The strawberry
La framboise	The raspberry
La mûre	The blackberry
La myrtille	The blueberry
La pêche	The peach
L'abricot	The apricot
L'ananas	The pineapple
La mangue	The mango
La noix de coco	The coconut
La papaye	The papaya
La cerise	The cherry
Le citron	The lemon
Le citron vert / La limette	The lime
La rhubarbe	The rhubarb
La groseille	The redcurrant
Le fruit du dragon	The dragon fruit
Le raisin	The grape
Le kiwi	The kiwi
L'orange	The orange
La mandarine	The mandarin

La prune	The plum
La mirabelle	The mirabelle plum
L'avocat	The avocado
Le kaki	The persimmon
La grenade	The pomegranate
Le pamplemousse	The grapefruit
Le melon	The melon
La pastèque	The watermelon
Le litchi	The lychee
La figue	The fig
Le cassis	The blackcurrant
La châtaigne	The chestnut
La goyave	The guava
Le kumquat	The kumquat
La noix	The walnut
La noisette	The hazelnut
La noix de cajou	The cashew nut

Vegetables

Français	English
Le légume	The vegetable
La carotte	The carrot
La tomate	The tomato
La salade	The salad
Le petit pois	The pea
Le poireau	The leek
L'oignon	The onion
L'ail	The garlic
La courge	The pumpkin
Le radis	The radish
Le poivron	The bell pepper
La courgette	The zucchini
L'aubergine	The eggplant
L'épinard	The spinach
Le chou-fleur	The cauliflower
Le brocoli	The broccoli
Le chou	The cabbage
Le chou rouge	The red cabbage

Le chou de Bruxelles	The brussel sprout
Le chou chinois	The Chinese cabbage
La patate / la pomme de terre	The potato
La betterave	The beetroot
Le panais	The parsnip
L'artichaut	The artichoke
L'endive	The endive
L'échalote	The shallots
Le concombre	The cucumber
L'asperge	The aspargus
Le haricot	The bean
Le céleri	The celery
Le navet	The turnip
Le fenouil	The fennel
Le gingembre	The ginger
La laitue	The lettuce
La patate douce	The sweet potato
La roquette	The arugula
Le topinambour	The Jerusalem artichoke
L'olive	The olive

Food (that can be found in a supermarket)

Français	English
La nourriture	The food
Le pain	The bread
La baguette	The baguette
Le croissant	The croissant
Le pain au chocolat	The chocolate bread
La viennoiserie	The pastry
Le fromage	The cheese
La fromage de chèvre	The goat cheese
Le bleu	The blue cheese
La raclette	The raclette
La viande	The meat
Le bœuf	The beef
Le porc	The pork
Le poulet	The chicken
L'agneau	The lamb
Le cheval	The horse
Le poisson	The fish
Le cabillaud	The codfish

Le saumon	The salmon
Le thon	The tuna
Le tofu	The tofu
Le soja	The soy
Le lait	The milk
Le yaourt	The yogurt
Le thé	The tea
Le café	The coffee
L'eau	The water
Le sirop	The syrup
Les pâtes	The pasta
La farine	The flour
Le sucre	The sugar
Le beurre	The butter
Le sel	The salt
Le poivre	The pepper
Le gâteau	The cake
Le biscuit	The cookie
Le bonbon	The candy
Le chocolat	The chocolate

Le vin	The wine
La bière	The beer
La mayonnaise	The mayonnaise
La moutarde	The mustard
Les céréales	The cereals
Le sirop d'érable	The mapple syrup
La confiture	The jam
Le miel	The honey
Les chips	The chips
La poudre à lever	The baking powder
Le riz	The rice
Les lentilles	The lentils
Les pois chiches	The chickpeas
Les crevettes	The shrimp
Les moules	The mussels
Les frites	The fries
La crème	The cream
Les épices	The spices
Le jambon	The ham
Le salami	The salami

Le lard	The bacon
Les sushis	The sushis
Les nouilles	The noodles
Les raviolis	The raviolis
Les gnocchis	The gnocchis
La pâte feuilletée	The puff pastry
La sauce	The sauce
Les cornichons	The gherkins
L'œuf	The egg
La pâte à gâteau	The dough
La pizza	The pizza
Le burger	The hamburger

Exercises

Exercise 7
Surligne le bon article dans les phrases ci-dessous.
Highlight the correct article in the sentences below.
1. Cette / Cet pêche est mure.
2. Cette / Ces pizzas sont végétariennes.
3. Martin achète ce / cet pain pour le petit-déjeuner.
4. Ce / Cet ananas coûte 3 euros.
5. Cette / Cet homme mange ces / ce fruits.
6. Il n'y a pas de confiture dans ce / cet magasin.
7. Au marché, je ne trouve pas ce / ces produit que j'aime tant.
8. Il y a uniquement dans cet / ce magasin asiatique que je trouve de

bonnes nouilles.
9. Dans cet / cette boulangerie, il y a de très bonnes brioches.
10. Cet / Cette boisson est la préférée de ma sœur.

Exercise 8

Conjugue les verbes du 1er groupe.
Conjugate the verbs of the 1st group.

	He eats
	We sing
	I play
	You cry (singular)
	You forget (plural)
	They pay
	She yells
	I love
	You call (singular)
	We dance
	You walk (plural)
	They teach
	I bring
	She earns
	We win

Exercise 9

Conjugue les verbes du 2ème groupe.
Conjugate the verbs of the 2ème group.

	You finish (plural)
	He acts
	They react
	I cure
	We grab
	You grow up (singular)
	She chooses
	They define
	I guarantee
	We lose weight
	You build (plural)
	She throws up
	He slows down
	They gain weight
	We get old

Exercise 10

Traduis les phrases ci-dessous.

Translate the sentences below.

1. I eat this apple.

_____

Martin buys juice at the market.

_____

There is good cheese at the store.

_____

The bread in this bakery is delicious.

_____

This butcher shop offers beef.

_____

Traditional French meals

La France est un pays reconnu pour plusieurs choses mais ce qui la rend aussi célèbre, c'est probablement sa nourriture. On dit souvent que la France est le pays de la gastronomie. D'ailleurs, Martin va souvent manger au restaurant car la nourriture vendue y est de grande qualité et délicieuse. De petits restaurants français se trouvent à tous les coins de rue pour ravir les papilles des gourmands.

Il existe d'ailleurs un film qui montre très bien ce qu'est la gastronomie française: Ratatouille. N'hésites pas à le regarder en français afin de te plonger dans ce bel univers qu'est la restauration à Paris.

France is a country known for many things but what makes it so famous is probably its food. It is often said that France is the country of gastronomy. In fact, Martin often goes to eat out because the food sold there is of high quality and delicious. There are small French restaurants on every corner to delight the taste buds of the gourmets.

There is a movie that shows very well what is the French gastronomy: Ratatouille. Do not hesitate to watch it in French in order to immerse yourself in the beautiful world of Parisian hospitality.

French "crêpes" recipe

Pendant son voyage, Martin a remarqué que dans chaque petite ville, il y avait au moins une crêperie pour déguster les fameuses crêpes. C'est surtout en Bretagne qu'il a goûté les meilleures crêpes car c'est un plat qui vient de là-bas. Martin te donne la recette afin que tu puisses l'essayer chez toi et la faire goûter à tes proches.

During his trip, Martin noticed that in every small town there was at least one crêperie where he could taste the famous crêpes. He tasted the best crêpes in Brittany, because it is a dish that comes from there. Martin gives you the recipe so that you can try it at home and let your friends and family taste it.

Ingrédients / ingredients:

1 kilo de farine de sarrasin / 1 kilo buckwheat flour

25 grammes de sel / 25 grams of salt

2 litres d'eau / 2 litres of water

Préparation / preparation:

1. Dans un saladier ou un grand bol, versez 1 kilo de farine de sarrasin et les 25 grammes de sel. / In a salad bowl or large bowl, pour 1 kilo of buckwheat flour and the 25 grams of salt together.
2. Ajoutez petit à petit les 2 litres d'eau dans le mélange de farine et de sel tout en remuant bien afin que la texture soit homogène. Vous pouvez mélanger avec une spatule en bois ou un fouet électrique par exemple. / Gradually add the 2 litres of water to the flour and salt mixture, stirring well to ensure a smooth texture. You can mix with a wooden spatula or an electric whisk for example.
3. Laissez la pâte reposer 1 heure au réfrigérateur. / Leave the batter to rest for 1 hour in the refrigerator.
4. Chauffez une poêle avec un fond d'huile ou de beurre. Dès que la poêle est bien chaude, versez une petite louche de pâte et faites en sortes que la pâte se déverse dans tout le fond de la poêle. / Heat a pan with a little oil or butter. As soon as the pan is hot, pour in a small ladleful of batter and make sure that the batter flows to the bottom of the pan.
5. Dès que des petites bulles se créent à la surface de votre crêpe, vous pouvez la retourner pour cuire l'autre côté. / As soon as small bubbles appear on the surface of your pancake, you can flip it over to cook the other side.
6. Dégustez votre crêpe de façon sucrée ou salée. / Enjoy your crepe as a sweet or savoury treat.

Anecdote / fun fact:

En Bretagne, ils boivent du cidre dans des tasses en mangeant des crêpes salées et sucrées.

In Brittany, they drink apple cider from cups while eating sweet and savory crepes.

Chapter 5: Going Sightseeing

Poursuis ton apprentissage du français avec Martin en allant faire du tourisme et des visites guidées en France. De l'achat d'un ticket de métro à la réservation d'une visite guidée dans un musée, Martin t'expliquera tout ce qu'il sait afin de te faciliter la vie une fois sur place.

Continue learning French with Martin by going sightseeing in France. From buying a metro ticket to booking a guided tour in a museum, Martin will explain everything he knows to make your life easier once you are there.

Functions

Giving directions around town

Martin s'est souvent perdu dans des grandes villes et il a dû parfois demander son chemin à des inconnus. Grâce à quelques phrases en français, il a su se débrouiller pour demander et comprendre ce que les gens lui indiquaient. Ci-dessous, voici quelques exemples de direction que les gens rencontrés lui ont donnés.

Martin often got lost in big cities and sometimes had to ask strangers for directions. With a few phrases in French, he managed to ask and understand what people were telling him. Below are some examples of the directions that people have given him.

Français	English
Allez à droite	Go to the right way
Tournez à droite	Turn right
Avancez jusqu'à...	Move forward to...
Continuez tout droit	Continue straight on
Marchez jusqu'à...	Walk up to the...
Retournez à...	Go back to the...
Allez vers ...	Go towards...
Prenez la rue...	Take the street...
Cela se situe de l'autre côté de la rue...	This is on the other side of the street...
Il vous suffit de traverser la rue...	Just cross the street...

Asking for the location of a building

Dans la liste ci-dessous, Martin t'a préparé quelques phrases afin que tu puisses demander ton chemin à quelqu'un.

In the list below, Martin has prepared some sentences for you to ask someone for directions.

Français	English
Je suis perdu.	I am lost.
Excusez-moi	Excuse me
Pouvez-vous m'indiquer où se trouve... ?	Can you tell me where can I find...?

Français	English
Dans quelle direction dois-je aller pour rejoindre la gare ?	Which way do I have to go to get to the train station?
Où est... ?	Where is...?
Où est-ce que je peux trouver... ?	Where can I find ...?
Savez-vous où se trouve l'hôtel ... ?	Do you know where the hotel... is located?
Pouvez-vous me montrer où est... ?	Can you show me where is... ?

To ask for tickets/price of tickets

Dans les grandes villes que Martin a visité, il a souvent pris le bus, le tram et le métro pour rejoindre un musée, une exposition ou simplement pour aller regarder un film au cinéma avec des amis.

In the big cities Martin visited, he often took the bus, tram and metro to reach a museum, an exhibition or simply to watch a film in the cinema with friends.

Français	English
Quelle est le prix pour visiter cette exposition ?	How much does it cost to visit this exhibition?
Combien coûte un ticket de métro ?	How much does a metro ticket cost?
Quel est le prix de ... ?	What is the price for the ...?
Est-ce que je peux avoir une entrée pour le film de ce soir ?	Can I get a ticket for tonight's movie?
Est-ce qu'il y a encore des places pour le concert de samedi ?	Are there still tickets available for the concert on Saturday?
Est-ce qu'il y a un rabais pour les étudiants ?	Is there a discount for students?

Dialogue: a train ticket to Lyon

Dans ce dialogue, tu pourras analyser la situation que Martin a vécu afin d'acheter un ticket de train pour aller à Lyon depuis Paris. Entraine ce dialogue seul ou avec quelqu'un afin que tu puisses améliorer ta prononciation et te mettre dans la peau de Martin. En pratiquant ton oral de cette manière, cela te préparera à la réalité lors d'un prochain voyage dans un pays francophone.

In this dialogue, you can analyze the situation Martin experienced in order to buy a train ticket to Lyon from Paris. Practice this dialogue on your own or with someone else so that you can improve your pronunciation and put yourself in Martin's shoes. Practicing your speaking in this way will prepare you for the reality of a future trip to a French-speaking country.

Martin: Bonjour, Madame. Je souhaiterais obtenir des informations sur le prochain train qui va à Lyon, gare de Perrache.

L'employée de la SNCF: Bonjour, Monsieur. Depuis quelle gare à Paris souhaitez-vous partir ?

Martin: Je souhaiterais partir depuis la gare du Nord.

L'employée de la SNCF: Le prochain train depuis la gare du Nord jusqu'à la gare de Perrache à Lyon part dans 1h20 sur le quai numéro 7.

Martin: Très bien. Je vais prendre ce train. Combien coûte le billet ?

L'employée de la SNCF: Le billet coûte 25 euros pour un tarif normal.

Martin: Est-ce qu'il y a un rabais pour les étudiants ?

L'employée de la SNCF: Oui, sur présentation de votre carte d'étudiant, le trajet vous coûtera uniquement 19 euros.

Martin: Voici ma carte d'étudiant et voici les 19 euros.

L'employée de la SNCF: Merci, Monsieur. Voici votre ticket pour Lyon. Bonne journée et au revoir.

Martin: Merci, pareillement. Au revoir.

Martin: Hello, Madam. I would like to get information about the next train to Lyon, Perrache station.

The SNCF staff member: Hello, Sir. From which station in Paris do you wish to depart?

Martin: I would like to leave from the Gare du Nord.

The SNCF staff member: The next train from Gare du Nord to Perrache station in Lyon leaves in 1h20 on platform 7.

Martin: I will take this train. How much is the ticket?

The SNCF staff member: The ticket costs 25 euros for a normal fare.

Martin: Is there a discount for students?

The SNCF staff member: Yes, on presentation of your student card, the journey will only cost you 19 euros.

Martin: Here is my student card and here are the 19 euros.

The SNCF staff member: Thank you, sir. Here is your ticket to Lyon. Have a good day and goodbye.

Martin: Thank you, likewise. Bye-bye.

Grammar

Adverbs of place

Lorsque tu demandes ta direction ou si tu veux renseigner un passant sur un lieu, les adverbes de lieu te seront très utile. Ils sont indispensables lorsque tu veux décrire où se trouve un endroit.

When you ask for directions or want to tell a passer-by about a place, adverbs of place are very useful. They are essential when you want to describe where a place is.

Français	English
A l'intérieur de...	Inside the...
A l'extérieur de...	Outside the...
Dehors	Outside
Dedans	Inside
Au-dessus	Above, on top
En haut	Up, upstairs
Au-dessous	Below

En bas	Below, downstairs
Sur	On
Contre	Against
Devant, en avant	In front of, forward
Derrière, en arrière	Behind, back to, backwards
Là-haut	Upstairs
Ailleurs	Elsewhere
Autour de	Around the
Ici	Here
Là-bas	There, over there
Loin	Far, far away
Partout	Everywhere
Tout près	Close by, nearby
Tout proche	Very close
Quelque part	Somewhere
Nulle part	Nowhere

Conjugation of auxiliary verbs

En français, il existe deux verbes auxiliaires: avoir et être. Les verbes auxiliaires s'utilisent lorsqu'on utilise un temps composé comme le « passé composé », le « plus-que-parfait » ou encore le « futur antérieur » dans une phrase.

In French, there are two auxiliary verbs: to have and to be. Auxiliary verbs are used when a compound tense such as "passé composé", "plus-que-parfait" or "futur antérieur" is used in a sentence.

Auxiliaire avoir – Auxiliary to have		
Présent - present	**Imparfait - past**	**Futur - future**
J'ai	J'avais	J'aurai
Tu as	Tu avais	Tu auras
Il a, elle a, on a	Il avait, elle avait, on avait	Il aura, elle aura, on aura
Nous avons	Nous avions	Nous aurons
Vous avez	Vous aviez	Vous aurez
Ils ont, elles ont	Ils avaient, elles avaient	Ils auront, elles auront
Auxiliaire être – Auxiliary to be		
Présent - present	**Imparfait - past**	**Futur - future**
Je suis	J'étais	Je serai
Tu es	Tu étais	Tu seras
Il est, elle est, on est	Il était, elle était, on était	Il sera, elle sera, on sera
Nous sommes	Nous étions	Nous serons
Vous êtes	Vous étiez	Vous serez
Ils sont, elles sont	Ils étaient, elles étaient	Ils seront, elles seront

Quand une forme de verbe utilise un auxiliaire, il y aura automatiquement ensuite un verbe qui suit comme appelle un « participe passé ». Les participes passés ne se conjuguent pas selon le temps utilisé. Seul l'auxiliaire se conjugue par exemple au « passé composé », au «

plus-que-parfait » ou au « futur antérieur ». La forme du participe passé ne change pas, sauf pour s'accorder en genre et en nombre dans certaines situations.

When a verb form uses an auxiliary, there will automatically be a verb that follows as a "past participle". Past participles are not conjugated according to the tense used. Only the auxiliary is conjugated, for example, in the "passé composé", "plus-que-parfait" or "futur antérieur". The form of the past participle does not change, except to agree in gender and number in certain situations.

Généralement, les participes passés des verbes du 1er groupe se termineront en « é ».

Generally, the past participles of verbs of the 1st group will end in "é".

Par exemple / for example:
1. J'ai aim**é** I have loved
2. Nous avions chant**é** We had sang
3. Il aura pleur**é** He will have cried

Quant à eux, les participes passés des verbes du 2ème groupe se termineront la plupart du temps en « i ».

As for them, the past participles of the verbs of the 2nd group will most of the time end in "i".

Par exemple / for example:
1. Je suis part**i** I have left
2. Tu avais gross**i** You had gained weight
3. Vous aurez ment**i** You will have lied

Verb moods

Dans la langue française, les modes verbaux sont divisés en 4 catégories bien distinctes: l'indicatif, impératif, le subjonctif et le conditionnel. Martin est un spécialiste dans le domaine alors il t'a mis un tableau en dessous de chaque mode avec un exemple à chaque fois pour que tu puisses avoir un aperçu du mode et du temps.

In the French language, the verbal moods are divided into 4 distinct categories: indicative, imperative, subjunctive, and conditional. Martin is a specialist in the field, so he has put a table below each mood with an example for you to get an overview of the mood and the tense.

L'indicatif comprend 8 temps: le présent, l'imparfait, le futur simple, le passé simple, le passé composé, le plus-que-parfait, le futur antérieur et le passé antérieur. Les 4 premiers temps sont des temps simple et les 4 derniers sont des temps composés. Les temps composés se conjuguent avec l'auxiliaire être ou avoir comme vu dans le chapitre précédent. On emploie généralement ce mode pour exprimer une action, quelque chose de réel ou quelque chose dont on est certain de réaliser.

The indicative tense is made up of 8 tenses: the present, the imperfect, the future simple, the past simple, the past compound, the past perfect, the future anterior, and the past anterior. The first 4 tenses are simple and the last 4 are compound. The compound tenses are conjugated with the auxiliary to be or to have, as seen in the previous chapter. This mode is generally used to express an action, something real, or something that is certain to happen.

Aimer – to love	
Indicatif	
Présent	J'aime
Imparfait	J'aimais
Futur simple	J'aimerai
Passé simple	J'aimai
Passé composé	J'ai aimé
Plus-que-parfait	J'avais aimé
Futur antérieur	J'aurai aimé
Passé antérieur	J'eus aimé

L'impératif comprend deux temps: l'impératif présent et l'impératif passé. Martin a remarqué qu'il n'utilisait jamais l'impératif passé car les français ne l'utilisent pas du tout à l'oral et quasiment jamais à l'écrit. Il te recommande donc de te concentrer uniquement sur l'impératif présent. On utilise ce mode pour donner un ordre.

The imperative has two tenses: the present imperative and the past imperative. Martin noticed that he never used the past imperative because the French do not use it at all in speech and hardly ever in writing. He, therefore, recommends that you concentrate only on the present imperative. It is used to give an order.

Aimer – to love	
Impératif	
Impératif présent	Aimes, aimons, aimez
Impératif passé	Aie aimé, ayons aimé, ayez aimé

Le subjonctif est un mode comprenant 4 temps: le subjonctif présent, le subjonctif passé, le subjonctif imparfait et le subjonctif plus-que-parfait. Avec son expérience, Martin peut t'assurer que le seul temps qui te sera utile est le subjonctif présent. Les 3 autres temps ne sont jamais utilisé à l'oral et que très peu par écrit. Ils étaient plutôt utilisés à l'époque par des écrivains, donc tu les rencontreras uniquement si tu t'intéresses à la littérature française. Ce mode exprime une hypothèse, une envie ou une action envisagée.

The subjunctive is a mode consisting of 4 tenses: the present subjunctive, the past subjunctive, the imperfect subjunctive, and the perfect subjunctive. With his experience, Martin can assure you that the only tense that will be useful to you is the present subjunctive. The other three tenses are never used orally and only rarely in writing. They were used by writers before, so you will only come across them if you are interested in French literature. This mode expresses a hypothesis, a desire, or a planned action.

Aimer – to love	
Subjonctif	
Subjonctif présent	Que j'aime
Subjonctif passé	Que j'aie aimé

Subjonctif imparfait	Que j'aimasse
Subjonctif plus-que-parfait	Que j'eusse aimé

Le conditionnel compte 2 temps: le conditionnel présent et le conditionnel passé. Le conditionnel présent est très utilisé pour exprimer une action soumise à une condition. Ce temps est souvent combiné avec la forme « si ». Le conditionnel passé est moins utilisé mais tu pourras parfois l'entendre à l'oral ou le lire.

The conditional has 2 tenses: the present conditional and the past conditional. The present conditional is widely used to express an action subject to a condition. This tense is often combined with the form "if". The past conditional is less used, but you can sometimes hear it orally or read it.

Aimer – to love	
Conditionnel	
Conditionnel présent	J'aimerais
Conditionnel passé	J'aurais aimé

The present forms of irregular verbs

Les verbes irréguliers sont classés dans les verbes du $3^{\text{ème}}$ groupe. Les verbes du $3^{\text{ème}}$ groupe ont différentes terminaisons: -ir (certains verbes avec cette terminaison ne peuvent pas être conjugué comme ceux du $2^{\text{ème}}$ groupe), -re, -oir, -dre, -tre, -ttre.

Irregular verbs are classified as 3rd group verbs. The verbs of the 3rd group have different endings: -ir (some verbs with this ending cannot be conjugated like those of the 2nd group), -re, -oir, -dre, -tre, -ttre.

Français	English
Ouvrir	To open
Dormir	To sleep
Pouvoir	To can

Valoir	To worth
Vouloir	To want
Ecrire	To write
Boire	To drink
Prendre	To take
Apprendre	To learn
Connaître	To know
Paraître	To appear
Se battre	To beat
Mettre	To put
Admettre	To admit
Permettre	To allow
Transmettre	To transmit
Corrompre	To bribe
Rompre	To break up
Accueillir	To welcome
Cueillir	To pick
Aller	To go
Attendre	To wait
Asseoir	To sit

Conduire	To drive
Cuire	To cook
Promettre	To promise
Entendre	To hear
Faire	To do
Lire	To read

Martin a préparé pour toi des petits tableaux avec des exemples de conjugaison selon les différentes terminaisons.

Martin has prepared small tables for you with examples of conjugations according to the different endings.

Les terminaisons en -ir / the endings in -ir:

Dormir – to sleep	
Je dors	I sleep
Tu dors	You sleep
Il dort, elle dort, on dort	He sleeps, she sleeps, it sleeps
Nous dormons	We sleep
Vous dormez	You sleep
Ils dorment, elles dorment	They sleep

Les terminaisons en -re / the endings in -re :

Faire – to do	
Je fais	I do
Tu fais	You do

Il fait, elle fait, on fait	He does, she does, it does
Nous faisons	We do
Vous faites	You do
Ils font, elles font	They do
Lire – to read	
Je lis	I read
Tu lis	You read
Il lit, elle lit, on lit	He reads, she reads, it reads
Nous lisons	We read
Vous lisez	You read
Ils lisent, elles lisent	They read
Boire – to drink	
Je bois	I drink
Tu bois	You drink
Il boit, elle boit, on boit	He drinks, she drinks, it drinks
Nous buvons	We drink
Vous buvez	You drink
Ils boivent, elles boivent	They drink

Les terminaisons en -oir / the endings in -oir:

Vouloir - To want	
Je veux	I want
Tu veux	You want
Il veut, elle veut, on veut	He wants, she wants, it wants
Nous voulons	We want
Vous voulez	You want
Ils veulent, elles veulent	They want

Les terminaisons en -dre / the endings in -dre:

Prendre - to take	
Je prends	I take
Tu prends	You take
Il prend, elle prend, on prend	He takes, she takes, it takes
Nous prenons	We take
Vous prenez	You take
Ils prennent, elles prennent	They take

Les terminaisons en -tre / the endings in -tre:

Connaître - to know	
Je connais	I know
Tu connais	You know

Il connait, elle connait, on connait	He knows, she knows, it knows
Nous connaissons	We know
Vous connaissez	You know
Ils connaissent, elles connaissent	They know

Les terminaisons en -ttre / the endings in -ttre:

Promettre - to promise	
Je promets	I promise
Tu promets	You promise
Il promet, elle promet, on promet	He promises, she promises, it promises
Nous promettons	We promise
Vous promettez	You promise
Ils promettent, elles promettent	They promise

Attention, le verbe aller est un verbe très particulier et irrégulier. Voici comment tu peux le conjuguer à l'indicatif présent.

Watch out; the verb to go is a very particular and irregular verb. Here is how you can conjugate it in the present tense.

Aller - to go	
Je vais	I go
Tu vas	You go
Il va, elle va, on va	He goes, she goes, it goes

Nous allons	We go
Vous allez	You go
Ils vont, elles vont	They go

Vocabulary

Transportation

Français	English
Le bus	The bus
La voiture	The car
Le tram	The tramway
Le métro	The subway
Le train	The train
Le bateau	The boat
Le vélo	The bike
À pied	By foot
Le taxi	The taxi
Le scooter	The scooter
La trotinette	The trotinette
Le car	The coach

Giving directions

Français	English
A droite	On the right
A gauche	On the left
Tout droit	Straight ahead
La direction	The direction
Traverser...	Cross...
Le trottoir	The sidewalk
A côté de...	Next to...
En face de...	In front of...
Avancer jusqu'à...	Move forward to...
Le passage piéton	The crosswalk
Aller à...	Go to...
Derrière...	Behind...
Nord	North
Sud	South
Est	East
Ouest	West

Buildings in town

Français	English
La gare	The train station
La station de bus	The bus station
La mairie	The town hall
Le parc	The park
Le pont	The bridge
L'église	The church
Le magasin	The shop
Le centre commercial	The shopping center
Le supermarché	The supermarket
Le restaurant	The restaurant
Le bar	The pub
Le cinéma	The cinema
Le théâtre	The theater
Le musée	The museum
La pharmacie	The pharmacy
La prison	The jail / The prison
Le commissariat	The police station
La station essence	The gas station

La rue	The street
Le boulevard	The boulevard
La place	The square
L'avenue	The avenue

Time expressions for the present

Français	English
Aujourd'hui	Today
Chaque matin / tous les matins	Every morning
Chaque après-midi, tous les après-midis	Every afternoon
Chaque soir, tous les soirs	Every evening
Chaque nuit, toutes les nuits	Every night
Pendant le week-end, ce week-end	At the weekend
Les mardis, tous les mardis	On Tuesdays
Les dimanches, tous les dimanches	On Sundays
Dans la matinée, le matin	In the morning
Dans l'après-midi, l'après-midi	In the afternoon
Dans la soirée, le soir	In the evening
Dans la nuit, la nuit	At night
Durant la nuit	During the night
Toujours	Always

Souvent	Often
Parfois	Sometimes
Rarement	Rarely
Jamais ou presque, pratiquement jamais	Hardly ever
Jamais	Never
Toute la nuit	All night long
Toute la journée	All day long

Exercises

Exercise 11

Complète la phrase en utilisant le bon mot de la liste ci-dessous.

Complete the sentence using the correct word from the list below.

La liste / the list:

Souvent / jamais / toute la journée / toute la nuit / toujours / tous les mardis

1. Je ne vais _____ au cinéma, car je déteste cela.
2. Une fois par semaine, _____, elle va à son cours de danse.
3. Noémie est la meilleure étudiante de son école. Elle étudie _____.
4. Lucien ne va pas _____ au restaurant car il n'a pas beaucoup d'argent.
5. Pour l'anniversaire de Julie, nous allons danser _____ dans une discothèque.
6. Je vais _____ à la bibliothèque lorsque j'ai envie de lire un livre.

Exercise 12

Complète la phrase en utilisant le bon mot de la liste ci-dessous.

Complete the sentence using the correct word from the list below.

La liste / the list:

La gare / au cinéma / au supermarché / la pharmacie / au parc / au bar / la rue / la station essence / au restaurant / au musée

1. Je vais faire mes courses _____.
2. Martin va se balader _____ tous les matins.
3. Sylvain a loué une voiture et doit remettre de l'essence à _____.
4. Emma va boire une bière _____ avec des copines.
5. Justin va acheter des médicaments à _____.
6. Béatrice et Gilles mangent une crêpe _____.
7. Louise va voir une exposition d'art _____.
8. Tristan va prendre le train à _____.
9. Romain et Maël vont _____ voir un film d'horreur.
10. Mon appartement se situe proche de _____ Rivoli.

Quiz

Afin d'évaluer tes connaissances et pour que tu te rendes comptes de tout ce que tu as déjà appris, Martin t'as préparé un petit quiz sur les chapitres 1 à 5. Réponds aux questions ci-dessous en essayant de ne pas regarder ton livre. Ce n'est bien évidemment pas grave de faire des erreurs, cela te permettra de voir ce que tu dois encore réviser afin de maîtriser ces 5 premiers chapitres.

Martin a fait exprès d'écrire les questions en français. Si tu ne les comprends pas, tu peux aller regarder la traduction en anglais dans la partie des réponses.

Bonne chance!

To test your knowledge and to see how much you have already learned, Martin has prepared a short quiz on chapters 1 to 5. Answer the questions below while trying not to look at your book. It is, of course, okay to make mistakes, it will help you to see what you still need to revise in order to master these first five chapters.

Martin wrote the questions in French on purpose. If you do not understand them, you can look at the English translation in the answers section.

Good luck!

1. Quel est l'ordre des mots dans une phrase simple ?

   _____

2. Ecris les chiffres de 1 à 10.

   _____

3. Cite 3 manières de saluer quelqu'un.

   _____

4. Présente-toi en 3 phrases.

   _____
   _____
   _____

5. Quel est l'ordre des mots dans une question avec la forme « est-ce que » ?

   _____

6. Pose les 3 questions qui réponds à ces 3 affirmations:

   Emilie a 54 ans. Elle habite en Suisse. Elle travaille en tant qu'infirmière à l'hôpital.

   _____
   _____
   _____

7. Ecris 3 questions pour: réserver une chambre à l'hôtel / demander le prix de la chambre / connaître le numéro de la chambre.

8. Traduis la phrase suivante: There are 3 persons in my dorm.

9. Tu souhaites acheter des souvenirs pour ta famille mais tu ne sais pas où en trouver. Pose la question afin de savoir où en trouver.

10. Quelles sont les terminaisons des verbes du 1er groupe et du 2ème groupe ?

11. Tu es perdu. Pose une question afin de demander ton chemin pour rejoindre la gare.

12. Réserve un billet de train pour aller à Marseille.

Chapter 6: Having a House Party

Si tu décides de faire un séjour prolongé en France, tu auras l'occasion de te faire pleins d'amis et donc de faire la fête avec eux. Ce chapitre t'aidera à organiser une super soirée grâce au vocabulaire spécifique.

If you decide to stay in France for a long time, you will have the opportunity to make lots of friends and to party with them. This chapter will help you to organize a great party with specific vocabulary.

Functions

Describing people's appearances and personalities

Pour décrire l'apparence ou la personnalité des gens, tu peux utiliser les phrases simples avec comme structure: sujet + verbe + complément.

To describe the appearance or personality of people, you can use simple sentences with the structure: subject + verb + complement.

Par exemple / for example:

Il est gentil. He is nice

Elle est intelligente. She is clever.

Martin est grand. Martin is tall.

Hélène est sportive. Hélène is sporty.

Tu peux aussi utiliser les déterminants démonstratifs pour décrire quelqu'un que tu ne connais pas.

You can also use demonstrative determiners to describe someone you do not know.

Par exemple / for example:

Cette femme est forte. This woman is strong.

Cet homme est beau. This man is beautiful.

Cette fille est jolie. This girl is pretty.

Ce garçon est curieux. This boy is curious.

Describing your family

Souvent, quand on rencontre des gens, un sujet de conversation qui revient souvent est la famille. Martin l'a remarqué et c'est pour cela qu'il tenait à faire un chapitre et une liste de vocabulaire sur ce thème. Il va te décrire sa famille afin que tu puisses le faire aussi.

Often, when you meet people, a topic of conversation that comes up is the family. Martin has noticed this, and that is why he wanted to make a chapter and a vocabulary list on this topic. He is going to describe his family to you so that you can do the same.

Voici ce que Martin dit en général quand il parle de sa famille / This is what Martin usually says when he talks about his family:

J'ai un grand frère et une petite sœur.

Mon frère à 27 ans et ma sœur 19 ans.

Mon frère habite à Liverpool avec son copain et ma sœur habite toujours chez mes parents à Londres.

Mon frère travaille en tant qu'informaticien et ma sœur fait des études pour devenir architecte.

Ma maman travaille en tant qu'avocate et mon papa travaille en tant que maçon.

I have a big brother and a little sister.

My brother is 27 years old, and my sister is 19 years old.

My brother lives in Liverpool with his boyfriend, and my sister still lives at my parent's in London.

My brother works as an IT specialist, and my sister is studying to become an architect.

My mum works as a lawyer, and my dad works as a bricklayer.

Dialogue: the organization of a house party

Suite à son voyage en France, Martin a décidé d'y rester plus longtemps et de poursuivre son cursus universitaire pendant 1 an à Lyon. Il habite dans un appartement et a décidé d'organiser une fête chez lui.

Pratique ce dialogue avec quelqu'un ou seul afin d'améliorer ta prononciation et de te plonger dans une situation concrète.

Following his trip to France, Martin decided to stay longer and continue his university studies for a year in Lyon. He lives in a flat and has decided to organize a party at his house. Practice this dialogue with someone or on your own to improve your pronunciation and to immerse yourself in a real-life situation.

Martin: Salut Stéphane, j'organise une petite soirée chez moi samedi. Est-ce que tu es partant ?

Stéphane: Salut Martin, merci pour l'invitation. Je viendrai avec plaisir. A quelle heure commence la fête ?

Martin: Tu peux venir chez moi à partir de 21 heures. Il y aura aussi Marion, Fabrice, Lucie et Tom.

Stéphane: Génial, je me réjouis ! Est-ce que je peux apporter quelque chose ?

Martin: Je mettrai à disposition des chips et des bières. Si tu veux prendre autre chose, tu peux.

Stéphane: Je prendrai du vin avec moi. Est-ce que tu as ce qu'il faut pour mettre de la musique ?

Martin: Du vin ça sera parfait. Merci beaucoup. Oui j'ai tout ce qu'il faut pour la musique, j'ai une super sono.

Stéphane: Parfait, alors à samedi soir !

Martin: A samedi !

Martin: Hi Stéphane, I'm organizing a little party at my place on Saturday night. Are you up for it?

Stéphane: Hi Martin, thanks for the invitation. I will be happy to come. What time does the party start?

Martin: You can come to my house from 9 pm. There will also be Marion, Fabrice, Lucie, and Tom.

Stéphane: Great, I'm looking forward to it! Is there anything I can bring?

Martin: I will provide chips and beer. If you want to take something else, you can.

Stéphane: I will take some wine with me. Do you have what it takes to play music?

Martin: Wine will be fine. Thank you very much. Yes, I have got everything you need for music, I have got a great sound system.

Stéphane: Great, so see you Saturday night!

Martin: See you on Saturday!

Grammar

Direct and indirect object pronouns

En français, tout comme en anglais d'ailleurs, on utilise des pronoms complément direct afin de ne pas répéter un mot. Cela rend la phrase plus riche et plus agréable à lire ou à entendre. Le pronom remplace dans la phrase une chose ou une personne. Pour le trouver, on peut utiliser la question « qui ? » ou « quoi ? ».

In French, as in English, direct complement pronouns are used to avoid repeating a word. This makes the sentence richer and more pleasant to read or hear. The pronoun replaces a thing or a person in the sentence. To find it, you can use the question "who" or "what".

Par exemple / for example:

Ma fille nourrit son chat. Ma fille le nourrit. = My daughter feeds her cat. My daughter feeds him.

Dans cette phrase, « son chat » devient « le ». On peut poser la question: Ma fille nourrit qui ? son chat le

In this sentence, "her cat" becomes "the". The question can be asked: Who does my daughter feed? her cat him

Le chat mange les croquettes. Le chat les mange. = The cat eats the kibble. The cat eats them.

Dans cette phrase, « les croquettes » deviennent « les ». On peut poser la question: Le chat mange quoi ? les croquettes les

In this sentence, "the kibble" becomes "them". The question can be asked: What does the cat eat? The croquettes them

Voici les différents pronoms directs existants / Here are the different direct pronouns: me, te, le, la, nous, vous, les.

Concernant le pronom complément indirect, il est utilisé pour remplacer un nom de personnes. Dans une phrase, on peut utiliser la question « à qui ? » ou « à quoi ? » afin de le déterminer.

Concerning the indirect complement pronoun, it is used to replace a person's name. In a sentence, the question "to whom?" or "to what?" can be used to determine it.

<u>Par exemple / for example</u>:

Je ne parle plus <u>à ma sœur</u>. Je ne <u>lui</u> parle plus. = I do not talk <u>to my sister</u> anymore. I do not talk <u>to her</u> anymore.

Dans cette phrase, « à ma sœur » devient « lui ». On peut utiliser la question : Je ne parle plus à qui ? à ma sœur lui

In this sentence, "to my sister" becomes "her". You can use the question: I do not talk to whom anymore? to my sister to her

Mon père téléphone <u>à mes grands-parents</u>. Il <u>leur</u> téléphone. = My father calls <u>my grandparents</u>. He calls <u>them</u>.

Dans cette phrase « à mes grands-parents » devient « leur ». On peut utiliser la question: Mon père téléphone à qui ? à mes grands-parents leur

In this sentence, "to my grandparents" becomes "them". You can use the question: My father phones who? to my grandparents them

Voici les différents pronoms indirects existants / Here are the different indirect pronouns: me, te, lui, nous, vous, leur.

Tableau récapitulatif – overview table		
Sujet	**Complément direct**	**Complément indirect**
Je	Me	Me
Tu	Te	Te
Il /elle / on	Le / la	Lui
Nous	Nous	Nous
Vous	Vous	Vous
Ils / elles	Les	Leur

Gender of adjectives

En français, les adjectifs s'accordent en genre et en nombre. C'est-à-dire que la terminaison de l'adjectif changera selon si le mot qu'il définit est au masculin, féminin ou au pluriel.

In French, adjectives agree in gender and number. This means that the ending of the adjective will change depending on whether the word it defines is masculine, feminine,

or plural.

En général, pour former un adjectif au féminin, on rajoute simplement un -e à la fin du mot.

In general, to form a feminine adjective, we simply add an -e to the end of the word.

Par exemple / for example:

Il est grand. Elle est grande. = He/she is tall.

Il est joli. Elle est jolie. = He/she is pretty.

Il est petit. Elle est petite. = He/she is small.

Il est méchant. Elle est méchante. = He/she is mean.

Il est intelligent. Elle est intelligente. = He/she is clever.

Cependant, il existe d'autres terminaisons qui ne prennent pas uniquement un -e à la fin mais qui prennent parfois plusieurs lettres ou changent même une partie du mot. Martin t'a préparé plusieurs exemples selon les différentes terminaisons.

However, there are other endings that do not only take an -e at the end but sometimes take several letters or even change part of the word. Martin has prepared several examples of the different endings for you.

-E: Les adjectifs se terminant par -e au masculin ne changent pas au féminin.

-E: Adjectives ending in -e in the masculine do not change in the feminine.

Par exemple / for example:

Il est aimable. Elle est aimable. = He/she is kind.

Il est triste. Elle est triste. = He/she is sad.

Il est obèse. Elle est obèse. = He/she is overweight.

-EL: Les adjectifs se terminant par -el au masculin deviennent -elle au féminin.

-EL: Adjectives ending in -el in the masculine become -elle in the feminine.

Par exemple / for example:

Il est cruel. Elle est cruelle. = He/she is cruel.

C'est un bel homme. C'est une belle femme. = He/she is a handsome man/woman.

-EIL: Les adjectifs se terminant par -eil au masculin deviennent -eille au féminin.

-EIL: Adjectives ending in the masculine -eil become -eille in the feminine.

Par exemple / for example:

C'est un vieil homme. C'est une vieille femme. = He/she is an old man/woman.

Il est pareil. Elle est pareille. = He/she is similar.

-ER: Les adjectifs se terminant par -er au masculin deviennent -ère au féminin.

-ER: Adjectives ending in -er in the masculine become -ère in the feminine.

Par exemple / for example:

Il est fier. Elle est fière. = He/she is proud.

Il est étranger. Elle est étrangère. = He/she is foreign.

-ET: Les adjectifs se terminant par -et au masculin deviennent -ette ou -ète au féminin.

-ET: Adjectives ending in -et in the masculine become -ette or -ète in the feminine.

Par exemple / for example:

Il est muet. Elle est muette. = He/she is mute.

Il est discret. Elle est discrète. = He/she is discreet.

-EUX: Les adjectifs se terminant par -eux au masculin deviennent -euse au féminin.

-EUX: Adjectives ending in the masculine -eux become -euse in the feminine.

Par exemple / for example:

Il est heureux. Elle est heureuse. = He/she is happy.

Il est curieux. Elle est curieuse. = He/she is curious.

-F: Les adjectifs se terminant par -f au masculin deviennent -ve au féminin.

-F: Adjectives ending in the masculine -f become -ve in the feminine.

Par exemple / for example:

Il est sportif. Elle est sportive. = He/she is sporty.

Il est abusif. Elle est abusive. = He/she is abusive.

Il est veuf. Elle est veuve. = He/she is widowed

-IEN: Les adjectifs se terminant par -IEN au masculin deviennent -ienne au féminin.

-IEN: Adjectives ending in -IEN in the masculine become -ienne in the feminine.

Par exemple / for example:

Il est autrichien. Elle est autrichienne. = He/she is Austrian.

Il est ancien. Elle est ancienne. = He/she is a former.

-ON: Les adjectifs se terminant par -ON au masculin deviennent -onne au féminin.

-ON: Adjectives ending in the masculine -ON become -onne in the feminine.

Par exemple / for example:

Il est bon. Elle est bonne. = He/she is good.

Il est mignon. Elle est mignonne. = He/she is cute.

Il y a quelques exceptions qui sont importantes à connaître / There are some exceptions that are important to know:

Il est beau. Elle est belle. = He/she is beautiful.

Il est fou. Elle est folle. = He/she is crazy.

Il est frais. Elle est fraîche. = He/she is fresh.

Il est vieux. Elle est vieille. = He/she is old.

Possessive adjectives and pronouns

Les adjectifs possessifs en français se définissent selon le genre et le nombre du mot auquel ils sont attachés. Ils sont aussi appelés « déterminants possessifs ». Martin t'a préparé un tableau avec tous les déterminants possessifs et toutes leurs formes possibles.

French possessive adjectives are defined by the gender and number of the word to which they are attached. They are also called "possessive determinants". Martin has prepared a table with all the possessive determiners and all their possible forms.

Les adjectifs/déterminants possessifs – Possessive adjectives			
Sujet	Masculin	Féminin	Pluriel
Je	Mon	Ma	Mes
Tu	Ton	Ta	Tes
Il / elle / on	Son	Sa	Ses
Nous	Notre	Notre	Nos
Vous	Votre	Votre	Vos
Ils / elles	Leur	Leur	Leurs

Voici quelques exemples de phrases avec des adjectifs possessifs / Here are some examples of sentences with possessive adjectives:

Mon grand-papa fête ses 80 ans la semaine prochaine. My grandpa turns 80 next week.

Nous serons tous présent à l'anniversaire de notre grand-père. We will all be present at our grandfather's birthday.

Mes oncles se chargent de préparer tout le repas. My uncles are in charge of preparing the whole meal.

Ma sœur et moi offrons un beau livre à notre grand-papa. My sister and I are giving a beautiful book to our grandfather.

Ma mère a prévu de faire un discours pour son père. My mother is planning to give a speech for her father.

Les pronoms possessifs servent à indiquer l'appartenance d'un objet ou d'un individu. Souvent, on utilise le pronom possessif pour éviter de faire une répétition du même mot. Cela rend le texte plus fluide.

Possessive pronouns are used to indicate the belonging of an object or an individual. The possessive pronoun is often used to avoid repeating the same word. This makes the text flow better.

Les pronoms possessifs – Possessive pronouns			
Sujet	Masculin	Féminin	Pluriel
Je	Le mien	La mienne	Les miens / les miennes
Tu	Le tien	La tienne	Les tiens / les tiennes
Il / elle / on	Le sien	La sienne	Les siens / les siennes
Nous	Le nôtre	La nôtre	Les nôtres
Vous	Le vôtre	La vôtre	Les vôtres
Ils / elles	Le leur	La leur	Les leurs

Voici quelques exemples de phrases avec des pronoms possessifs / Here are some examples of sentences with possessive pronouns:

Ma fille est grande tandis que la tienne est petite. My daughter is tall and yours is small.

Mon genou me fait mal mais pas autant que le sien. My knee hurts but not as much as his.

Mon frère doit recevoir une greffe de reins. Je lui donne le mien. My brother needs a kidney transplant. I am giving him mine.

Votre maison est belle mais pas autant que la nôtre. Your house is beautiful but not as beautiful as ours.

Vocabulary

Family members

Français	English
La famille	The family
Le père	The father

La mère	The mother
Le papa	The dad
La maman	The mom
Le frère	The brother
La sœur	The sister
Les frères et sœurs	The siblings
Les parents	The parents
Le grand-père	The grandfather
La grand-mère	The grandmother
Le grand-papa	The grandpa
La grand-maman	The grandma
L'oncle	The uncle
La tante	The aunt
Le cousin	The cousin
La cousine	The cousin
Le neveu	The nephew
La nièce	The niece
Le filleul	The godson
La filleule	The goddaughter
Le parrain	The godfather

La marraine	The godmother
Le mariage	The wedding
Les fiançailles	The engagement
Le décès, la mort	The death
L'enterrement	The funeral
Le divorce	The divorce
La séparation	The separation
Le bébé	The baby
Le nouveau-né	The newborn
La naissance	The birth

The human body

Français	English
Le corps	The body
Les parties du corps	Body parts
La tête	The head
L'œil, les yeux	The eye, the eyes
Le nez	The nose
Le menton	The chin
La bouche	The mouth
Les cheveux	The hair

Le front	The forehead
La joue	The cheek
Les cils	The eyelashes
Les sourcils	The eyebrows
Le crâne	The skull
L'os, les os	The bone, the bones
Le cou	The neck
L'oreille	The ear
Les lèvres	The lips
La langue	The tongue
La dent, les dents	The tooth, the teeth
L'épaule	The shoulder
Le bras	The arm
La main	The hand
Le doigt	The finger
Le coude	The elbow
La poitrine	The chest
Le torse	The chest / the torso
Le ventre	The belly
Le nombril	The belly button

La côte	The rib
La hanche	The hip
La jambe	The leg
Le genou	The knee
Le tibia	The shinbone
Le mollet	The calf
Le pied	The foot
L'orteil	The toe
L'ongle	The nail
Le muscle	The muscle
L'organe	The organ
Le cœur	The heart
Les poumons	The lungs
Les reins	The kidneys
Les parties génitales	The genitals
L'estomac	The stomach
Le cerveau	The brain
Le foie	The liver
L'intestin	The bowel
Le sang	The blood

La veine	The vein
La gorge	The throat

Adjectives for describing people's appearances and personalities

Français	English
Beau, belle	Beautiful
Joli, jolie	Pretty
Mignon, mignonne	Cute
Gentil, gentille	Nice
Méchant, méchante	Mean
Moche, moche	Ugly
Séduisant, séduisante	Appealing
Attrayant, attrayante	Attractive
Musclé, musclée	Muscled
Faible, faible	Weak
Lâche, lâche	Coward
Gros, grosse	Big, fat, large
Mince, mince	Slim
Maigre, maigre	Thin
Obèse, obèse	Overweight
Fort, forte	Strong

Sportif, sportive	Sporty
Maladroit, maladroite	Clumsy
Généreux, généreuse	Generous
Serviable, serviable	Helpful
Radin, radine	Stingy
Avare, avare	Stingy
Compréhensif, compréhensive	Understanding
Grand, grande	Tall
Petit, petite	Small
Géant, géante	Giant
Moyen, moyenne	Medium
Bronzé, bronzée	Tanned
Poli, polie	Polite
Bon, bonne	Good
Aimable, aimable	Kind, friendly
Aimant, aimante	Loving
Ennuyeux, ennuyeuse	Boring
Intéressant, intéressante	Interesting
Bavard, bavarde	Chatty
Énergique, énergique	Energetic

Positif, positive	Positive
Négatif, négative	Negativ
Triste, triste	Sad
Content, contente	Happy
Heureux, heureuse	Happy
Fâché, fâchée	Angry, upset
Énervé, énervée	Angry, pissed
Timide, timide	Shy
Intelligent, intelligente	Smart
Curieux, curieuse	Curious
Réservé, réservée	Reserved
Fidèle, fidèle	Faithful
Loyal, loyale	Loyal
Infidèle, infidèle	Unfaithful
Stupide, stupide	Stupid
Malin, maline	Clever
Stressé, stressée	Stressed
Calme, calme	Calm
Silencieux, silencieuse	Quiet
Fier, fière	proud

Exercises

Exercise 13

Décris ta famille en quelques phrases.
  Describe your family in a few sentences.

Chapter 7: Eating Out

La France est un pays connu pour sa gastronomie et Martin est littéralement tombé amoureux des bons petits restaurants où il est allé manger, c'est pourquoi il souhaite te faire découvrir cet univers en t'apprenant à commander de la bonne nourriture dans les restaurants.

France is a country known for its gastronomy and Martin has literally fallen in love with the good little restaurants he has been to, so he wants to introduce you to this world by teaching you how to order good food in restaurants.

Functions

Asking for food in the restaurant politely

Dans un restaurant et de manière générale, quand on pose une question, il faut le faire poliment. Martin a préparé quelques phrases que tu peux apprendre par cœur.

In a restaurant, and in general, when you ask a question, you have to be polite. Martin has prepared a few phrases that you can learn by heart.

Français	English
Est-ce que je pourrais avoir la carte, s'il-vous-plaît ?	Can I have the menu, please?
Savez-vous quand est-ce que mon plat sera prêt ?	Do you know when my dish will be ready?

Pourrais-je avoir un dessert, s'il-vous-plaît ?	Could I have a dessert, please?
Je souhaiterais commander une entrecôte parisienne.	I would like to order a Parisian entrecôte.
Pourriez-vous me dire quel vin irait le mieux avec mon entrecôte s'il-vous-plaît ?	Could you please tell me which wine would go best with my entrecote?
Qu'est-ce que vous me conseiller ?	What do you recommend?
Pourriez vous m'apporter du pain, s'il-vous-plaît ?	Could you bring me some bread, please?

Talking about your favorite food

Martin a plusieurs plats favoris qu'il a découvert en France. Voici quelques phrases qu'il dit souvent lorsqu'il veut parler de ses plats préférés.

Martin has several favorite dishes that he discovered in France. Here are some phrases he often says when he wants to talk about his favorite dishes.

Français	English
Quel est ton plat préféré ?	What is your favorite meal?
Mon plat préféré est le bœuf bourguignon.	My favorite meal is bourguignon beef.
J'adore les crêpes au caramel.	I love caramel crepes.
J'aime aussi beaucoup les crêpes à la confiture.	I also really like crepes with jam.
Est-ce que tu aimes les tomates ?	Do you like tomatoes?

Oui, j'adore ça.	Yes, I love it.
Non, je n'aime pas ça.	No, I do not like it.

Comparing types of meals

Lorsque Martin va au restaurant, il y a parfois tellement de choix qu'il est obligé de les comparer. Généralement, il les classe en plusieurs catégories.

When Martin goes to a restaurant, there are sometimes so many choices that he has to compare them. He usually divides them into several categories.

Français	English
L'entrée	The starter
Le plat principal	The main course
Le dessert	The dessert
Le petit-déjeuner	The breakfast
Le déjeuner	The lunch
Le dîner	The dinner

Martin était surpris à son arrivée en France car les restaurants ne sont généralement pas ouvert avant 19 heures pour le repas du soir. Alors maintenant, quand il réserve une table pour manger avec des amis, il réserve pour 20 heures.

Martin was surprised when he arrived in France because restaurants are not usually open until 7 pm for dinner. So now, when he books a table to eat with friends, he books for 8 pm.

Describing a type of meal

Martin a aussi appris à décrire les repas car il a beaucoup d'amis qui sont végétariens alors il a préféré apprendre du vocabulaire pour qu'il puisse décrire la nourriture à ses amis afin qu'ils puissent manger un repas sans viande tranquillement.

Martin also learned how to describe meals because he has many friends who are vegetarians so he preferred to learn vocabulary so that he could describe the food to his friends so that they could eat a meatless meal at ease.

Français	English
Est-ce que le plat est végétarien ?	Is the meal vegetarian?
Est-ce que c'est sans lactose ?	Is the meal dairy free?
Est-ce que c'est sans gluten ?	Is the meal gluten-free?
Le repas est composé d'un plat et d'un dessert.	The meal consists of a main course and a dessert.
Le dessert contient du lactose.	The dessert contains lactose.
L'entrée est composée d'une salade et d'un œuf.	The starter consists of a salad and an egg.
Le plat est composé d'une viande rouge, de pâtes et de légumes.	The dish consists of red meat, pasta, and vegetables.

Dialogue: to order food in a restaurant

Utilise ce dialogue pour te plonger dans une situation réelle tout en améliorant ta prononciation. Entraine-le avec quelqu'un ou seul. Pour t'aider, tu peux aussi t'enregistrer sur ton téléphone et réécouter ensuite l'audio en analysant ton oral et d'améliorer là où tu as fait des erreurs.

Use this dialogue to immerse yourself in a real-life situation while improving your pronunciation. Practice it with someone or on your own. To help you, you can also record yourself on your phone and then listen to the audio again, analyzing your speech and improving where you made mistakes.

Martin: Pourrais-je avoir la carte, s'il-vous-plaît ?

Le serveur: Bien sûr Monsieur, la voici.

Martin: Merci.

Le serveur: Avez-vous déjà choisi ?

Martin: Oui, je souhaiterais une salade niçoise en entrée et une omelette aux champignons en plat principal.

Le serveur: Que souhaiteriez-vous boire avec ceci ?

Martin: Je souhaiterais un verre de Pinot Noir, s'il-vous-plaît.

Le serveur: Très bien, Monsieur. Je vous apporte cela toute de suite.

Martin: Merci.

Martin: Can I have the menu, please?

The waiter: Of course, sir, here it is.

Martin: Thank you.

The waiter: Have you already decided?

Martin: Yes, I would like a Niçoise salad as a starter and a mushroom omelet as a main course.

The waiter: What would you like to drink with this?

Martin: I would like a glass of Pinot Noir, please.

The waiter: Very good, sir. I will bring this to you right away.

Martin: Thank you.

Grammar

Comparatives and superlatives of adjectives

Le comparatif et le superlatif sont des modes qui servent à faire une comparaison. En français, on utilise le comparatif comme 1er degrés de comparaison. On utilise différents terme pour qualifier la comparaison: comparaison d'infériorité, comparaison d'égalité, comparaison de supériorité. Le superlatif est utilisé pour décrire un degré supérieur de comparaison. Autant pour le comparatif que le superlatif, l'adjectif qui suit est accordé avec le sujet. Si le sujet est féminin, l'adjectif sera mis au féminin. Martin te donne quelques exemples ci-dessous afin que tu puisses bien les identifier.

The comparative and the superlative are modes used to make a comparison. In French, the comparative is used as the first degree of comparison. Different terms are used to describe the comparison:

inferiority comparison, equality comparison, and superiority comparison. The superlative is used to describe a higher degree of comparison. For both the comparative and the superlative, the adjective that follows is agreed with the subject. If the subject is feminine, the adjective is put in the feminine form. Martin gives you some examples below so that you can identify them.

Exemples de comparatifs / Comparative examples:

Comparaison d'infériorité: Mélanie est **moins** bronzée **que** Laura. Mélanie is less tanned than Laura.

Comparaison d'égalité: Christiane est **autant** généreuse **que** Pierre. Christiane is as generous as Pierre.

Comparaison de supériorité: Théo est **plus** grand **que** Noah. Theo is taller than Noah.

Comme tu peux le remarquer, pour les comparaisons d'infériorité, on utilise la forme « moins ... que ». Pour les comparaison d'égalité, on utilise la forme « autant ... que » et pour la comparaison de supériorité, on utilise « plus ... que ».

As you can see, for comparisons of inferiority, the form "moins ... que" is used. For comparisons of equality, we use the form "autant que," and for comparisons of superiority, we use "plus que".

Exemples de superlatifs / superlative examples:

Superlatif inférieur: Benjamin est **le moins** courageux. Benjamin is the least brave.

Superlatif supérieur: Jacques est **le plus** drôle. Jacques is the funniest.

Comme tu peux le remarquer, pour le superlatif inférieur, on utilise la forme « le moins... ». Pour le superlatif supérieur, on utilise « le plus... ».

As you can see, for the lower superlative, we use the form "le moins...". For the higher superlative, we use "le plus...".

Adverbs of mode

Les adverbes de modalité servent à comprendre la position de la personne qui s'exprime. Grâce à eux, tu pourras facilement identifier la position d'un auteur dans un texte ou d'une personne dans une conversation. Comme à son habitude, Martin t'a préparé une liste des adverbes de modalité les plus utilisés.

Modal adverbs are used to understand the position of the person who is speaking. Thanks to them, you can easily identify the position of an author in a text or of a person in a conversation. As usual, Martin has prepared a list of the most commonly used modal adverbs for you.

Français	English
Certainement	Certainly
Hélas	Alas
Heureusement	Fortunately
Malheureusement	Unfortunately
Apparemment	Apparently
Peut-être	Perhaps
Par hasard	By chance
Probablement	Probably
Sans doute	Without a doubt / undoubtedly
Voire	Even
Vraisemblablement	Presumably
Evidemment	Obviously
Clairement	Clearly

Conjunctions

En français, il existe deux types de conjonctions: la conjonctions de coordination, la conjonction de subordination.

La conjonction de coordination sert à relier deux mots qui ont la même fonction grammaticale. Tu peux distinguer ce type de conjonction grâce à ces mots: mais, ou, et, donc, or, ni, car.

La conjonction de subordination sert à relier une proposition subordonnée à la proposition principale. Tu peux distinguer ce type de conjonction grâce à ces mots: que, quand, lorsque, comme, si.

In French, there are two types of conjunctions: the coordinating conjunction and the subordinating conjunction.

The coordinating conjunction is used to link two words that have the same grammatical function. You can distinguish this type of conjunction with these words: but, or, and, therefore, or, nor, because.

The subordinating conjunction is used to link a subordinate clause to the main clause. You can distinguish this type of conjunction with these words: that, when, when, as, if.

Exemples de conjonctions de coordination / Examples of coordinating conjunctions:

Gabriel a un chat brun **et** blanc. Gabriel has a brown **and** white cat.

Elle a raté ses examens **donc** elle doit les repasser. She failed her exams **so** she has to retake them.

Il fait froid en France au moins de décembre **car** c'est l'hiver. It is cold in France in December **because** it is winter.

Exemples de conjonctions de subordination / Examples of subordinating conjunctions:

Zoé pourra sortir quand elle aura terminé ses devoirs. Zoé can go out when she will be done with her homework.

Le chirurgien pense que l'opération s'est bien déroulée. The surgeon believes that the operation went well.

Pauline aurait réussi son test si elle avait révisé. Pauline would have passed her test if she had revised.

Vocabulary

Meals

Français	English
Le plat	The meal
La nourriture asiatique	Asian food
La nourriture mexicaine	Mexican food

La cuisine française	French cuisine
La cuisine italienne	Italian cuisine
Le ragoût	The stew
Le boudin	The blood sausage
Le steak tartare	The steak tartar
La choucroute garnie	The sauerkraut garnish
La tarte flambée	The flammkuchen (kind of a white pizza)
Le boeuf bourguignon	The bourguignon beef
La quiche lorraine	The quiche lorraine
La tartiflette	The tartiflette
Le couscous	The couscous
La tarte tatin	The tarte tatin (caramelized apple pie)
La fondue (au fromage)	The (cheese) fondue
La fondue bourguignonne	The bourguignonne fondue
La fondue chinoise	The Chinese fondue
La fondue au chocolat	The chocolate fondue
La fondue mongole	The Mongolian fondue
Le risotto	The risotto
La pizza	The pizza

Les spaghettis bolognaise	The spaghetti Bolognese
Les tomates farcies	Stuffed tomatoes
La raclette	The raclette (melting cheese)
La tomme	Tomme cheese
Le fromage de chèvre	Goat cheese

Expressing likes/dislikes

Français	English
J'aime…	I like to…
Je n'aime pas…	I don't like to…
J'adore…	I love to…
Je déteste…	I hate…
J'aime faire…	I like to do…
Je n'aime pas manger…	I don't like to eat…
J'ai horreur de…	I dislike to…

Polite interjections

Martin a remarqué que les personnes francophones utilisaient énormément d'interjections quand ils parlent. Il t'a fait une liste afin que tu puisses comprendre ce que ces interjections interprètent.

Martin has noticed that French speakers use a lot of interjections when they speak. He has made a list for you so that you can understand what these interjections mean.

Français	English
Aïe !	Expression of pain
Heum...	When someone is reflecting
Ho ! Ha !	Expression of surprise
Hé !	To call out to someone
Chut !	To stop the noise
Ouf!	Expression of relief
Beurk!	Expression of disgust
Hmm!	Expression of desire

Culinary tradition in France

Dairy products

Chaque pays a ses particularités et habitudes alimentaires. La France ne manque pas de cocher cette case. Quand Martin est arrivé en France, il a été surpris par la quantité de produits laitiers que les français mangent au quotidien. Il y a énormément de français qui mangent un premier yaourt pour le petit-déjeuner, un deuxième pour le dessert à la pause déjeuner et un troisième pour le dessert au dîner. A cela, ils ajoutent encore du fromage au déjeuner et au dîner.

Each country has its own particularities and eating habits. France does not fail to tick this box. When Martin arrived in France, he was surprised by the amount of dairy products that French people eat on a daily basis. Many French people eat a first yogurt for breakfast, a second for dessert at lunchtime, and a third for dessert at dinner. To this, they add cheese at lunch and dinner.

Different types of fondue

Bien que la fondue au fromage soit un plat originaire de la Suisse, les français sont de gros fervents de ce plat. Ils ont donc créé une version bien à eux: la fondue savoyarde. Comme son nom l'indique, ce plat vient de la Savoie et est composé de plusieurs fromages: la tomme, le compté, le reblochon et l'emmental. Principalement consommé en hiver, ce plat composé de fromage fondu et de pain saura ravir les gourmands.

Mais ce n'est pas tout, en France, il existe encore bien d'autres types de fondues. La plupart d'entre-elles sont composées de viande mais on peut aussi en trouver au poisson ou en version sucrée à base de chocolat. Une des plus connues est la fondue bourguignonne. Le principe de ce plat est de tremper des morceaux de viande rouge dans un caquelon rempli d'huile.

Les plus gourmands d'entre-nous craqueront certainement pour la fondue au chocolat. Le principe est de piquer des fruits sur une fourchette et de les napper de chocolat noir fondu. Alors, est-ce que vous êtes tentés par ces délicieux mets ?

Although cheese fondue originated in Switzerland, the French are big fans of this dish. They have therefore created their own version: Savoyard fondue. As its name suggests, this dish comes from Savoie and is made of several cheeses: tomme, compté, reblochon and emmental. Mainly eaten in winter, this dish made of melted cheese and bread will delight the gourmets.

But that is not all; in France, there are many other types of fondues. Most of them are made with meat, but you can also find some with fish or a sweet version made with chocolate. One of the best known is the fondue bourguignonne. The principle of this dish is to dip pieces of red meat in a caquelon filled with oil.

Those with a sweet tooth will certainly fall for the chocolate fondue. The principle is to prick fruit on a fork and cover it with melted dark chocolate. So, are you tempted by these delicious dishes?

Exercises

Exercise 14

Identifie si les phrases ci-dessous sont des conjonctions de coordination ou de subordination. Surligne les mots connecteurs.

Identify whether the sentences below are coordinating or subordinating conjunctions. Highlight the connecting words.

1. La vache est noire et blanche.

----

2. Annie va au supermarché car son frigo est vide.
   _____

3. Roxane deviendra infirmière si elle réussit son dernier examen.
   _____

4. Victor pourra travailler pour une grande entreprise quand il aura terminé son stage d'informaticien.
   _____

5. Il fait très froid dehors donc je mets un manteau.
   _____

6. Jules ne sait pas chanter ni danser.
   _____

Chapter 8: At the movies

Martin est un grand fan de cinéma et il souhaite donc te partager ses connaissances afin que tu puisses toi aussi profiter d'aller voir un film en France. Le cinéma français est réputé dans le monde entier alors n'hésites pas à sauter le pas et profite de ce moment agréable entre amis.

Martin is a big fan of cinema and he would like to share his knowledge with you so that you too can enjoy going to see a movie in France. French cinema is famous all over the world, so do not hesitate to take the plunge and enjoy a good time with friends.

Functions

Choosing a movie from a schedule

Afin de choisir un film dans un programme de cinéma, il est important de connaître les jours, les dates et les heures pour que tu puisses te rendre à la bonne séance. Tu retrouveras ce vocabulaire plus loin dans le chapitre 8. Martin t'as préparé quelques phrases utiles pour que tu sois à l'aise avec ce thème.

In order to choose a movie from a schedule, it is important to know the days, dates and times so that you can go to the right screening. You will find this vocabulary later in chapter 8. Martin has prepared some useful sentences for you to use so that you feel comfortable with this topic.

Français	English
Quel film veux-tu aller voir ?	Which movie do you want to see?
Quel genre de film aimes-tu ?	What kind of movie do you like?
Film d'action	Action movie
Film d'horreur	Horror movie
Comédie romantique	Romantic comedy
Drame	Tragedy
Film d'aventure	Adventure movie
Film d'auteur	Author's movie
A quelle heure commence le film ?	What time does the movie start?
Quand est-ce que la sortie du film est prévue ?	When will the movie be released?

Booking a movie ticket

Pour réserver une entrée au cinéma, rien de plus facile: tu pourras le faire en quelques clics sur internet si tu penses qu'il y aura énormément de monde au cinéma afin de t'assurer une place. Sinon, tu peux aussi très bien te rendre au guichet et demander au vendeur un ticket pour le film de ton choix.

To book a ticket for the cinema, nothing could be easier: you can do it in a few clicks on the internet if you think there will be a lot of people in the cinema to make sure you get a seat. If not, you can also go to the box office and ask the ticket seller for a ticket for the film of your choice.

Français	English
Je voudrais 2 places pour le film ...	I would like two tickets for the movie ...
Est-ce que je pourrais avoir 2 places pour le film ... ?	Can I have two tickets for the movie ...?
Combien coûte un billet étudiant ?	How much does a student ticket cost?
Dans quelle salle sera le film ?	In which room will the movie be shown?

Talking about future plans

Dans cette section, tu apprendras à communiquer sur tes futurs plans. Tu pourras aussi t'aider de la partie grammaire dans les points ci-dessous sur le futur des verbes afin que tu puisses les conjuguer et formuler les phrases correctement.

In this section, you will learn how to communicate about your future plans. You can also use the grammar section in the points below on the future tense of verbs so that you can conjugate them and formulate sentences correctly.

Français	English
Quels sont tes plans pour demain ?	What are your plans for tomorrow?
Qu'est-ce que tu as prévu de faire pendant tes vacances ?	What do you plan to do during your holidays?
Qu'est-ce que tu fais le week-end prochain ?	What are you doing next weekend?
La semaine prochaine	Next week
Le mois prochain	Next month

Dans 3 jours	In 3 days
L'année prochaine	Next year
Prochainement	Soon
Dans le futur	In the future
Demain	Tomorrow

Dialogue: inviting a friend to watch a movie at the cinema

Dans ce dialogue, Martin propose à un ami d'aller voir un film ensemble. Exerces ce dialogue seul ou avec quelqu'un pour que tu puisses te plonger dans une situation concrète.

In this dialogue, Martin suggests to a friend that to go and see a film together. Practice this dialogue on your own or with someone else so that you can immerse yourself in a concrete situation.

Martin: Salut Simon, j'ai vu qu'il y avait un super film au cinéma. Est-ce que tu voudrais le voir avec moi ?

Simon: Salut Martin, je te remercie pour l'invitation et ça serait un plaisir d'aller au cinéma avec toi. Quand est-ce que tu veux y aller ?

Martin: La prochaine séance se passe demain à 15 heures. Sinon, on peut aussi y aller samedi soir si tu préfères.

Simon: Demain à 15 heures c'est parfait pour moi. Je me réjouis !

Martin: Chouette, moi aussi. A demain.

Martin: Hi Simon, I saw that there was a great movie in the cinema. Would you like to watch it with me?

Simon: Hi Martin, thank you for the invitation, and it would be a pleasure to go to the cinema with you. When do you want to go?

Martin: The next session is tomorrow at 3 pm. Alternatively, we can go on Saturday night if you prefer.

Simon: Tomorrow at 3 pm is perfect for me. I'm looking forward to it!

Martin: Great, me too. See you tomorrow.

Grammar

Adverbs of affirmation / negation / doubt

Dans une discussion avec quelqu'un, tu entendras souvent des adverbes d'affirmation, de négation ou de doutes. Martin te les a listés ci-dessous afin que tu puisses t'y retrouver.

In a discussion with someone, you will often hear adverbs of affirmation, negation, or doubt. Martin has listed them for you below so that you can find your way around.

Adverbes d'affirmation	
Français	English
Certes	Certainly
Sans doute	Without a doubt
Vraiment	Truly
Oui	Yes
Volontiers	Willingly
D'accord	Agreed

Comme tu peux le remarquer, les adverbes d'affirmations répondent à la positive et ne laisse pas de place au doute.

As you can see, the affirmative adverbs answer positively and leave no room for doubt.

Adverbes de négation	
Français	English
Ne ... pas	Do not
Non	No

Les adverbes de négation répondent à la négative et ne laisse, eux aussi, pas de place au doute.

Adverbs of negation respond to the negative and also leave no room for doubt.

Adverbes de doute	
Français	**English**
Peut-être	Maybe
Probablement	Probably
Sûrement	Surely

Quand à eux, les adverbes de doute ne répondent ni à la positive ou à la négative. Comme leur nom l'indique, ils laissent place au doute.

Adverbs of doubt, on the other hand, do not respond to either the positive or the negative. As their name indicates, they leave room for doubt.

Future tenses for regular and irregular verbs

Dans ce chapitre, Martin va t'apprendre comment conjuguer les verbes réguliers et irréguliers au futur. Grâce à ces nouvelles connaissances, tu pourras aisément former des phrases au futur.

Dans un premier temps, Martin te montre ci-dessous comment conjuguer un verbe du 1er groupe. Pour rappel, les verbes du 1er groupe se terminent en -er. Ensuite, il te montrera comment conjuguer les verbes du 2ème groupe. Les verbes du 2ème groupe se terminent en -ir. Pour terminer, il te montrera la conjugaison des verbes du 3ème groupe, soit les verbes irréguliers.

In this chapter, Martin will teach you how to conjugate regular and irregular verbs in the future tense. With this new knowledge, you will be able to form sentences in the future tense with ease.

First, Martin shows you how to conjugate a verb of the 1st group. As a reminder, the verbs of the 1st group end in -er. Then he will show you how to conjugate the verbs of the 2nd group. The verbs of the 2nd group end in -i

r. Finally, he will show you the conjugation of the third group of verbs, irregular verbs.

Pour former les verbes du 1ᵉʳ groupe au futur, il suffit de prendre le verbe à l'infinitif et de rajouter la bonne terminaison. Les terminaisons sont en gras dans le tableau ci-dessous.

To form the verbs of the 1st group in the future tense, simply take the verb in the infinitive and add the correct ending. The endings are in bold in the table below.

Les verbes du 1ᵉʳ groupe au futur / 1st group verbs in the future tense	
Chanter / to sing	
Je chanter**ai**	I will sing
Tu chanter**as**	You will sing
Il chanter**a** / elle chanter**a** / on chanter**a**	He / she / it will sing
Nous chanter**ons**	We will sing
Vous chanter**ez**	You will sing
Ils chanter**ont** / elles chanter**ont**	They will sing

Comme tu peux le remarquer, les verbes du 2ᵉᵐᵉ groupe se conjuguent au futur de la même manière que les verbes du 1ᵉʳ groupe. Il suffit de prendre le verbe à l'infinitif et de rajouter la bonne terminaison.

As you can see, the verbs of the 2nd group are conjugated in the future tense in the same way as the verbs of the 1st group. You just have to take the infinitive verb and add the right ending.

Les verbes du 2ème groupe au futur / 2nd group verbs in the future tense	
Choisir / to choose	
Je choisir**ai**	I will choose
Tu choisir**as**	You will choose
Il choisir**a** / elle choisir**a** / on choisir**a**	He / she / it will choose
Nous choisir**ons**	We will choose
Vous choisir**ez**	You will choose
Ils choisir**ont** / elles choisir**ont**	They will choose

Les verbes du 3ème groupe au futur se conjuguent pour la plupart comme les verbes du 1er et du 2ème groupe. Cependant il existe une exception: le verbe aller.

The verbs of the 3rd group in the future tense are mostly conjugated like the verbs of the 1st and 2nd groups. However, there is one exception: the verb to go.

Aller / to go	
J'irai	I will go
Tu iras	You will go
Il ira / elle ira / on ira	He / she / it will go
Nous irons	We will go
Vous irez	You will go
Ils iront / elles iront	They will go

Vocabulary

Telling the time/date

Français	English
1 heure / 1 heure du matin	1 am
2 heures / 2 heures du matin	2 am
3 heures / 3 heures du matin	3 am
4 heures / 4 heures du matin	4 am
5 heures / 5 heures du matin	5 am
6 heures / 6 heures du matin	6 am
7 heures / 7 heures du matin	7 am
8 heures / 8 heures du matin	8 am
9 heures / 9 heures du matin	9 am
10 heures / 10 heures du matin	10 am
11 heures / 11 heures du matin	11 am
12 heures / midi	12 pm / midday
13 heures / 1 heure de l'après-midi	1 pm
14 heures / 2 heures de l'après-midi	2 pm
15 heures / 3 heures de l'après-midi	3 pm

16 heures / 4 heures de l'après-midi	4pm
17 heures / 5 heures de l'après-midi	5 pm
18 heures / 6 heures du soir	6 pm
19 heures / 7 heures du soir	7 pm
20 heures / 8 heures du soir	8 pm
21 heures / 9 heures du soir	9 pm
22 heures / 10 heures du soir	10 pm
23 heures / 11 heures du soir	11 pm
minuit	12 am / midnight

Dans la pratique, voici comment dire les heures en français / In practice, this is how to say the hours in French:

10:00: 10 heures pile 10 O'clock

10:30: 10 heures et demi half past 10

11:15: 11 heures et quart 15 past 11

11:25: 11 heures 25 25 past 11

13:05: 13 heures 5 5 past 1

7:45: 8 heures moins le quart a quarter to 8

7:50: 8 heures moins 10 10 to 8

9:35: 10 heures moins 25 25 to 10

Si cette manière est trop difficile pour toi, voici comment tu peux simplifier le fait de dire les heures / If this way is too difficult for you, here is how you can simplify saying the hours:

10:00: il est 10 heures it is 10 hours

6:30: il est 6 heures (et) 30 (minutes) it is 6 hours and 30 minutes

4:15: il est 4 heures (et) 15 (minutes) it is 4 hours and 15 minutes

7:45: il est 7 heures (et) 45 (minutes) it is 7 hours and 45 minutes.

Ce n'est pas obligatoire de préciser le « et » et « minutes » à chaque fois. Martin dit simplement: il est 7 heures 45.

It is not necessary to specify the "and" and "minutes" every time. Martin simply says: It is 7.45.

Ordinal numerals

Français	English
Le premier / le 1er	The first
Le deuxième / le 2ème / le second	The second
Le troisième / le 3ème	The third
Le quatrième / le 4ème	The fourth
Le cinquième / le 5ème	The fifth
Le dernier	The last

Exercises

Exercise 15

Ecris les heures ci-dessous.

Write down the hours below.

2:15 am: _____

5:30 am: _____

8:40 pm: _____

10:00 pm: _____

12 am: _____

1 pm: _____

Advice

Martin a mis du temps avant de regarder un film en français et il a quelques conseils à te donner. Premièrement, il te recommande de regarder régulièrement des films en français que tu connais déjà en mettant les sous-titres en anglais. Grâce à cette méthode, si tu ne comprends pas tout, tu ne seras pas frustré car tu connais déjà le film.

Dès que tu as passé cette étape-là, tu peux continuer à regarder les films en français mais en mettant cette fois-ci les sous-titres en français. N'hésites pas à stopper le film si il est trop difficile pour toi car il ne faut pas te dégouter de l'apprentissage de la langue.

Martin took a long time to watch a movie in French and he has some advice for you. Firstly, he recommends that you regularly watch French movies that you already know with English subtitles. With this method, if you don't understand everything, you won't be frustrated because you already know the film.

Once you have passed this stage, you can continue to watch the movies in French, but this time with French subtitles. Do not hesitate to stop the movie if it is too difficult for you because you should not be put off learning the language.

Chapter 9: Talking About Your Past

En rencontrant des gens en voyageant, Martin a remarqué qu'il parlait souvent de ce qu'il avait fait dans le passé. Ce chapitre-là va t'aider à toi aussi décrire ce que tu as fait par le passé.

While meeting people on his travels, Martin noticed that he often talked about what he had done in the past. This chapter will help you to describe what you have done in the past.

Functions

Talking about past events or childhood events

Martin t'as sélectionné quelques phrases utiles pour parler d'évènements passés.

Martin has selected some useful phrases for talking about past events.

Français	English
Où as-tu fait tes études?	Where did you study?
Dans quelle école est-ce que tu étudiais ?	What school did you study at?
Où as-tu grandis ?	Where did you grow up?

Où es-tu né ?	Where were you born?
Qu'est-ce que tu faisais la semaine passée ?	What were you doing last week?
Que faisais-tu l'année passée ?	What were you doing last year?
J'ai fait mes études à l'université de Lyon.	I studied at the University of Lyon.
J'ai grandi dans le nord de la France.	I grew up in the north of France.
Je suis né à Londres.	I was born in London.
La semaine passée, je suis allé en vacances au bord de la mer.	Last week I went on holiday by the sea.
L'année passée, je passais mes examens pour devenir médecin.	Last year I took my exams to become a doctor.

Describing someone's job

Si tu souhaites décrire le travail de quelqu'un, il faut que tu apprennes le vocabulaire concernant son métier exact. Dans ce chapitre, Martin te donne un exemple en décrivant le travail de son amie Lucie.

If you want to describe someone's job, you need to learn the vocabulary for their exact job. In this chapter, Martin gives you an example by describing his friend Lucie's job.

Exemple / example:

Mon amie Lucie travaille dans une entreprise privée en tant que secrétaire. Elle travaille sur un ordinateur. Ses tâches consistent à répondre aux appels des clients, écrire des lettres et traiter des dossiers. En quelques mots, elle traite tout ce qui est administratif.

My friend Lucie works in a private company as a secretary. She works on a computer. Her tasks include answering customer calls, writing letters, and processing files. In short, she deals with all administrative matters.

Dialogue: about our jobs

Entraine ce dialogue pour améliorer ton oral.

Practice this dialogue to improve your speaking.

Martin: Qu'est-ce que tu fais comme travail, Cindy ?

Cindy: Je travaille en tant qu'infirmière dans un hôpital.

Martin: Dans quel service est-ce que tu travailles ?

Cindy: Je suis en pédiatrie. C'est-à-dire que je m'occupe des enfants malades.

Martin: C'est un très beau métier que tu fais, je suis impressionné.

Martin: What do you do for a living, Cindy?

Cindy: I work as a nurse in a hospital.

Martin: What department do you work in?

Cindy: I am in pediatrics. That means that I look after sick children.

Martin: It is a great job you are doing; I am impressed.

Grammar

Past tenses for regular and irregular verbs

Il est très important que tu saches conjugués les verbes au passé afin que tu puisses aisément communiquer sur des évènements que tu as vécu par le passé.

It is very important that you know how to conjugate verbs in the past tense so that you can easily communicate about events you have experienced in the past.

Comme tu peux le remarquer dans le tableau ci-dessous, pour conjuguer les verbes du 1er groupe, tu dois prendre la racine du mot et rajouter la bonne terminaison. Dans l'exemple ci-dessous, la racine du verbe « chanter » est « chant ».

Les verbes du 1er groupe à l'imparfait / 1st group verbs in the past tense	
Chanter / to sing	
Je chant**ais**	I sang
Tu chant**ais**	You sang

Il chant**ait** / elle chant**ait** / on chant**ait**	He / she / it sang
Nous chant**ions**	We sang
Vous chant**iez**	You sang
Ils chant**aient** / elles chant**aient**	They sang

Pour composer les verbes du 2ème groupe à l'imparfait, la technique est de trouver le radical de la 1ère personne du pluriel au présent et de rajouter la bonne terminaison. Dans l'exemple ci-dessous, le radical est: nous **choisiss**ons. Donc il suffit de prendre « choisiss » et de rajouter la bonne terminaison comme dans ce tableau.

To compose the verbs of the 2nd group in the imperfect tense, the technique is to find the radical of the 1st person plural in the present tense and add the correct ending. In the example below, the stem is: nous **choisiss**ons. So just take "choisiss" and add the correct ending as in this table.

Les verbes du 2ème groupe à l'imparfait / 2nd group verbs in the past tense	
Choisir / to choose	
Je choisiss**ais**	I chose
Tu choisiss**ais**	You chose
Il choisiss**ait** / elle choisiss**ait** / on choisiss**ait**	He / she / it chose
Nous choisiss**ions**	We chose
Vous choisiss**iez**	You chose
Ils choisiss**aient** / elles choisiss**aient**	They chose

Pour les verbes du 3ème groupe, il faut appliquer la même règle que pour ceux du 2ème groupe. La seule exception est pour le verbe « aller ».

For the verbs of the 3rd group, the same rule must be applied as for those of the 2nd group. The only exception is for the verb "to go."

Aller / to go	
J'allais	I went
Tu allais	You went
Il allait / elle allait / on allait	He / she / it went
Nous allions	We went
Vous alliez	You went
Ils allaient / elles allaient	They went

Indefinite pronouns

Les pronoms indéfinis servent à remplacer un nom de façon imprécise. Martin t'a fait une petite liste des pronoms indéfinis les plus utilisés.

Indefinite pronouns are used to replace a noun in an imprecise way. Martin has made you a short list of the most commonly used indefinite pronouns.

Français	English
Aucun	None
Certain	Some
Chacun	Each one
N'importe lequel / laquel / lesquels / lesquelles	Any of them
La plupart	Most of them
Beaucoup	A lot
N'importe qui	Anybody
Quelque chose	Something

Vocabulary

Time expressions for past events

Français	English
Hier	Yesterday
Avant-hier	The day before yesterday
Le mois passé	Last month
Il y a deux jours	Two days ago
L'année passée	Last year
Il y a longtemps	A long time ago
La semaine passée	Last week
Avant	Before
Dans le passé	In the past

Months and seasons

Français	English
Janvier	January
Février	February
Mars	March
Avril	April
Mai	May
Juin	June
Juillet	July

Août	August
Septembre	September
Octobre	October
Novembre	November
Décembre	December
L'hiver	The winter
L'automne	The autumn
Le printemps	The spring
L'été	The summer
La saison	The season
Le mois	The month
Le jour	The day
La date	The date

Jobs and professions

Français	English
Le métier	The profession
Le travail	The job
L'entreprise	The company
L'infirmier, l'infirmière	The nurse
Le docteur, la doctoresse	The doctor

Le dentiste, la dentiste	The dentist
Le psychologue, la psychologue	The psychologist
Le cuisinier, la cuisinière	The cook
Le boulanger, la boulagère	The baker
Le boucher, la bouchère	The butcher
Le poissonnier, la poissonnière	The fishmonger
Le maraîcher, la maraîchère	The market gardener
Le personnel de ménage	The housekeeping staff
Le serveur, la serveuse	The waiter, the waitress
Le maître / l'enseignant, la maîtresse / l'enseignante	The teacher
Le policier, la policière	The police officer
Le pompier, la pompière	The firefighter
Le paysan, la paysanne	The farmer
L'informaticien, l'informaticienne	The computer scientist
L'ingénieur, l'ingénieure	The engineer
Le journaliste, la journaliste	The journalist, the reporter
Le secrétaire, la secrétaire	The secretary
Le patron, la patronne	The boss

Le vétérinaire, la vétérinaire	The vet
Le chirurgien, la chirurgienne	The surgeon
L'électricien, l'électricienne	The electrician
Le mécanicien, la mécanicienne	The mechanic
Le pédiatre, la pédiatre	The pediatrician
Le coiffeur, la coiffeuse	The hairdresser
L'acteur, l'actrice	The actor, the actress
Le chanteur, la chanteuse	The singer
Le producteur, la productrice	The producer
Le politicien, la politicienne	The politician
Le musicien, la musicienne	The musician
Le comptable, la comptable	The accounting officer
Le banquier, la banquière	The banker
Le chauffeur, la chauffeuse	The driver
L'employé, l'employée	The employee

Exercises

Exercise 16

Conjugue les verbes à l'imparfait.

    Conjugate the verbs in the imperfect tense.

Français	English
	You ate (singular)
	He played
	They sang
	We heard
	You drank (plural)
	I wrote
	I danced
	She cried
	We finished
	They spoke

Quiz

Ce dernier quiz te permettra de situer ton niveau. En cas d'erreur, n'hésites pas à reprendre la théorie des chapitres où tu as eu le plus de difficulté.

    This last quiz will allow you to assess your level. If you make a mistake, do not hesitate to repeat the theory of the chapters where you had the most difficulty.

    1. Forme le féminin de ces adjectifs: méchant, beau, fiable, mignon.

2. Transforme cette phrase en utilisant un pronom direct: Paola lit un livre.

3. Transforme cette phrase en utilisant un pronom indirect: J'offre un cadeau à Sophie.

4. Décris ton plat préféré en quelques phrases.

5. Complète ces phrases en utilisant un comparatif d'infériorité (-) et un comparatif de supériorité (+).

   Catherine est _____ rapide _____ Stéphane. (+)

   Françoise est _____ fatiguée_____ Romain. (-)

   Mathilde est _____ grande _____ Sylvie. (-)

   Je suis _____ curieux _____ toi. (+)

6. Demande le prix d'une place de cinéma.

7. Demande l'horaire d'un film.

8. Décrit le travail d'un de tes proches en 3 phrases.

9. Décris ce que tu faisais la semaine passée.

10. Décris ce que tu feras le mois prochain.

_____
_____
_____

Chapter 10: Basic Grammar Revision

Les accents en français / French accents					
Sans accent	a	e	i	o	u
Accent aigu		é			
Accent grave	à	è			ù
Accent circonflexe	â	ê	î	ô	û
Le tréma		ë	ï		

Français	English
Je	I
Tu	You
Il / elle / on	He / she / it

Nous	We
Vous	You
Ils / elles	They

Être – au present	
Je suis	I am
Tu es	You are
Il est / elle est / on est	He is / she is / it is
Nous sommes	We are
Vous êtes	You are
Ils sont / elles sont	They are

Avoir – au présent	
J'ai	I have
Tu as	You have
Il a / elle a / on a	He / she / it has
Nous avons	We have
Vous avez	You have
Ils ont / elles sont	They have

Articles définis	Articles indéfinis	Articles démonstratifs
Le	Un	Ce
La	Une	Cette
L'	-	
Les	Des	Ces

Les pronoms interrogatifs	
Masculin singulier / male + single form	Lequel, duquel, auquel / which
Féminin singulier / female + single form	Laquelle, de laquelle, à laquelle / which
Masculin pluriel / male + plural form	Lesquels, desquels, auxquels / which
Féminin pluriel / female + plural form	Lesquelles, desquelles, auxquelles / which

Auxiliaire avoir – Auxiliary to have
Présent - present
Imparfait - past
Futur - future

J'ai

J'avais

J'aurai

Tu as

Tu avais

Tu auras

Il a, elle a, on a

Il avait, elle avait, on avait
Il aura, elle aura, on aura
Nous avons
Nous avions
Nous aurons
Vous avez
Vous aviez
Vous aurez
Ils ont, elles ont
Ils avaient, elles avaient
Ils auront, elles auront

Auxiliaire être – Auxiliary to be		
Présent - present	**Imparfait - past**	**Futur - future**
Je suis	J'étais	Je serai
Tu es	Tu étais	Tu seras
Il est, elle est, on est	Il était, elle était, on était	Il sera, elle sera, on sera
Nous sommes	Nous étions	Nous serons
Vous êtes	Vous étiez	Vous serez
Ils sont, elles sont	Ils étaient, elles étaient	Ils seront, elles seront
Sujet	**Complément direct**	**Complément indirect**
Je	Me	Me
Tu	Te	Te
Il /elle / on	Le / la	Lui

Nous	Nous	Nous
Vous	Vous	Vous
Ils / elles	Les	Leur

Les adjectifs/déterminants possessifs – Possessive adjectives

Sujet	Masculin	Féminin	Pluriel
Je	Mon	Ma	Mes
Tu	Ton	Ta	Tes
Il / elle / on	Son	Sa	Ses
Nous	Notre	Notre	Nos
Vous	Votre	Votre	Vos
Ils / elles	Leur	Leur	Leurs

Les pronoms possessifs – Possessive pronouns

Sujet	Masculin	Féminin	Pluriel
Je	Le mien	La mienne	Les miens / les miennes
Tu	Le tien	La tienne	Les tiens / les tiennes
Il / elle / on	Le sien	La sienne	Les siens / les siennes
Nous	Le nôtre	La nôtre	Les nôtres
Vous	Le vôtre	La vôtre	Les vôtres

| Ils / elles | Le leur | La leur | Les leurs |

Adverbes d'affirmation	
Français	English
Certes	Certainly
Sans doute	Without a doubt
Vraiment	Truly
Oui	Yes
Volontiers	Willingly
D'accord	Agreed

Adverbes de négation	
Français	English
Ne ... pas	Do not
Non	No

Adverbes de doute	
Français	English
Peut-être	Maybe
Probablement	Probably
Sûrement	Surely

Vocabulary Appendix

Dans ce chapitre, libre à toi d'utiliser les listes de vocabulaire par thème en remplissant le côté en français afin de vérifier que tu as bien appris les nouveaux mots. Martin te fournit les listes classées par thème avec uniquement les mots en anglais. Cela ne tient qu'à toi de les remplir !

In this chapter, you are free to use the themed vocabulary lists by filling in the French side to check that you have learned the new words. Martin provides you with the themed lists with only the English words. It's up to you to fill them in!

List 1: colors

Français	English
	The color
	Red
	Blue
	Green
	Yellow
	White
	Black
	Grey
	Brown
	Pink
	Purple
	Orange
	Beige
	Gold
	Silver

List 2: the greetings

Français	English
	Good morning
	Good afternoon
	Good evening
	Good night
	Hello
	Goodbye
	See you soon
	Have a good day
	Have a good evening
	See you tomorrow
	Bye
	Welcome
	Nice to meet you

List 3: countries and nationalities

Français	English
	France
	Switzerland
	Germany
	Austria

	Italy
	England
	Poland
	Russia
	Greece
	Spain
	Portugal
	Norway
	Sweden
	The United States
	Canada
	Mexico
	Brazil
	China
	Japan
	Thailand
	India
	Australia
	New Zealand
	Egypt

	Morocco
	Senegal
	South Africa
	Europe
	North America
	South America
	Asia
	Africa
	Oceania
	The nationality
	The origin
	The culture

List 4: the house

Français	English
	The ground floor
	The first floor
	The second floor
	The third floor
	The basement
	The inside

	The outside
	The hallway
	The kitchen
	The bedroom
	The living room
	The badroom
	The office room
	The garage
	The garden
	The hall
	The cellar
	The balcony
	The bed
	The sofa
	The chair
	The stool
	The toilets
	The shower
	The bath
	The pan

	The frying pan
	The bowl
	The plate
	The fork
	The knife
	The spoon
	The tea spoon
	The glass
	The television / the TV
	The computer
	The table
	The desk
	The armchair
	The bin
	The plant
	The chimney
	The shelf
	The window
	The door

Liste 5: verbs from the 1ˢᵗ group

Français	English
	To eat
	To sing
	To play
	To work
	To dance
	To walk
	To love
	To call
	To buy
	To begin
	To create
	To forget
	To pay
	To cry
	To bring
	To send
	To win (a game)
	To earn

	To repeat
	To look / to watch
	To wipe
	To close
	To think
	To speak
	To chat
	To yell
	To clean
	To tidy up
	To wash
	To cook
	To observe
	To spell
	To teach
	To pray

List 6: verbs from the 2nd group

Français	English
	to finish
	to grow up

	to build
	to cure
	to grab
	to reunite
	to succeed
	to throw up
	to choose
	to feed
	to get old
	to define
	to slow down
	to gain weight
	to lose weight
	to act
	to guarantee
	to react
	To lie

List 7: the food

Français	English
	The fruit
	The apple
	The pear
	The banana
	The strawberry
	The raspberry
	The blackberry
	The blueberry
	The peach
	The apricot
	The pineapple
	The mango
	The coconut
	The papaya
	The cherry
	The lemon
	The lime
	The rhubarb

	The redcurrant
	The dragon fruit
	The grape
	The kiwi
	The orange
	The mandarin
	The plum
	The mirabelle plum
	The avocado
	The persimmon
	The pomegranate
	The grapefruit
	The melon
	The watermelon
	The lychee
	The fig
	The black currant
	The chestnut
	The guava
	The kumquat

	The walnut
	The hazelnut
	The cashew nut
	The vegetable
	The carrot
	The tomato
	The salad
	The pea
	The leek
	The onion
	The garlic
	The pumpkin
	The radish
	The bell pepper
	The zucchini
	The eggplant
	The spinach
	The cauliflower
	The broccoli
	The cabbage

	The red cabbage
	The brussel sprout
	The Chinese cabbage
	The potato
	The beetroot
	The parsnip
	The artichoke
	The endive
	The shallots
	The cucumber
	The asparagus
	The bean
	The celery
	The turnip
	The fennel
	The ginger
	The lettuce
	The sweet potato
	The arugula
	The Jerusalem artichoke

	The olive
	The food
	The bread
	The baguette
	The croissant
	The chocolate bread
	The pastry
	The cheese
	The goat cheese
	The blue cheese
	The raclette
	The meat
	The beef
	The pork
	The chicken
	The lamb
	The horse
	The fish
	The codfish
	The salmon

	The tuna
	The tofu
	The soy
	The milk
	The yogurt
	The tea
	The coffee
	The water
	The syrup
	The pasta
	The flour
	The sugar
	The butter
	The salt
	The pepper
	The cake
	The cookie
	The candy
	The chocolate
	The wine

	The beer
	The mayonnaise
	The mustard
	The cereals
	The maple syrup
	The jam
	The honey
	The chips
	The baking powder
	The rice
	The lentils
	The chickpeas
	The shrimp
	The mussels
	The fries
	The cream
	The spices
	The ham
	The salami
	The bacon

	The sushis
	The noodles
	The raviolis
	The gnocchis
	The puff pastry
	The sauce
	The gherkins
	The egg
	The dough
	The pizza
	The hamburger
	The meal
	Asian food
	Mexican food
	French cuisine
	Italian cuisine
	The stew
	The blood sausage
	The steak tartar
	The sauerkraut garnish

	The flammkuchen (kind of a white pizza)
	The bourguignon beef
	The quiche lorraine
	The tartiflette
	The couscous
	The tarte tatin (caramelized apple pie)
	The (cheese) fondue
	The bourguignonne fondue
	The Chinese fondue
	The chocolate fondue
	The Mongolian fondue
	The risotto
	The pizza
	The spaghetti Bolognese
	Stuffed tomatoes
	The raclette (melting cheese)
	Tomme cheese
	Goat cheese

List 8: adverbs of place

Français	English
	Inside the...
	Outside the...
	Outside
	Inside
	Above, on top
	Up, upstairs
	Below
	Below, downstairs
	On
	Against
	In front of, forward
	Behind, back to, backwards
	Upstairs
	Elsewhere
	Around the
	Here
	There, over there
	Far, far away

	Everywhere
	Close by, nearby
	Very close
	Somewhere
	Nowhere

List 9: irregular verbs – 3rd group

Français	English
	To open
	To sleep
	To can
	To worth
	To want
	To write
	To drink
	To take
	To learn
	To know
	To appear
	To beat
	To put

	To admit
	To allow
	To transmit
	To bribe
	To break up
	To welcome
	To pick
	To go
	To wait
	To sit
	To drive
	To cook
	To promise
	To hear
	To do
	To read

List 10: in town

Français	English
	The bus
	The car

	The tramway
	The subway
	The train
	The boat
	The bike
	By foot
	The taxi
	The scooter
	The coach
	On the right
	On the left
	Straight ahead
	The direction
	Cross...
	The sidewalk
	Next to...
	In front of...
	Move forward to...
	The crosswalk
	Go to...

	Behind...
	North
	South
	East
	West
	The train station
	The bus station
	The town hall
	The park
	The bridge
	The church
	The shop
	The shopping center
	The supermarket
	The restaurant
	The pub
	The cinema
	The theater
	The museum
	The pharmacy

	The jail / The prison
	The police station
	The gas station
	The street
	The boulevard
	The square
	The avenue

List 11: time expressions

Français	English
	Today
	Every morning
	Every afternoon
	Every evening
	Every night
	At the weekend
	On Tuesdays
	On Sundays
	In the morning
	In the afternoon
	In the evening

	At night
	During the night
	Always
	Often
	Sometimes
	Rarely
	Hardly ever
	Never
	All night long
	All day long
	Next week
	Next month
	In 3 days
	Next year
	Soon
	In the future
	Tomorrow
	Yesterday
	The day before yesterday
	Last month

	Two days ago
	Last year
	A long time ago
	Last week
	Before
	In the past

List 12: family members

Français	English
	The family
	The father
	The mother
	The dad
	The mom
	The brother
	The sister
	The siblings
	The parents
	The grandfather
	The grandmother
	The grandpa

	The grandma
	The uncle
	The aunt
	The cousin
	The cousin
	The nephew
	The niece
	The godson
	The goddaughter
	The godfather
	The godmother
	The wedding
	The engagement
	The death
	The funeral
	The divorce
	The separation
	The baby
	The newborn
	The birth

List 13: the human body

Français	English
	The body
	Body parts
	The head
	The eye, the eyes
	The nose
	The chin
	The mouth
	The hair
	The forehead
	The cheek
	The eyelashes
	The eyebrows
	The skull
	The bone, the bones
	The neck
	The ear
	The lips
	The tongue

	The tooth, the teeth
	The shoulder
	The arm
	The hand
	The finger
	The elbow
	The chest
	The chest / the torso
	The belly
	The belly button
	The rib
	The hip
	The leg
	The knee
	The shinbone
	The calf
	The foot
	The toe
	The nail
	The muscle

	The organ
	The heart
	The lungs
	The kidneys
	The genitals
	The stomach
	The brain
	The liver
	The bowel
	The blood
	The vein
	The throat

List 14: the adjectives

Français	English
	Beautiful
	Pretty
	Cute
	Nice
	Mean
	Ugly

	Appealing
	Attractive
	Muscled
	Weak
	Coward
	Big, fat, large
	Slim
	Thin
	Overweight
	Strong
	Sporty
	Clumsy
	Generous
	Helpful
	Stingy
	Stingy
	Understanding
	Tall
	Small
	Giant

	Medium
	Tanned
	Polite
	Good
	Kind, friendly
	Loving
	Boring
	Interesting
	Chatty
	Energetic
	Positiv
	Negativ
	Sad
	Happy
	Happy
	Angry, upset
	Angry, pissed
	Shy
	Smart
	Curious

	Reserved
	Faithful
	Loyal
	Unfaithful
	Stupid
	Clever
	Stressed
	Calm
	Quiet

List 15: jobs

Français	English
	The profession
	The job
	The company
	The nurse
	The doctor
	The dentist
	The psychologist
	The cook
	The baker

	The butcher
	The fishmonger
	The market gardener
	The housekeeping staff
	The waiter, the waitress
	The teacher
	The police officer
	The firefighter
	The farmer
	The computer scientist
	The engineer
	The journalist, the reporter
	The secretary
	The boss
	The vet
	The surgeon
	The electrician
	The mechanic
	The pediatrician
	The hairdresser

	The actor, the actress
	The singer
	The producer
	The politician
	The musician
	The accounting officer
	The banker
	The driver
	The employee

List 16: months and seasons

Français	English
	January
	February
	March
	April
	May
	June
	July
	August
	September

	October
	November
	December
	The winter
	The autumn
	The spring
	The summer
	The season
	The month
	The day
	The date

Answer Key

Answers to exercise 1

1. La banane est jaune. The banana is yellow.
2. Le cochon est rose. The pig is pink.
3. L'arbre est vert. The tree is green.
4. La fraise est rouge. The strawberry is red.
5. Le ciel est bleu. The sky is blue.
6. La pierre est grise. The stone is grey.
7. Le corbeau est noir. The raven is black.
8. Le riz est blanc. The rice is white.
9. Le raisin est violet. The grape is purple.
10. Le chocolat est brun. The chocolate is brown.

Answers to exercise 2

1. Martin **voyage** en France. Martin travels in France.
2. Il **commence** son voyage à Paris. He begins his trip in Paris.
3. Il **visite** le Louvre. He visits the Louvre.
4. Il **boit** un café dans un restaurant. He drinks a coffee in a restaurant.
5. Il **mange** une crêpe. He eats a crepe.
6. Il **se promène** au bord de la Seine. He walks along the Seine.
7. Il **prend** le métro. He takes the subway.
8. Il **écoute** un concert de Jean-Jacques Goldmann. He listens to a Jean-Jacques Goldmann concert.
9. Il **dort** à l'hôtel. He sleeps in a hotel.
10. Il **mange** un croissant dans une boulangerie. He eats a croissant in a bakery.

Answers to exercise 3

14 = quatorze

27 = vingt-sept

35 = trente-cinq

42 = quarante-deux

53 = cinquante-trois

63 = soixante-trois

77 = soixante-dix-sept

82 = quatre-vingt-deux

99 = quatre-vingt-dix-neuf

100 = cent

Answers to exercise 4

Les réponses ci-dessous sont uniquement des exemples. Adapte-les selon tes propres affirmations.

The answers below are examples only. Adapt them to your own statements.

1. Comment t'appelles-tu ? Je m'appelle Martin. My name is Martin.
2. Quel âge as-tu ? J'ai 22 ans. I am 22 years old.

3. Où habites-tu ? J'habites en Angleterre. I live in England.
4. D'où viens-tu ? Je viens de Londres. I come from London.
5. Quel travail fais-tu / quelles études fais-tu ? Je travaille en tant qu'informaticien. / J'étudie le droit à l'université. I am working as an IT specialist. / I study the law at the university.

Answers to exercise 5
1. Je pars **à / sur** Lyon. I am going to Lyon.
2. La serviette est **en / dans** la salle de bain. The towel is in the bathroom.
3. Des guides sont disponible **sous / à** la réception. Guides are available at the reception.
4. Le verre est **sur / vers** la table. The glass is on the table.
5. Le chat se cache **sous / dans** la table. The cat hides under the table.
6. La gare se trouve **en dessous de / en face de** la mairie. The train station is located in front of the town hall.
7. Je me balade **parmi / le long de** la rivière. I walk along the river.
8. Le salon de coiffure est **entre / à l'intérieur** du centre commercial. The hair salon is inside the shopping center.
9. Il s'assied **à côté de / à** moi. He sits next to me.
10. Le musée est **près de / dans** la station de métro. The museum is near the metro station.

Answers to exercise 6
1. La chambre se situe au troisième étage. The room is located on the third floor.
2. Où est la cuisine? Where is the kitchen?
3. Je souhaite réserver une chambre pour deux personnes. I would like to book a room for 2 people.
4. Quel est le prix pour une nuit ? What is the price for one night?
5. Le petit-déjeuner n'est pas inclus dans le prix. The breakfast is not included in the price.

Answers to exercise 7
1. Cette / Cet pêche est mure. This peach is ripe.
2. Cette / **Ces** pizzas sont végétariennes. These pizzas are vegetarian.

3. Martin achète ce / **cet** pain pour le petit-déjeuner. Martin, buy this bread for the breakfast.
4. Ce / **Cet** ananas coûte 3 euros. This pineapple costs 3 euros.
5. Cette / **Cet** homme mange ces / ce fruits. This man eats theses fruits.
6. Il n'y a pas de confiture dans ce / **cet** magasin. There is no jam in this shop.
7. Au marché, je ne trouve pas ce / **ces** produit que j'aime tant. At the market, I can not find this product that I like so much.
8. Il y a uniquement dans cet / ce magasin asiatique que je trouve de bonnes nouilles. There is only in this Asian store that I can find good noodles.
9. Dans cet / cette boulangerie, il y a de très bonnes brioches. In this bakery, there are very good buns.
10. Cet / Cette boisson est la préférée de ma sœur. This drink is my sister's favorite.

Answers to exercise 8

Il mange	He eats
Nous chantons	We sing
Je joue	I play
Tu pleures	You cry (singular)
Vous oubliez	You forget (plural)
Ils paient / elles paient	They pay
Elle crie	She yells
J'aime	I love
Tu appelles	You call (singular)
Nous dansons	We dance

Vous marchez	You walk (plural)
Ils enseignent / elles enseignent	They teach
J'apporte	I bring
Elle gagne	She earns
Nous gagnons	We win

Answers to exercise 9

Vous finissez	You finish (plural)
Il agit	He acts
Ils réagissent / elles réagissent	They react
Je guéris	I cure
Nous saisissons	We grab
Tu grandis	You grow up (singular)
Elle choisit	She chooses
Ils définissent	They define
Je garantis	I guarantee
Nous maigrissons	We lose weight
Vous bâtissez	You build (plural)
Elle vomit	She throws up
Il ralentit	He slows down

Ils grossissent / elles grossissent	They gain weight
Nous vieillissons	We get old

Answers to exercise 10
1. Je mange cette pomme.
2. Martin achète du jus au marché.
3. Il y a du bon fromage au magasin.
4. Le pain de cette boulangerie est délicieux.
5. Cette boucherie propose de la viande de bœuf.

Answers to exercise 11
1. Je ne vais **jamais** au cinéma, car je déteste cela.
2. Une fois par semaine, **tous les mardis**, elle va à son cours de danse.
3. Noémie est la meilleure étudiante de son école. Elle étudie **toute la journée.**
4. Lucien ne va pas **souvent** au restaurant car il n'a pas beaucoup d'argent.
5. Pour l'anniversaire de Julie, nous allons danser **toute la nuit** dans une discothèque.
6. Je vais **toujours** à la bibliothèque lorsque j'ai envie de lire un livre.
1. I **never** go to the cinema because I hate it.
2. Once a week, **every Tuesday**, she goes to her dance class.
3. Noémie is the best student in her school. She studies **all day long.**
4. Lucien does not go to restaurants very **often** because he does not have much money.
5. For Julie's birthday, we are going to dance **all night long** in a disco.
6. I **always** go to the library when I want to read a book.

Answers to exercise 12
1. Je vais faire mes courses **au supermarché**.
2. Martin va se balader **au parc** tous les matins.
3. Sylvain a loué une voiture et doit remettre de l'essence à **la station**

essence.
4. Emma va boire une bière **au bar** avec des copines.
5. Justin va acheter des médicaments à **la pharmacie**.
6. Béatrice et Gilles mangent une crêpe **au restaurant**.
7. Louise va voir une exposition d'art **au musée**.
8. Tristan va prendre le train à **la gare**.
9. Romain et Maël vont **au cinéma** voir un film d'horreur.
10. Mon appartement se situe proche de **la rue** Rivoli.
1. I go shopping **at the supermarket.**
2. Martin goes for a walk **in the park** every morning.
3. Sylvain has rented a car and has to put petrol back **in the petrol station.**
4. Emma goes for a beer **at the bar** with some friends.
5. Justin goes **to the pharmacy** to buy some medicine.
6. Beatrice and Gilles are eating a pancake **in a restaurant.**
7. Louise goes to see an art exhibition **at the museum.**
8. Tristan is going to take the train **at the train station.**
9. Romain and Maël go **to the cinema** to see a horror film.
10. My flat is close to **the Rivoli street.**

Answers to the quiz (chapters 1 to 5)

1. **Quel est l'ordre des mots dans une phrase simple ?**
   What is the word order in a simple sentence?

   En 1ère position, on retrouve le sujet. En 2ème position, il y a le verbe. En 3ème position, il y a le complément/l'objet.

2. **Ecris les chiffres de 1 à 10.**
   Write the numbers from 1 to 10.
   Un
   Deux
   Trois
   Quatre
   Cinq
   Six
   Sept

Huit

Neuf

Dix

3. **Cite 3 manières de saluer quelqu'un.**

    Name 3 ways to greet someone.

    Bonjour

    Bonsoir

    Salut

4. **Présente-toi en 3 phrases (ci-dessous tu trouveras plusieurs exemples que tu peux adapter selon tes propres informations).**

    Introduce yourself in 3 sentences (below you will find several examples that you can adapt according to your own information).

    Je m'appelle Christine.

    J'ai 35 ans.

    J'habites à Lille, dans le nord de la France.

    Je travaille en tant que coiffeuse.

    Je suis étudiante en économie d'entreprise à l'université de Lyon.

5. **Quel est l'ordre des mots dans une question avec la forme « est-ce que » ?**

    What is the word order in a question with the form "est-ce que"?

    La forme « est-ce que » se trouve en 1ère position. En 2ème position, il y a le sujet. En 3ème position, il y a le verbe. En 4ème position, il y a parfois un complément/un objet.

6. **Pose les 3 questions qui réponds à ces 3 affirmations: Emilie a 54 ans. Elle habite en Suisse. Elle travaille en tant qu'infirmière à l'hôpital.**

    Ask the 3 questions that answer these 3 statements: Emilie is 54 years old. She lives in Switzerland. She works as a nurse in a hospital.

    Quel âge a Emilie ? / Quel âge a-t-elle ?

    Où est-ce qu'Emilie habite ? / Où habite-t-elle ?

    Quel est le travail d'Emilie ?/ Que fait-elle dans la vie ?

7. Ecris 3 questions pour: réserver une chambre à l'hôtel / demander le prix de la chambre / connaître le numéro de la chambre.

   Write 3 questions to: book a room in a hotel / ask the price of the room / find out the room number.

   Est-ce que je pourrais réserver une chambre dans votre hôtel ? / Est-ce qu'il y a encore une chambre de libre dans votre hôtel ? / Je souhaiterais réserver une chambre dans votre hôtel, est-ce possible ?

   Quel est le prix pour une chambre ? / Combien coûte une chambre ?

   Quel est le numéro de la chambre ? / A quel numéro se trouve la chambre ?

8. **Traduis la phrase suivante / Translate the following sentence:** There are 3 persons in my dorm.

   Il y a 3 personnes dans mon dortoir.

9. Tu souhaites acheter des souvenirs pour ta famille mais tu ne sais pas où en trouver. Pose la question afin de savoir où en trouver.

   You want to buy souvenirs for your family but you do not know where to find them. Ask the question to find out where to get them.

   Où est-ce que je peux acheter des souvenirs ?

10. Quelles sont les terminaisons des verbes du 1er groupe et du 2ème groupe ?

    What are the endings of the 1st group and 2nd group verbs?

    Les verbes du 1er groupe se terminent en -er. Les verbes du 2ème groupe se terminent en -ir.

11. **Tu es perdu. Pose une question afin de demander ton chemin pour rejoindre la gare. You are lost. Ask a question to get directions to the train station.**

    Où est-ce que se trouve la gare?

12. Réserve un billet de train pour aller à Marseille.

    Book a train ticket to go to Marseille.

    Je souhaiterais réserver un billet de train pour aller à Marseille s'il-vous-plaît.

Answers to exercise 13

Les réponses ci-dessous sont uniquement des exemples. Adapte-les selon tes propres affirmations.

The answers below are examples only. Adapt them to your own statements.

J'ai deux grand frères jumeaux qui s'appellent Sylvain et Marc. Ils ont 24 ans. Sylvain est mécanicien et Marc est danseur. Ma maman s'appelle Martine et elle a 57 ans. Elle travaille en tant que pharmacienne. Elle sera à la retraite dans quelques années. Mon père s'appelle Bernard et il est cuisinier. Malheureusement, mes parents sont divorcés mais nous nous entendons tous très bien quand même.

I have two older twin brothers called Sylvain and Marc. They are 24 years old. Sylvain is a mechanic, and Marc is a dancer. My mother is called Martine, and she is 57 years old. She works as a pharmacist. She will be retired in a few years. My father is called Bernard, and he is a cook. Unfortunately, my parents are divorced, but we all get along very well anyway.

Answers to exercise 14

1. La vache est noire **et** blanche. The cow is black and white. = **conjonction de coordination**
2. Annie va au supermarché **car** son frigo est vide. Annie goes to the supermarket because her fridge is empty. = **conjonction de coordination**
3. Roxane deviendra infirmière **si** elle réussit son dernier examen. Roxane will become a nurse if she passes her final exam = **conjonction de subordination**
4. Victor pourra travailler pour une grande entreprise **quand** il aura terminé son stage d'informaticien. Victor will be able to work for a big company when he finishes his IT internship.= **conjonction de subordination**
5. Il fait très froid dehors **donc** je mets un manteau. It is very cold outside so I put on a coat. = **conjonction de coordination**
6. Jules ne sait pas chanter **ni** danser. Jules can not sing nor dance. = **conjonction de coordination**

Answers to exercise 15

2:15 am: Il est 2 heures et quart il est 2 heures 15.

5:30 am: il est 5 heures et demi il est 5 heures 30

8:40 pm: Il est 20 heures 40 il est 8 heures 40 du soir il est 9 heures moins 20

10:00 pm: Il est 22 heures il est 10 heures du soir.

12 am: Il est minuit.

1pm: Il est 13 heures il est 1 heure de l'après-midi

Answers to exercise 16

Français	English
Tu mangeais	You ate (singular)
Il jouait	He played
Ils chantaient / elles chantaient	They sang
Nous écoutions	We heard
Vous buviez	You drank (plural)
J'écrivais	I wrote
Je dansais	I danced
Elle pleurait	She cried
Nous finissions	We finished
Ils parlaient	They spoke

Answers to the quiz (chapters 6 to 9)

1. **Forme le féminin de ces adjectifs: méchant, beau, fiable, mignon.**

   Form the feminine of these adjectives: mean, beautiful, reliable, cute.

   Méchante, belle, fiable, mignonne

2. Transforme cette phrase en utilisant un pronom direct: Paola lit un livre.

Transform this sentence using a direct pronoun: Paola is reading a book.

Paola le lit.

3. Transforme cette phrase en utilisant un pronom indirect: J'offre un cadeau à Sophie.

Transform this sentence using an indirect pronoun: I'm giving Sophie a present.

Je lui offre un cadeau.

4. Décris ton plat préféré en quelques phrases. (ceci n'est qu'un exemple)

Describe your favourite food in a few sentences. (this is just an example)

Mon plat préféré est la pizza. La pizza est un plat composé de pâte et de sauce tomate. Ensuite, on peut y rajouter ce qu'on veut dessus comme des champignons, des poivrons et du jambon.

5. Complète ces phrases en utilisant un comparatif d'infériorité (-) et un comparatif de supériorité (+).

Complete these sentences using a comparative of inferiority (-) and a comparative of superiority (+).

Catherine est **plus** rapide **que** Stéphane. (+)

Françoise est **moins** fatiguée **que** Romain. (-)

Mathilde est **moins** grande **que** Sylvie. (-)

Je suis **plus** curieux **que** toi. (+)

6. **Demande le prix d'une place de cinéma.**

Ask for the price of a cinema ticket.

Combien coûte une entrée ? / Quel est le prix d'un ticket ?

7. **Demande l'horaire d'un film.**

Ask for a movie schedule.

A quelle heure commence le film ?

8. **Décrit le travail d'un de tes proches en 3 phrases. (ceci n'est qu'un exemple)**

    Describe the work of someone close to you in 3 sentences. (this is just an example)

    Ma sœur est enseignante. Elle enseigne la musique. Elle chante avec ses élèves.

9. **Décris ce que tu faisais la semaine passée. (ceci n'est qu'un exemple)**

    Describe what you were doing last week. (this is just an example)

    La semaine passée, je faisais une randonnée à la montagne.

10. **Décris ce que tu feras le mois prochain. (ceci n'est qu'un exemple)**

    Describe what you will do next month. (this is just an example)

    Le mois prochain, je ferai une balade au bord du lac.

Part 2: Intermediate French

The Fast-Track Guide to Mastering French in 30 Days

Introduction

Si tu as ce livre entre tes mains, c'est que tu es déjà en train d'apprendre le français et que tu souhaites améliorer tes compétences linguistiques. Tu as actuellement de bonnes bases dans la langue de Molière mais tu voudrais en apprendre d'avantages sur la grammaire, le vocabulaire, la conjugaison, la prononciation et la compréhension de texte. Peut-être même que tu as déjà commencé ton parcours grâce à notre méthode d'apprentissage pour débutant en accompagnant Martin, un étudiant londonien, lors de son voyage en France. Si tel est le cas, ce deuxième livre t'aidera à accomplir tes buts.

If you have this book in your hands, you are already learning French and want to improve your language skills. You currently have a good grounding in the language of Molière, but would like to learn more about grammar, vocabulary, conjugation, pronunciation, and reading comprehension. Perhaps you have already started your journey with our beginner's course by accompanying Martin, a student from London, on his trip to France. If so, this second book will help you achieve your goals.

Chapter 1: From Beginner to Intermediate

Dans ce premier chapitre, nous allons brièvement parler de l'histoire et de la culture de la France et réviser quelques points grammaticaux importants. Aussi, tu trouveras un quiz à la fin de ce premier chapitre afin d'évaluer ton niveau. Ce quiz te permettra d'identifier les points que tu dois encore revoir avant de te lancer dans ce bouquin de niveau intermédiaire. Dans le cas contraire, si tout est acquis, lance-toi dans les prochains chapitres à la conquête du français!

In this first chapter, we will briefly discuss France's history and culture and review some important grammatical points. Also, you will find a quiz at the end of this first chapter to evaluate your level. This quiz will allow you to identify the topics you still need to review before starting this intermediate-level book. If not, and you have everything you need to know, go ahead and let's dive in and conquer the French language!

Histoire de la langue française et culture française

La France est un pays d'Europe ayant une culture et une histoire très riche. Que ce soit au niveau culinaire, historique ou linguistique, il y n'a pas de quoi s'ennuyer. La langue française est une langue romane, c'est-à-dire qu'elle vient du latin. Avant que la France soit créée, ce pays s'appelait la Gaule et à cette période, le français n'était pas parlé sur ce territoire. C'est uniquement à partir du 9ème siècle que le français a commencé à être parlé mais attention, ce n'était pas le même français qu'aujourd'hui. Il s'agissait alors d'un vieux français qui n'est aujourd'hui plus parlé. Le français que nous parlons aujourd'hui est considéré comme un français contemporain. C'est donc celui-ci que nous allons apprendre ensemble.

France is a European country with a vibrant culture and history. Whether culinary, historical, or linguistic, there is nothing to be bored about. The French language is a Romance language, meaning it comes from *Latin*. Before France was created, this country was called Gaul, and at that time, French was not spoken in this territory. From the 9th century onward, people began speaking French, but it was not the same as today; it was an old French – much like Old English – that is no longer spoken. The French used today is considered contemporary French, and this is the language you will learn together.

Grammar Review

Avant de s'attaquer à de nouveaux sujets, nous allons tout d'abord réviser ensemble ce que tu connais déjà du français. Relis les tableaux ci-dessous et mémorise les à nouveau si nécessaire.

Before tackling new topics, let's review what you already know about French. Reread the tables below and memorize them again if necessary.

Lettres - Letters	Prononciation - Pronunciation
A	/ɑ/
B	/be/

C	/se/
D	/de/
E	/ə/
F	/ɛf/
G	/ʒe/
H	/aʃ/
I	/i/
J	/ʒi/
K	/kɑ/
L	/ɛl/
M	/ɛm/
N	/ɛn/
O	/o/
P	/pe/
Q	/ky/
R	/ɛʁ/
S	/ɛs/

T	/te/
U	/y/
V	/ve/
W	/dublə ve/
X	/iks/
Y	/igʁɛk/
Z	/zɛd/

Les accents en français / French accents					
Sans accent	a	e	i	o	u
Accent aigu		é			
Accent grave	à	è			ù
Accent circonflexe	â	ê	î	ô	û
Le tréma		ë	ï		

Français	English
Je	I
Tu	You
Il / elle / on	He / she / it
Nous	We
Vous	You
Ils / elles	They

Être – au présent	
Je suis	I am
Tu es	You are
Il est / elle est / on est	He is / she is / it is
Nous sommes	We are
Vous êtes	You are
Ils sont / elles sont	They are

Avoir – au présent	
J'ai	I have
Tu as	You have
Il a / elle a / on a	He / she / it has
Nous avons	We have
Vous avez	You have
Ils ont / elles sont	They have

Articles définis	Articles indéfinis	Articles démonstratifs
Le	Un	Ce
La	Une	Cette
L'	-	
Les	Des	Ces

Les pronoms interrogatifs	
Masculin singulier / male + single form	Lequel, duquel, auquel / which
Féminin singulier / female + single form	Laquelle, de laquelle, à laquelle / which

Masculin pluriel / male + plural form	Lesquels, desquels, auxquels / which
Féminin pluriel / female + plural form	Lesquelles, desquelles, auxquelles / which

Auxiliaire avoir – Auxiliary to have		
Présent - present	Imparfait - past	Futur - future
J'ai	J'avais	J'aurai
Tu as	Tu avais	Tu auras
Il a, elle a, on a	Il avait, elle avait, on avait	Il aura, elle aura, on aura
Nous avons	Nous avions	Nous aurons
Vous avez	Vous aviez	Vous aurez
Ils ont, elles ont	Ils avaient, elles avaient	Ils auront, elles auront

Auxiliaire être – Auxiliary to be		
Présent - present	Imparfait - past	Futur - future
Je suis	J'étais	Je serai
Tu es	Tu étais	Tu seras

Il est, elle est, on est	Il était, elle était, on était	Il sera, elle sera, on sera
Nous sommes	Nous étions	Nous serons
Vous êtes	Vous étiez	Vous serez
Ils sont, elles sont	Ils étaient, elles étaient	Ils seront, elles seront

Sujet	Complément direct	Complément indirect
Je	Me	Me
Tu	Te	Te
Il / elle / on	Le / la	Lui
Nous	Nous	Nous
Vous	Vous	Vous
Ils / elles	Les	Leur

Les adjectifs/déterminants possessifs – Possessive adjectives			
Sujet	Masculin	Féminin	Pluriel
Je	Mon	Ma	Mes
Tu	Ton	Ta	Tes

Il / elle / on	Son	Sa	Ses
Nous	Notre	Notre	Nos
Vous	Votre	Votre	Vos
Ils / elles	Leur	Leur	Leurs

Les pronoms possessifs – Possessive pronouns			
Sujet	Masculin	Féminin	Pluriel
Je	Le mien	La mienne	Les miens / les miennes
Tu	Le tien	La tienne	Les tiens / les tiennes
Il / elle / on	Le sien	La sienne	Les siens / les siennes
Nous	Le nôtre	La nôtre	Les nôtres
Vous	Le vôtre	La vôtre	Les vôtres
Ils / elles	Le leur	La leur	Les leurs

Adverbes d'affirmation	
Français	**English**
Certes	Certainly
Sans doute	Without a doubt
Vraiment	Truly
Oui	Yes
Volontiers	Willingly
D'accord	Agreed

Adverbes de négation	
Français	**English**
Ne ... pas	Do not
Non	No

Adverbes de doute	
Français	**English**
Peut-être	Maybe
Probablement	Probably
Sûrement	Surely

Quiz – Beginners Level

Ce quiz sert à évaluer ce que tu connais déjà en français. Remplis le sans utiliser tes notes ou un traducteur afin de connaître ton niveau réel. Grâce à lui, tu sauras si tu peux te lancer plus loin dans ton apprentissage de la langue ou si tu dois reprendre encore un peu la grammaire afin de solidifier tes connaissances.

This quiz is designed to test what you already know in French. Fill it in without using your notes or a translator to discover where your level truly stands; this will show whether we can proceed or need to brush up on your grammar to solidify your knowledge.

1. Remplis les tableaux en traduisant les mots anglais en français.

    Fill in the tables by translating the English words into French.

Français	English
	Red
	Blue
	Green
	yellow
	Purple
	Black
	White
	Brown
	Grey
	Pink

Français	English
	The bread
	The pasta
	The rice
	The meat
	The fish
	The jam
	The sugar
	The flour
	The vegetable
	The fruit
	The cheese
	The tea
	The coffee
	The cake
	The cookie
	The water

Français	English
	The house
	The living room
	The bathroom
	The kitchen
	The garage
	The garden
	The bedroom

Français	English
	The train
	The bus
	The boat
	The taxi
	The bike
	The plane
	The metro
	The tramway
	The train station

Français	English
	The trousers
	The shoe
	The dress
	The t-shirt
	The pullover
	The sock
	The scarf
	The glove
	The jacket
	The hat
	The underwear
	The skirt
	The coat

Français	English
	The weather
	The rain
	The sun
	The cloud
	The wind
	Summer
	Springs
	Winter
	Autumn
	The season

2. Ecris les chiffres en chiffre dans le tableau ci-dessous.
   Write the numbers in figures in the table below.

En chiffre	En lettres
	Un
	Trois
	Sept
	neuf

	Douze
	Onze
	dix-huit
	Trente-cinq
	Soixante-seize
	Quarante et un
	Quatre-vingt-dix-sept
	Cent
	Cinquante

3. Remets les mots dans le bon ordre afin de former une phrase correcte.

Put the words in the right order to form a correct sentence.

m'appelle / Guillaume / Je

_____

fille / a / La / ans / 17

_____

Son / préféré / est / plat / le / ragoût

_____

monsieur / travaille / banque / dans / une / Ce

_____

Nous / train / pour / aller / Paris / à / prenons / le

_____

4. Conjugue le verbe être et avoir au présent, à l'imparfait et au futur.

Conjugate the verbs to be and to have in the present, imperfect, and future tenses.

Le verbe "être" – the verb "to be"			
Les pronoms	**Présent**	**Imparfait**	**Futur**
Je / j'			
Tu			
Il / elle / on			
Nous			
Vous			
Ils / elles			

Le verbe "avoir" – the verb "to have"			
Les pronoms	**Présent**	**Imparfait**	**Futur**
Je / j'			
Tu			
Il / elle / on			
Nous			
Vous			

| Ils / elles | | | |

5. Décris ton/ta meilleur/e ami/e en 5 phrases.

   Describe your best friend in 5 sentences.

   _____
   _____
   _____
   _____
   _____

6. Lis le texte ci-dessous et réponds aux questions.

   Read the text below and answer the questions.

   Martin est un étudiant en droit à l'université. D'habitude, il habite à Londres dans la maison de ses parents mais il a décidé de partir un semestre à Paris pour parfaire ses connaissances du français. Lors de son aventure en France, il a visité plusieurs villes comme Lyon, Lille et Marseille. Il n'est cependant jamais allé à Bordeaux car il n'a pas eu le temps de s'y rendre. Lorsqu'il était dans le Sud, il a joué à la pétanque avec des amis et a bu du pastis. Il a aussi profité pour bronzer au bord de la mer Méditerranée. Pendant son séjour, il a eu l'occasion de goûter pleins de spécialités françaises comme les croissants, diverses sortes de fromage, les crêpes au caramel beurre salé et la quenelle lyonnaise. Il n'a par contre jamais goûté au bœuf bourguignon car il est végétarien.

   D'où vient Martin ?

   A: Paris

   B: Londres

   C: France

   D: Lyon

   Quel spécialité française Martin a déjà goûté ?

   A: le Bœuf Bourguignon

   B: la fondue savoyarde

   C: les crêpes

   D: le pain au chocolat

Quelle ville Martin n'a pas pu visiter en France ?

A: Marseille

B: Lille

C: Lyon

D: Bordeaux

Qu'est-ce que Martin a fait dans le Sud avec ses amis ?

A: Ils ont bronzé au bord du lac

B: Ils ont joué à la pétanque

C: Ils ont bu du sirop à la framboise

D: Ils ont fait un tour en bateau sur la mer Méditerranée

Rends-toi à la page 347, dans le chapitre « Answer Key » pour découvrir les réponses du quiz.

Go to page 347, in the chapter "Answer Key," to find the answers to the quiz.

Tips and Tricks

Dans ce livre, tu suivras différents personnages qui te présenterons un sujet et leur expérience de la langue. Chacun d'entre eux te donnera des conseils que tu pourras appliquer pour améliorer ton apprentissage de la langue.

Martin qui était le héros du livre précédent pour les débutants a déjà quelques conseils à te donner afin de te lancer dans ce nouveau livre.

1. Révise ton vocabulaire régulièrement à l'aide de flashcards notamment.
2. Utilise un dictionnaire ou un traducteur en ligne lorsque tu ne comprends pas un mot qui revient souvent et afin de le mémoriser, note-le sur une flashcard ou dans un cahier.
3. Si tu peux, entraine ta prononciation et les dialogues avec quelqu'un.
4. Enregistre-toi sur ton téléphone en parlant le français et réécoute l'audio afin d'écouter ta prononciation.
5. Ecoute de la musique en français.
6. Regarde des films en français.
7. Lis des livres en français adapté à ton niveau, tu peux par exemple commencer par lire des livres pour enfant.

8. Utilise des couleurs lorsque tu lis un texte pour surligner des nouveaux mots que tu ne connais pas encore.
9. Si tu voyages dans un pays francophone, entraines-toi à discuter avec des locaux.
10. N'aies pas peur de faire des erreurs, tout le monde en fait et ce n'est pas grave du tout. L'important est de pratiquer la langue au maximum !

Maintenant, fais comme Martin et lance-toi dans la suite de ton apprentissage du français. Bonne chance !

In this book, you will follow different characters who will introduce you to a topic and their experience of the language. Each of them will give you tips that you can use to improve your language learning.

Martin, who was the hero of the previous book for beginners, already wants to give you some tips to get you started in this new book.

- Review your vocabulary regularly by using flashcards
- Use a dictionary or an online translator when you do not understand a word that comes up a lot, and to remember it, write it down on a flashcard or in a notebook
- If you can, practice your pronunciation and dialogues with someone
- Record yourself speaking French on your phone and listen to the audio again to hear your pronunciation
- Listen to music in French
- Watch films in French
- Read books in French adapted to your level; you can, for example, start by reading children's books
- Use colors when you read a text to highlight new words you do not know yet
- If you are traveling in a French-speaking country, practice talking to the locals
- Do not be afraid to make mistakes; everyone makes them – not a big deal! The important thing is to practice the language as much as possible!

Now, do as Martin did and start learning French. Good luck!

Chapter 2: Numbers, Numbers, Numbers

Hélène est très douée avec les chiffres et c'est donc elle qui va t'initier aux nombres en français. Grâce à son savoir, ce sera un jeu d'enfant pour toi de les apprendre!

D'ici la fin de ce deuxième chapitre, voici les sujets que tu devras maitriser. Coche les cases ci-dessous lorsque tu as bien compris le thème.

Hélène is very good with numbers, so she will introduce you to numbers in French. Thanks to her knowledge, it will be child's play for you to learn them!

By the end of this second chapter, these are the topics you will need to master. Tick the boxes below when you have understood the topic.

☐ big numbers

☐ telling the time and date

☐ monetary amounts

☐ real numbers

☐ cardinal numbers

☐ ordinal numbers

☐ countability and uncountability

☐ forming the plurals of nouns and adjectives

Text Compréhension

Hélène adore **les mathématiques**. Elle est passionnée par **les chiffres**. Avec elle, les chiffres de un (1) à un million (1'000'000) seront un jeu d'enfant à apprendre. Même si ce n'est pas facile, pas besoin d'être **un génie** pour les **maitriser**!

Ce qu'elle préfère avec les maths, c'est faire de la cuisine. Comment ça, il faut faire des maths pour cuisiner ? Et oui, quand Hélène fait un gâteau par exemple, elle calcule **les quantités des ingrédients** qu'elle doit mettre dans un bol pour **confectionner** un gâteau. Quand elle fait un quatre **quart** notamment, elle utilise la même **proportion** pour chaque **aliment**. Voici la **recette** qu'elle **utilise**:

4 œufs

250 **grammes** de farine + 2 cuillères à café de poudre à lever

250 grammes de sucre

250 grammes de beurre

Ce qui est magique avec ce gâteau, c'est qu'il est divisé en quatre **parties**: œufs, farine, sucre et beurre. A eux quatre, ils forment un gâteau 1 **kilogramme**. Cette recette est **inratable** selon elle et si ce gâteau-là te parait trop gros, tu peux toujours **diviser** les quantités par deux. Cela te donnera donc 2 œufs, 125 grammes de farine et 1 cuillère à café de poudre à lever, 125 grammes de sucre et 125 grammes de beurre.

Mais les chiffres en cuisine ne s'arrêtent pas aux quantités d'ingrédients que tu mets dans un gâteau. Tu dois aussi les utiliser pour calculer le temps de cuisson. Par exemple, ce gâteau doit être cuit au **four** pendant 40 **minutes**. Si après les 40 minutes de cuisson tu as **l'impression** qu'il n'est pas encore bien cuit, et bien tu peux le laisser un peu plus longtemps car nous ne sommes pas à **une seconde** près! Par contre, attention à ne pas dépasser **une heure** de cuisson, il risquerait d'être **brûlé**.

Text Comprehension - Translation

Hélène loves mathematics; she is truly passionate about numbers! With her, numbers from one (1) to one million (1'000'000) will be a breeze to learn. Even if it is not easy, you don't have to be a genius to master them!

Her favorite thing about math is cooking. *What do you mean? You have to do math to cook?* Well, when Hélène bakes a cake, for example, she calculates the quantities of the ingredients she needs to put in a bowl for that recipe. She uses the same proportion for each food when she makes a four-quarter cake. Here is the recipe she uses:

4 eggs

250 grams of flour + 2 teaspoons of baking powder

250 grams of sugar

250 grams of butter

The magic of this cake is that it is divided into four parts: eggs, flour, sugar, and butter. Together they make a 1-kilogram cake. She says this recipe is foolproof. If this cake seems too big, you can always halve the quantities: 2 eggs, 125 grams of flour and 1 teaspoon of baking powder, 125 grams of sugar, and 125 grams of butter.

Still, math ins cooking does not only mean the *amount* of ingredients you put in a cake. You also have to use them to calculate the *baking time*. For example, this cake needs to be baked for 40 minutes. If after the 40 minutes you feel that it is not yet cooked through, you can leave it in for a little longer because we are not waiting for a second! However, be careful not to cook it for more than an hour, as it could be burnt.

Vocabulary List

Dans cette liste de vocabulaire, tu trouveras des nouveaux mots qui sont apparus dans le texte ci-dessus et qui sont intéressants à apprendre. Ils sont notés en gras dans le texte pour que tu puisses mieux les repérer. Entraine ta prononciation et mémorise-les par cœur.

In this vocabulary list, you will find new words that have appeared in the text above and are interesting to learn. They are noted in bold in the text so you can see them better. Practice your pronunciation and memorize them by heart.

Français	English
Le chiffre	The number
Les mathématiques	The mathematics
Le génie	The genius

Maitriser	To master
La quantité	The quantity / the amount
L'ingrédient	The ingredient
Confectionner	To make
Le quart	The quarter
La proportion	The proportion / the ratio
L'aliment	The food
La recette	The recipe
Utiliser	To use
Diviser	To divide
La partie	The part
Le gramme	The gram
Le kilogramme / le kilo	The kilogram / the kilo
Inratable	foolproof
Le four	The oven
La minute	The minute
La seconde	The second

L'heure	The hour
L'impression	The impression
brûler	To burn

Reading 1

Hélène voyage énormément et elle a chez elle plusieurs monnaies de différents pays. Par exemple, quand elle va en Suisse, elle paie avec des francs suisses. Par contre, quand elle visite son pays, la France, elle paie en euro. D'ailleurs, lors de son dernier voyage en Suisse, elle a été étonné du coût de la vie sur place. Elle a mangé dans un restaurant avec ses parents et sa pizza coûtait 25 francs suisses alors qu'en France, elle aurait coûté que 11 euros environ. Lorsqu'elle a bu un café en terrasse, elle a eu le même étonnement. Son café lui a couté 4 francs suisses et 25 centimes alors qu'en France, un café coûte en moyenne 1 euro et 50 centimes.

Pour ses prochaines vacances, Hélène a décidé de partir en Thaïlande. Elle s'est déjà renseigné sur le type de monnaie qu'elle devra avoir pour payer sur place: les bhats thaïlandais. Son voyage lui coûte environ 5'000 euros ce qui fait environ 200'000 bhats thaïlandais.

Questions For Reading 1

Répond aux questions ci-dessous en rapport avec le texte que tu viens de lire.

Answer the questions below in relation to the text you have just read.

1. Est-ce qu'Hélène voyage beaucoup ?

   _____

2. Quelle monnaie est utilisée en Suisse ?

   _____

3. Est-ce que les prix sont plus élevés en Suisse ou en France ?

   _____

4. Combien coûte un café en France ?

   _____

5. Combien coûtera le voyage d'Hélène en euros ?
   _____

6. Où partira Hélène en vacances prochainement ?
   _____

Les réponses du reading 1 se trouvent à la page 347

The answers to reading 1 can be found on page 347

Translation of Reading 1

Hélène travels a lot and has several currencies from different countries at home. For example, when she goes to Switzerland, she pays with Swiss francs. However, she pays in euros when she travels around her country, France. On her last trip to Switzerland, she was surprised by the cost of living there. She ate in a restaurant with her parents, and her pizza costs 25 Swiss francs, whereas in France, it would have cost only about 11 euros. When she had a coffee on the terrace, she was equally surprised. Her coffee cost her 4 Swiss francs and 25 centimes, whereas in France, a coffee costs on average 1 euro and 50 centimes.

For her next holiday, Hélène has decided to go to Thailand. She has already found out what kind of currency she will need to pay for her trip: Thai bhats. Her trip will cost her about 5,000 euros, which is about 200,000 Thai bhats.

Reading 2

A part les chiffres, Hélène adore les charades. En voici une:

Mon premier est une boisson alcoolisée.

Mon deuxième est un nombre à trois chiffres.

Mon tout est un prénom de garçon.

Réponse:
_____

La réponse du reading 2 et la traduction se trouvent dans le corrigé à la page 347.

The answers to Reading 2 and the translation can be found in the answer key on page 347.

Big numbers

Pour te simplifier la vie, Hélène a répertorié les grands nombres dans la liste ci-dessous. Apprends-les par cœur car ils te serviront au quotidien.

To make your life easier, Hélène has listed the big numbers below. Learn them by heart because they will be useful in your daily life.

En lettres	En chiffre
Cent	100
Deux-cents	200
Cinq-cents	500
Mille	1'000
Sept-mille	7'000
Vingt-mille	20'000
Cent-mille	100'000
Un million	1'000'000
Un milliard	1'000'000'000

Monetary Amounts

En France, la monnaie actuelle est l'euro. Il est donc important que tu connaisses les montants afin de pouvoir payer correctement au magasin.

In France, the current currency is the euro. It is therefore important that you know the amounts so that you can pay correctly in the shop.

En lettres	En chiffre
Un euro	1 €
Cinquante centimes d'euro	0,50 €
Un centime d'euro	0,01 €
Quinze centimes d'euro	0,15 €
Trois-cent euros	300 €
Quarante euros	40 €
Douze euros cinquante / douze euros et cinquante centimes	12,50 €
Dix-neuf euros quatre-vingt-dix-neuf / douze euros et quatre-vingt-dix-neuf centimes	19,99 €

Comme tu peux le remarquer, il y a différentes manières de dire un montant lorsqu'il possède des centimes. Tu peux sois dire « douze euros cinquante » ou « douze euros et cinquante centimes » (12,50 €). Il n'y a pas de meilleure manière, tu peux choisir celle qui te parait laplus facile à utiliser.

As you can see, there are different ways of saying an amount when it has cents. You can either say "twelve euros fifty" or "twelve euros and fifty cents" (€12.50). There is no best way; you can choose the one that is easiest for you to use.

Real Numbers

Les nombres réels sont les nombres qui possèdent des chiffres après la virgule.

Real numbers are numbers that have digits after the decimal point.

En lettres	En chiffre
Zéro virgule sept	0,7
Un virgule huit	1,8
Quatre virgule deux	4,2
Dix-sept virgule dix-neuf	17,19
Cent-cinquante virgule quatorze	150,14

Ordinal numbers

Les nombres ordinaires sont ceux qui définissent une position. Par exemple: le premier, le deuxième, le troisième. Pour les former, il suffit de prendre le nombre cardinal et de lui rajouter « ième » à la fin. La seule exception est pour le « 1er ». On ne dit pas « le unième » mais « le premier ».

Ordinary numbers are those that define a position. For example: the first, the second, the third. To form them, simply take the cardinal number and add "ième" to the end. The only exception is for the "1st". You don't say "le unième" but "le premier".

En lettres	En chiffre
Le premier, la première	1er / 1ère
Le deuxième	2ème
Le troisième	3ème
Le huitième	8ème
Le dixième	10ème

Telling the Time and Date

Quand on parle de chiffres, on parle aussi de dates et d'heures. Les heures en français peuvent se dire sur 12 heures ou sur 24 heures, contrairement à l'anglais qui utilise uniquement un système sur 12 heures. En utilisant le système sur 12 heures, il est important de préciser si il est par exemple 1 heure du matin ou de l'après-midi afin qu'on sache exactement de quelle heure on parle.

When we talk about numbers, we also talk about dates and times. Times in French can be expressed in 12-hour or 24-hour time, unlike English which only uses a 12-hour system. When using the 12-hour system, it is important to specify whether it is, for example, 1am or 1pm so that it is clear what time we are talking about.

Français	English
1 heure / 1 heure du matin	1am
2 heures / 2 heures du matin	2am
3 heures / 3 heures du matin	3am
4 heures / 4 heures du matin	4am
5 heures / 5 heures du matin	5am
6 heures / 6 heures du matin	6am
7 heures / 7 heures du matin	7am
8 heures / 8 heures du matin	8am
9 heures / 9 heures du matin	9am
10 heures / 10 heures du matin	10am

11 heures / 11 heures du matin	11am
12 heures / midi	12pm / midday
13 heures / 1 heure de l'après-midi	1pm
14 heures / 2 heures de l'après-midi	2pm
15 heures / 3 heures de l'après-midi	3pm
16 heures / 4 heures de l'après-midi	4pm
17 heures / 5 heures de l'après-midi	5pm
18 heures / 6 heures du soir	6pm
19 heures / 7 heures du soir	7pm
20 heures / 8 heures du soir	8pm
21 heures / 9 heures du soir	9pm
22 heures / 10 heures du soir	10pm
23 heures / 11 heures du soir	11pm
minuit	12am / midnight

11:00: 11 heures pile / 11 O'clock
06:30: 6 heures et demi / half past 6
09:15: 9 heures et quart / 15 past 9
11:25: 11 heures 25 / 25 past 11
15:05: 15 heures 5 / 5 past 3
07:45: 8 heures moins le quart / a quarter to 8
04:50: 5 heures moins 10 / 10 to 5
09:35: 10 heures moins 25 / 25 to 10
09:00: il est 9 heures / it is 9 hours
07:30: il est 7 heures (et) 30 (minutes) / it is 7 hours and 30 minutes
03:15: il est 3 heures (et) 15 (minutes) / it is 3 hours and 15 minutes
08:45: il est 8 heures (et) 45 (minutes) / it is 8 hours and 45 minutes.

Pour parler d'une date en français, il est important de connaître tous les mois de l'année ainsi que les chiffres de 1 à 31. Alors pour rappel, Hélène t'as remis ci-dessous la liste des mois de l'année. Si tu ne les connais pas par cœur, c'est le moment de les apprendre et de faire des flashcards pour t'aider.

To speak about a date in French, it is important to know all the months of the year and the numbers from 1 to 31. So as a reminder, Hélène has given you the list of the months of the year below. If you do not know them by heart, now is the time to learn them and make flashcards to help you.

Français	**English**
Janvier	January
Février	February
Mars	March
Avril	April
Mai	May

Juin	June
Juillet	July
Août	August
Septembre	September
Octobre	October
Novembre	November
Decembre	December

Voici quelques exemples de dates / Here are some examples of dates:

Le 1er juin = 1st of June

Le 3 mars = 3rd of March

Le 31 juillet = 31st of July

Le 28 février = 28th of February

Pour exprimer une date en année, tu peux le dire comme cela / To express a date in year, you can say it like this:

Le 27 avril 1998 = Le vingt-sept avril mille neuf cent quatre-vingt-dix-huit

Le 30 janvier 1994 = Le trente janvier mille neuf cent quatre-vingt-quatorze

Le 25 août 1992 = Le vingt-cinq août mille neuf cent quatre-vingt-douze

Countability and Uncountability

En français tout comme en anglais, certains mots sont comptables et d'autres incomptables.

In French and English, some words are countable, and others are not.

Les mots comptables sont ceux que nous pouvons compter en quantité. The countable words are those we can count in quantity. Par exemple / for example:

J'ai 3 bananes. = I have 3 bananas.

Il mange 2 biscuits. = He eats 2 cookies.

Elle achète 5 carottes. = She buys 5 carrots.

Les mots non comptables sont ceux qui ne peuvent pas être exprimé par un chiffre. Non-countable words are those that cannot be expressed by a number. Par exemple / for example:

Elle achète de la farine. = She buys some flour.

Elle boit de l'eau. = She drinks some water.

Nous mangeons du riz. = We eat some rice.

Forming the Plurals of Nouns and Adjectives

Pour former les noms au pluriel en français, il est toujours nécessaire de contrôler quelle est la terminaison du mot. Chaque terminaison a sa particularité.

To form plural nouns in French, checking which ending the word has is always necessary. Each ending has its own particularity.

Les noms en **-au / -eau / -eu** prennent un **-x** au pluriel (sauf quelques exceptions qui prennent un -s):

Nouns ending in **-au / -eau / -eu** take an **-x** in the plural (with some exceptions which take an -s):

Le tuyau = les tuyaux = the tube

Le bateau = les bateaux = the boat

Le feu = les feux = the fire

Les noms en **-ou** prennent un **-s** au pluriel (sauf quelques exceptions qui prennent un -x):

Nouns ending in **-ou** take an **-s** in the plural (with some exceptions which take an -x):

Le clou = les clous = the nail

Le sou = les sous = the penny

Les noms en **-al** se transforment en **-aux** au pluriel(sauf quelques exceptions qui prennent un -s):

Nouns ending in **-al** change to **-aux** in the plural (with a few exceptions that take an -s):

Le journal = les journaux = the newspaper

Le cheval = les chevaux = the horse

Les noms en **-ail** prennent un **-s** au pluriel (sauf quelques exceptions qui se transforment en -aux):

Nouns ending in **-ail** take an **-s** in the plural (with a few exceptions which change to -aux):

L'épouvantail = Les épouvantails = the scarecrow

Le rail = les rails = the railway

Toutes les autres terminaisons prennent un **-s** au pluriel, c'est le cas pour les noms réguliers, par exemple:

All other endings take an **-s** in the plural, this is the case for regular nouns, for example:

Le mouton = les moutons = the sheep

Le vélo = les vélos = the bike

La jupe = les jupes = the skirt

La crevette = les crevettes = the shrimp

Vocabulary Exercise 1

Complète les phrases avec un des mots de la liste ci-dessous. Attention, tous les mots ne doivent pas forcément être utilisés.

Complete the sentences with one of the words from the list below. Please note that not all the words need to be used.

Liste des mots/ list of words:

Chiffre / quantité / four / maitriser / inratable / brûlé / recette /génie / l'impression / kilogramme

1. Hélène cuit le gâteau dans un _____.
2. Elle utilise une _____ pour faire un quatre quart.
3. 1000 grammes font 1 _____.
4. Quelle _____ de farine as-tu besoin pour faire ce gâteau ?
5. J'ai _____ que le gâteau est trop cuit. Il est même _____.

Les réponses de cet exercice se trouvent à la page 347.

The answers to this exercise can be found on page 347.

Writing Exercise 1

Ecris un texte de 8 à 10 phrases à propos d'une statistique sur les vélos. Ton texte ne doit pas forcément être basé sur des faits réels mais tu peux tout à fait utiliser les informations ci-dessous qui pourront t'aider à l'écrire.

Write an 8-10 sentences essay about a bicycle statistic. Your text does not have to be based on real facts, but you can use the information below to help you write it.

Information 1: La plupart des vélos achetés en France sont produits à l'étranger.

Information 2: En 2018, plus de 3 millions de vélos ont été vendu en France.

Information 3: Le vélo électrique attire de plus en plus de monde.

Information 4: Il y a de plus en plus de vélos électriques à louer dans les villes.

Information 5: Les vélos électriques sont en moyenne plus cher que les vélos sans assistance.

Un exemple de texte se trouve dans le chapitre « Answer Key » à la page 347.

A sample text can be found in the chapter "Answer Key" on page 347.

N'oublie pas de retourner au début du chapitre pour cocher ce que tu as appris!

Do not forget to go back to the beginning of the chapter to check off what you have learned!

Chapter 3: Grammatical Genders

Marc est un enseignant de français et il souhaite t'aider pour ce chapitre. Grâce à son partage de ses connaissances, la grammaire française te paraîtra bien moins obscure! Il a préparé ci-dessous une petite liste d'objectifs que tu peux cocher au fur et à mesure qu'ils sont atteints.

Marc is a French teacher, and he wants to help you with this chapter. Thanks to his sharing of knowledge, French grammar will seem much less obscure! He has prepared a small list of objectives below, which you can tick off as you achieve them.

- ☐ The rules for determining genders
- ☐ Forming the grammatical gender
- ☐ The feminine forms of nouns and adjectives
- ☐ Plurals referring collectively to males and females

Text Comprehension

Selon la loi en France, il y aurait une **égalité** parfaite entre les hommes et les femmes. Cela voudrait dire qu'une femme et un homme aurait exactement les mêmes **droits**. Est-ce vraiment **le cas** ?

Selon Marc, ce n'est pas le cas. Bien que théoriquement ça le soit, **la réalité** en est bien autrement. Par exemple, au travail, une femme aura plus de difficultés à atteindre **un poste à haute responsabilité** en comparaison avec un homme. Toujours dans le même sujet, une femme aura un salaire moins élevé que celui d'un homme, même s'ils possèdent les mêmes **diplômes** et les mêmes **connaissances**. On appelle cela l'inégalité salariale.

A la maison, de nouveau, on peut observer de grosses **inégalités**. C'est souvent la mère de famille qui reste au foyer pour **élever** les enfants et donc met sa **carrière** de côté. C'est aussi, dans la plupart des cas, la femme qui s'occupe **des tâches ménagères** et cela peut provoquer une surcharge mentale considérable. C'est donc la femme qui fait la cuisine, la vaisselle, **l'aspirateur** et le ménage gratuitement pendant que le conjoint va au travail pour **gagner de l'argent**.

Dans le domaine du sport de haut niveau, là aussi on retrouve **des différences** entre les deux sexes. Les femmes sont bien moins représentées à l'international et ont moins de chance de réussir que les hommes. Rien qu'à la télévision, il est nettement plus difficile de trouver un match de football féminin qu'un match de football masculin. Les femmes n'ont pas le droit à la même visibilité.

Text Comprehension - Translation

According to the law in France, there would be perfect equality between men and women. This means a woman and a man would have the same rights. Is this really the case?

According to Marc, this is *not the case*. For example, at work, a woman will have more difficulty reaching a position of high responsibility than a man. Also, women have lower salaries than men, even with the same education and experience. This is called pay inequality.

There are significant inequalities at home, as well. The mother often stays at home to raise the children, putting her career on hold. It is also, in most cases, the woman who does the housework, which can cause considerable mental overload. So the wife cooks, washes, vacuums, and cleans for free while the husband goes to work to earn money.

There are also gender differences in the field of high-level sports. Women are much less represented internationally and have less chance of success than men. On TV, it is much more difficult to find a women's soccer game than a men's soccer game. Women do not have the same access to visibility.

Vocabulary List

Marc a sélectionné pour toi une liste de mots de vocabulaire apparaissant dans le texte ci-dessus.

Marc has selected for you a list of vocabulary words that appear in the text above.

Français	English
L'égalité	The equality
Le droit	The right
Le cas	The case
La réalité	The reality
Un poste à haute responsabilité	A position of high responsibility
Le diplôme	The diploma
La connaissance	The knowledge
L'inégalité	The inequality
Elever	To raise
La carrière	The career
Les tâches ménagères	The housework
L'aspirateur	The vacuum
Gagner de l'argent	To earn money
La différence	The difference

Reading 3

Cher public, bonsoir! Ce soir, nous allons vous présenter une pièce de théâtre de Feydeau jouée par 3 comédiens et 5 comédiennes. Cette pièce a pour but de vous faire rire, elle est particulièrement comique, vous verrez. Il y aura un entracte au bout d'une heure afin que vous puissiez acheter un rafraîchissement ou un petit quelque chose à grignoter. Bonne représentation à toutes et tous.

Questions for Reading 3

Surligne dans le texte / Highlight in the text:

1. Un synonyme de « rigolo »
2. Un synonyme de « boisson »
3. Un mot qui représente les hommes et les femmes venus pour voir la pièce de théâtre
4. Un synonyme de « pièce de théâtre »
5. Un synonyme de « manger »

Les réponses du reading 3 se trouvent à la page 347.

The answers to reading 3 can be found on page 347.

Translation of Reading 3

Dear audience, good evening! Tonight we will present a play by Feydeau performed by 3 male and 5 female actors. This play is intended to make you laugh; it is particularly comical, you will see. There will be an intermission after an hour so that you can buy refreshments or a little something to nibble on. Enjoy the performance.

The Rules for Determining Genders

Comme tu le sais déjà, en français, il y a deux genres: le masculin et le féminin. Il est souvent très difficile de déterminer si un nom est masculin ou féminin lorsqu'on apprend la langue. Marc te partage quelques règles pour t'aider à déterminer le genre d'un nom.

As you already know, in French, there are two genders: masculine and feminine. It is often very difficult to determine whether a noun is masculine or feminine when learning the language. Marc shares some rules to help you determine the gender of a noun.

Règle 1: lorsque tu apprends du nouveau vocabulaire, apprends par cœur le genre en même temps.

When you learn new vocabulary, memorize the gender at the same time.

Règle 2: lorsque tu ne connais pas un mot, identifie la terminaison de celui-ci afin de savoir si il est masculin ou féminin. Il y a bien sûr des exceptions mais elles sont plutôt rares.

When you do not know a word, identify the ending of the word to find out if it is masculine or feminine. There are exceptions, of course, but they are rare.

MASCULIN		FEMININ	
Terminaison	Exemple de mot	Terminaison	Exemple de mot
-e / -é	Le traître	-esse	La traîtresse
-eur	Le chanteur	-euse	La chanteuse
-ien	Le magicien	-ienne	La magicienne
-(i)er	Le boulanger	-(i)ère	La boulangère
-on	Le lion	-onne	La lionne
-teur	L'agriculteur	-trice	L'agricultrice
-age	Le braquage	-ade	La salade
-eau	Le chapeau	-ance / -ence	La chance
-ent	Le présent	-ée	L'idée
-et	Le briquet	-ette	La cigarette
-asme / -isme	Le tourisme	-ie	La pharmacie

-in	Le cousin	-ine	La cousine
-oir	Le dortoir	-ise	La chemise
-ail	Le portail	-aille	La trouvaille

Règle 3: La plupart du temps, l'article correspond au genre naturel

Most of the time, the article corresponds to the natural gender

Par exemple / for example: fille/ girl = féminin = la fille / garçon / boy = masculin = le garçon

Forming the Grammatical Gender

En quelques mots, le genre grammatical affecte les accords de toute la phrase. Par exemple, si le sujet est féminin et qu'un adjectif définit ce même sujet, l'adjectif devra être accordé au féminin.

In a few words, the grammatical gender affects the agreement of the whole sentence. For example, if the subject is feminine and an adjective defines that same subject, the adjective should be agreed in the feminine.

Par exemple / for example:

Cette maison a été construite en 1950. / This house was built in 1950. = féminin

Ce bâtiment a été construit en 1950. / This building was built in 1950. = masculin

La fille qui m'aide a faire mes devoirs est gentille. / The girl who helps me with my homework is nice. = féminin

Le garçon qui m'aide à faire mes devoirs est gentil. / The boy who helps me with my homework is nice. = masculin

The Feminine Forms of Nouns and Adjectives

Pour ce thème, réfère toi au tableau situé dans le sujet « The rules for determining genders ». Ce tableau-là te montre exactement comment transformer un nom masculin en un nom féminin.

Par exemple, un prince deviendra une princesse au féminin. Un lion deviendra une lionne au féminin.

Concernant les adjectifs, c'est à peu près pareil mais pour te faciliter la tâche, Marc t'a préparé une liste des adjectifs courants avec sa forme au masculin et au féminin.

For this topic, refer to the table for the subject "The rules for determining genders." This table shows you exactly how to change a masculine noun into a feminine one.

For example, a prince will become a princess in the feminine form. A lion becomes a lioness in the feminine form.

The same applies to adjectives, but to make it easier for you, Marc has prepared a list of common adjectives with their masculine and feminine forms.

Français	English
Beau, belle	Beautiful
Joli, jolie	Pretty
Mignon, mignonne	Cute
Gentil, gentille	Nice
Méchant, méchante	Mean
Moche, moche	Ugly
Séduisant, séduisante	Appealing
Attrayant, attrayante	Attractive
Musclé, musclée	Muscled
Faible, faible	Weak
Lâche, lâche	Coward

Gros, grosse	Big, fat, large
Mince, mince	Slim
Maigre, maigre	Thin
Obèse, obèse	Overweight
Fort, forte	Strong
Sportif, sportive	Sporty
Maladroit, maladroite	Clumsy
Généreux, généreuse	Generous
Serviable, serviable	Helpful
Radin, radine	Stingy
Avare, avare	Stingy
Compréhensif, compréhensive	Understanding
Grand, grande	Tall
Petit, petite	Small
Géant, géante	Giant

Plurals Referring Collectively to Males and Females

Quelques mots au pluriel peuvent autant désigner des hommes que des femmes. Marc en a fait une petite liste pour que tu aies un aperçu.

Some words in the plural can refer to both men and women. Marc has put together a short list to give you an idea.

Français	English
Les personnes	The persons
Les humains	Humans
Les gens	People
Les individus	The individuals
Les êtres	The beings
Les habitants	The inhabitants

Vocabulary Exercise 2

Ecris le mot qui correspond le mieux à la phrase en t'aidant de la liste ci-dessous. Attention, certains mots de la liste ne doivent pas être utilisés.

Write the word that best fits the sentence using the list below. Note: some of the words in the list should not be used (there are eight words, of which five are appropriate).

Liste des mots/ list of words:

Elever / inégalité / aspirateur / tâches ménagères / cas / gagner de l'argent /connaissance / poste à haute responsabilité

1. Les femmes n'ont pas les mêmes droits que les hommes. _____
2. Un homme accèdera plus facilement à un poste de cadre dans une entreprise. _____
3. La femme fait la lessive et la cuisine. _____
4. Cet homme reçoit un salaire. _____
5. La mère s'occupe des enfants. _____

Les réponses de cet exercice se trouvent à la page 347

The answers to this exercise can be found on page 347.

Writing Exercise 2

Ecris un texte de 5 à 8 phrases sur ton opinion concernant l'égalité des sexes.

Write a 5-8 sentence essay about your opinion on gender equality.

_____
_____
_____
_____
_____
_____
_____
_____
_____

Un exemple de texte se trouve dans le chapitre « Answer Key » à la page 347.

A sample text can be found in the chapter "Answer Key" on page 347.

Chapter 4: From Pronouns to Possessives

Pour ce nouveau chapitre, c'est Eric qui va t'accompagner à travers différents objectifs. Suis bien la théorie qu'il te partage afin de pouvoir compléter les exercices correctement. N'oublie pas de cocher les cases lorsque tu as acquis un objectif.

For this new chapter, Eric will guide you through the different objectives. Follow the theory he shares with you so that you can complete the exercises correctly. Do not forget to tick the boxes when you have acquired a goal.

☐ Personal pronouns

☐ Subject and objects pronouns

☐ pronouns used with prepositions

☐ demonstrative pronouns

☐ relative pronouns

☐ interrogative pronouns

☐ reflexive pronouns

☐ possessive pronouns

☐ expressing possession

Text Compréhension

Eric a une grande **famille**. Lui et sa **femme** ont trois **enfants**: deux filles qui sont **jumelles** et un garçon. Pour Eric, la **valeur** de la famille est très importante. Il souhaite transmettre tout le meilleur à ses enfants.

Tous les dimanches, ils vont visiter les **grands-parents** et ils adorent **partager** de grandes fêtes de famille avec les **cousins**, les cousines, les **oncles** et les **tantes**. Ces moments où ils sont tous réunis sont toujours remplis de **joie**, de **bonheur** et de rire. C'est aussi le moment idéal pour se rappeler de son **enfance** et de ses **ancêtres**.

Pour Eric, la famille est essentielle dans sa vie. Grâce à son entourage, il sait qu'il aura toujours **quelqu'un sur qui compter**.

Text Comprehension – Translation

Eric has a large family. He and his wife have three children: two girls who are twins and a boy. For Eric, the value of family is very important. He wants to pass on all the best to his children.

Every Sunday, they visit their grandparents, and they love to share big family parties with their cousins, uncles, and aunts. These moments when they are all together are always filled with joy, happiness, and laughter. It is also the perfect time to remember your childhood and your ancestors.

For Eric, family is essential in his life. Thanks to his family, he knows that he will always have someone to count on.

Vocabulary List

Eric t'a prepare une petite liste de vocabulaire alors si tu ne connais pas encore ces mots, c'est le moment de les apprendre!

Eric has prepared a small vocabulary list for you, so if you don't know these words yet, now is the time to learn them!

Français	English
La famille	The family
La femme	The wife
L'enfant	The child

Les jumeaux / les jumelles	The twins
La valeur	The value
Le cousin / la cousine	The cousin
L'oncle	The uncle
La tante	The aunt
La joie	The joy
Le bonheur	The happiness
L'enfance	The childhood
L'ancêtre	The ancestor
Avoir quelqu'un sur qui compter	To have someone to count on

Reading 4

Eric a trois enfants. Le plus grand de ses enfants est un garçon, on dit qu'il est l'aîné. Ses deux filles jumelles, sont les plus jeunes, elles sont les cadettes. La sœur aînée d'Eric, Justine, est célibataire et n'a pas d'enfant. Son rêve à elle est de faire carrière dans une grande entreprise alors elle n'a pas de temps à consacrer à une éventuelle vie de famille. Elle apprécie voir son neveu et ses nièces mais elle ne souhaiterait pas avoir d'enfant, contrairement à Eric pour lequel était son plus grand rêve.

Justine travaille actuellement en tant que comptable et elle souhaite devenir un jour la patronne de l'entreprise. Elle a beaucoup étudié et se donne à fond dans son travail. Un jour, sa persévérance lui permettra d'atteindre tous ses buts.

Questions for Reading 4

Réponds aux questions ci-dessous.

Answer the questions below.

1. Est-ce que Justine est plus vieille ou plus jeune qu'Eric ?
   _____

2. Combien d'enfant à Justine ?
   _____

3. Quel est le métier de Justine ?
   _____

4. Quel était le plus grand rêve d'Eric ?
   _____

5. Quel est l'objectif de Justine ?
   _____

Les réponses du reading 4 se trouvent à la page 347.

The answers to reading 4 can be found on page 347.

Translation of Reading 4

Eric has three children. The oldest of his children is a boy; he is said to be the eldest. His twin daughters are the youngest; they are the youngest. Eric's older sister, Justine, is single and has no children. Her dream is to have a career in a big company, so she has no time for family life. She enjoys seeing her nephew and nieces but would not want to have children, unlike Eric, for whom her greatest dream was to have children.

Justine is currently working as an accountant and hopes one day to be the boss of the company. She has studied hard and gives her all to her work. One day, her perseverance will enable her to achieve all her goals.

All About Pronouns

Ici, tu apprendras tout ce dont tu as besoin de savoir en rapport avec les pronoms !

Here you will learn everything you need to know about pronouns!

Personal Pronouns

Les pronoms personnels renvoient directement au sujet, à un être humain ou à une chose. Ils changent selon leur rôle dans la phrase. Pour les former, il faut identifier dans la phrase s'il est sujet, COD ou COI.

Personal pronouns refer directly to the subject, to a human being, or to a thing. They change according to their role in the sentence. To form them, you have to identify in the sentence whether it is subject, COD, or COI.

Personne	Sujet	COD (complément d'objet direct)	COI (complément d'objet indirect)
1ère personne du singulier	Je	Me	Me
2ème personne du singulier	Tu	Te	Te
3ème personne du singulier	Il / elle / on	Le, la, en	Lui, en, y
1ère personne du pluriel	Nous	Nous	Nous
2ème personne du pluriel	Vous	Vous	Vous
3ème personne du pluriel	Ils / elles	Les	Leur, en, y

Pour trouver le COD, on peut poser la question « qui ? » ou « quoi ? ».

To find the COD, you can ask the question "who" or "what".

Par exemple / for example:

Je vois **Roxane** à l'arrêt de bus. = Je **la** vois. / I see **Roxane** at the bus stop. = I see **her**.

Dans l'exemple ci-dessus, on peut poser la question: Je vois qui ? et la réponse est: Roxane.

In the example above, we can ask the question: I see who? and the answer is: Roxane.

Pour trouver le COI, on peut poser la question « à qui ? », « de qui ? », « à quoi » ou « de quoi ? ».

To find the COI, you can ask the question "to whom," "from whom," "to what" or "from what".

Par exemple / for example:

Elle parle de **son voyage en France**. = Elle **en** parle. / She talks about **her trip to France**. = She talk about **it**.

Dans l'exemple ci-dessus, on peut poser la question: Elle parle de quoi ? et la réponse est: de son voyage en France. / In the example above, the question can be asked: What is she talking about? and the answer is: her trip to France.

Subject and Objects Pronouns

Comme son nom l'indique, le pronom sujet permet de remplacer le sujet dans une phrase par un pronom. Pour le pronom objet, c'est exactement le même principe mais pour remplacer l'objet d'une phrase.

As its name suggests, the subject pronoun allows you to replace the subject in a sentence with a pronoun. For the object pronoun, it is exactly the same principle but is used to replace the object of a sentence.

Personne	**Pronom sujet**	**Pronom objet**
1ère personne du singulier	Je	Moi
2ème personne du singulier	Tu	Toi
3ème personne du singulier	Il / elle / on	Lui, elle, soi
1ère personne du pluriel	Nous	Nous

2ᵉᵐᵉ personne du pluriel	Vous	Vous
3ᵉᵐᵉ personne du pluriel	Ils, elles	Eux, elles

Par exemple / for example:

Eric a une grande famille. = **Il** a une grande famille. / Eric has a big family. = He has a big family.

Dans cet exemple, « Eric » est remplacé par « il ». Il s'agit donc d'un pronom sujet. / In this example, 'Eric' is replaced by 'he'. It is therefore a subject pronoun.

Par exemple / for example:

Eric prépare un bon repas **à son ami**. = Eric **lui** prépare un bon repas. / Eric prepares a good meal for his friend. = Eric prepares a good meal for him.

Dans cet exemple, « à son ami » est remplacé par « lui ». Il s'agit donc d'un pronom objet. / In this example, "to his friend" is replaced by "him". It is therefore an object pronoun.

Pronouns Used with Prepositions

Les pronoms qui sont utilisés avec une préposition sont les pronoms relatifs. Apprend d'abord bien le chapitre des pronoms relatifs et revient ensuite à celui-ci.

Pronouns that are used with a preposition are relative pronouns. Learn the chapter on relative pronouns well first and then return to this one.

La liste des prépositions / List of prepositions	
Français	English
Chez	At / To
En	In

De	Of
Auprès	To
Contre	Against
Sous	Under
Par	By
Sans	Without
Sur	On

Par exemple / for example:

La tante <u>chez</u> **qui** Eric est allé la semaine passée est très aimable.

chez = préposition / qui = pronom relatif

The aunt that Eric went to last week is very friendly.

to = preposition / that = relative pronoun

Demonstrative Pronouns

Un pronom démonstratif démontre quelqu'un ou quelque chose.

A demonstrative pronoun shows someone or something.

Par exemple / for example:

Mon cousin a une voiture rouge mais <u>celle</u> de son père est bleue.

My cousin has a red car but his father's is blue.

	Masculin	**Féminin**
Singulier	Celui	Celle
Pluriel	Ceux	Celles

Relative Pronouns

On utilise un pronom relatif afin de lié deux phrases ensemble.

A relative pronoun is used to link two sentences together.

Liste des pronoms relatifs	
Français	**English**
Qui	Who
Que	That
Quoi	What
Dont	Of whom
Où	Where
Duquel	From which
Auquel	To which
Lequel	To which
Laquelle	To which
Lesquels / Lesquelles	To which

Par exemple / for example:

Eric a acheté un gâteau. Ce gâteau est très bon. = Eric a acheté un gâteau **qui** est très bon.

Eric has bought a cake. This cake is very good. = Eric has bought a cake that is very good.

La fille d'Eric a des bonnes notes à l'école. Eric est très fier de sa fille. = La fille d'Eric, **dont** il est très fier, a des bonnes notes à l'école.

Eric's daughter gets good grades at school. Eric is very proud of his daughter. = Eric's daughter, of whom he is very proud, gets good grades at school.

Interrogative Pronouns

Le pronom interrogatif se trouve toujours dans une question. Il remplace la personne ou la chose sur laquelle on pose une question dans la phrase interrogative.

The interrogative pronoun is always found in a question. It replaces the person or thing being asked about in the interrogative sentence.

Liste des pronoms relatifs	
Français	English
Qui	Who
Que / quel / quelle / quels / quelles	What
Quoi	What
Lequel / Laquelle / lesquelles	Which

Par exemple / for example:

Qui est cet homme ? / who is this man?

Que fait-il dans la vie ? = What does he do for a living?

Laquelle est sa voiture ? = Which car is his?

Reflexive Pronouns

Ces pronoms sont toujours utilisés avec un verbe pronominal.

These pronouns are always used with a pronominal verb.

Par exemple / for example:

Le verbe "se laver" est un verbe pronominal. = je me lave.

The verb "to wash" is a pronominal verb. = I wash myself.

Personne	Pronom réfléchi COD	Pronom réfléchi COI
1ère personne du singulier	Me	Me / moi
2ème personne du singulier	Te	Te / toi
3ème personne du singulier	Se	Lui / elle
1ère personne du pluriel	Nous	Nous
2ème personne du pluriel	Vous	Vous
3ème personne du pluriel	Les	Eux

Possessive Pronouns

Le pronom possessif, comme son nom l'indique est un pronom qui marque la possession de quelque chose ou de quelqu'un.

The possessive pronoun, as its name suggests, is a pronoun that marks the possession of something or someone.

Masculin singulier	Masculin pluriel	Féminin singulier	Féminin pluriel
Le mien	Les miens	La mienne	Les miennes
Le tien	Les tiens	La tienne	Les tiennes
Le sien	Les siens	La sienne	Les siennes

Le nôtre	Les nôtres	La nôtre	Les nôtres
Le vôtre	Les vôtres	La vôtre	Les vôtres
Le leur	Les leurs	La leur	Les leurs

Par exemple / for example:

Les enfants de ma sœur sont très gentils et les <u>miens</u> aussi.

My sister's children are very kind and so are mine.

Expressing Possession

Il y a plusieurs façons d'exprimer la possession de quelque chose ou de quelqu'un. La première façon est celle que nous venons d'étudier ensemble: les pronoms possessifs. Si tu as encore des doutes, n'hésites pas à réétudier le précédent chapitre. Nous allons voir maintenant ensemble les 3 autres méthodes.

There are several ways of expressing possession of something or someone. The first way is the one we have just studied together: possessive pronouns. If you still have doubts, do not hesitate to study the previous chapter again. We will now look at the other three methods together.

2ème méthode / 2nd method:

En utilisant la préposition « de », tu peux exprimer la possession. = c'est le chien <u>de</u> ma fille.

By using the preposition "de," you can express possession. = This is my daughter's dog.

3ème méthode / 3rd method:

En utilisant la préposition « à », tu peux aussi exprimer la possession. Cette manière d'exprimer la possession s'utilise uniquement avec le verbe « être ». = Ce jeu est <u>à</u> lui.

By using the preposition "to," you can also express possession. This way of expressing possession is only used with the verb "to be." = This game is his.

4ème méthode / 4th method:

La dernière méthode est en utilisant un adjectif possessif. = voici ton jeu.

The last method is by using a possessive adjective. = This is your game.

Vocabulary Exercise 3

Complète les phrases avec un des mots de la liste ci-dessous. Attention, tous les mots ne doivent pas forcément être utilisés.

Complete the sentences with one of the words from the list below. Please note that not all the words need to be used.

Liste des mots/ list of words:

Jumeaux / valeur / enfance / oncle / cousin / femme / ancêtre / bonheur / famille

1. Si mon oncle a un enfant, cet enfant sera mon _____.
2. Lucien se marie avec Julia. Julia est donc sa _____.
3. Durant mon _____, je jouais beaucoup avec mes cousines.
4. Si la femme est enceinte de deux enfants, les enfants seront _____.
5. Pour Eric, la _____ est ce qu'il y a de plus important.

Les réponses de cet exercice se trouvent à la page 347.

The answers to this exercise can be found on page 347.

Writing Exercise 3

Ecris un texte de 5 à 10 phrases sur un membre de ta famille.

Write a 5 to 10 sentences text about a member of your family.

_____
_____
_____
_____
_____
_____
_____
_____
_____
_____
_____
_____

Un exemple de texte se trouve dans le chapitre « Answer Key » à la page 347.

A sample text can be found in the chapter "Answer Key" on page 347.

Chapter 5: Mastering Adjectives and Adverbs

Dans ce 5ᵉᵐᵉ chapitre, tu vas apprendre à maitriser l'utilisation des adjectifs grâce aux exercices et à la théorie que va te partager Valérie. Ce thème te sera très utile afin de décrire l'apparence ou la personnalité d'une personne mais aussi d'un animal ou d'un lieu.

In this 5ᵗʰ chapter, you will learn to master the use of adjectives thanks to the exercises and theory that Valerie will share with you. This topic will be very useful to describe the appearance or the personality of a person but also of an animal or a place.

☐ Adjectives used as nouns

☐ Adjectives used as adverbs

☐ The position of adjectives

☐ Comparison of adjectives and adverbs

☐ Irregular comparatives

☐ Idioms and sayings that use adjectives

Text Comprehension

Le chat est un animal de la classe des **félins**. C'est un **mammifère** qui est souvent reconnu comme étant un **animal de compagnie**. Il y a plus de 50 **races** de chats dans le **monde** entier. Selon certaines statistiques, le chat serait même l'animal de compagnie le plus choisi au monde, avant les chiens et les lapins.

Avoir un chat à la maison requiert peu de temps comparé à **l'adoption** d'un chien. Le chat est un animal plutôt **solitaire**. Il est **nécessaire** de lui accorder certains soins comme le nourrir, nettoyer sa litière et si possible, le laisser aller dehors pour qu'il se dégourdisse les pattes. Le chien, lui, a besoin de beaucoup plus d'attention. Il a notamment besoin de se faire promener plusieurs fois par jour et a besoin de la présence de son **maître**.

Si on devait décrire les principaux traits de **caractères** d'un chat, on pourrait sans hésiter dire de lui qu'il est **indépendant, joueur, territorial** et **câlin**. Le chien, **quant à lui**, est plutôt **curieux** et **possessif** vis-à-vis de son maître.

Text Comprehension - Translation

The cat is an animal of the feline class. It is a mammal that is often recognized as a pet. There are more than 50 breeds of cats in the world. According to some statistics, the cat is even the most chosen pet in the world, ahead of dogs and rabbits.

Having a cat at home requires little time compared to adopting a dog. Cats are rather solitary animals. It is necessary to give it some care, such as feeding it, cleaning its litter box, and, if possible, letting it go outside to stretch its legs. The dog, on the other hand, needs much more attention. He needs to be walked several times a day and needs his master's presence.

If we were to describe the main character traits of a cat, we could, without hesitation, say that it is independent, playful, territorial, and cuddly. The dog, on the other hand, is rather curious and possessive of its master.

Vocabulary List

Valérie a mis quelques mots en gras dans le texte qu'elle pense important que tu apprennes. Comme d'habitude, n'hésites pas à te faire des flashcards pour t'aider dans ton apprentissage.

Valerie has put some words in bold in the text that she thinks are important for you to learn. As usual, feel free to use flashcards to help you learn.

Français	English
Le félin	The feline
Le mammifère	The mammal
L'animal de compagnie	The pet
La race	The breed
Le monde	The world
L'adoption	The adoption
Solitaire	Solitary
Nécessaire	Necessary
Le maître	The master
Le caractère	The character
Indépendant	Independent
Joueur	Playful
Territorial	Territorial
Câlin	Cuddly
Quant à lui	On the other hand
Curieux	Curious
Possessif	Possessive

Reading 5

Selon certaines personnes, l'apparence n'est pas très importante lorsqu'il s'agit de tomber amoureux de quelqu'un. Selon elles, le caractère et la personnalité sont des choses bien plus importantes. Pour d'autres, l'aspect physique compte beaucoup et ne pourraient pas aller plus loin avec une personne s'il n'y a pas un minimum d'attrait.

D'après Valérie, les deux aspects sont très importants pour elle. Il est nécessaire pour elle que la personne soit jolie et attirante mais elle n'a pas d'autres critères particuliers quant au physique de quelqu'un. Finalement, ce qu'elle recherche, c'est de tomber sur une personne gentille, affectueuse, drôle et en accord avec ses valeurs. Pour Valérie, il est indispensable que cette personne ait des valeurs communes quant à l'écologie, le bien-être animal et le bien-être des humains.

Questions For Reading 5

Réponds aux questions ci-dessous.

Answer the questions below.

1. Cite 2 adjectifs se trouvant dans le texte qui concernent le physique d'une personne.

   _____

2. Cite 2 adjectifs se trouvant dans le texte qui concernent la personnalité d'une personne.

   _____

3. Qu'est-ce qui est absolument nécessaire pour Valérie ?

   _____

4. Est-ce que Valérie a des critères physiques spécifiques pour que la personne lui plaise ?

   _____

5. Cite un synonyme de « aspect » se trouvant dans le texte.

   _____

Les réponses du reading 5 se trouvent à la page 347.

The answers to reading 5 can be found on page 347.

Translation of Reading 5

According to some people, appearance is not very important when it comes to falling in love with someone. For them, character and personality are much more important. For others, physical appearance is very important, and they would not be able to go any further with a person if there was not a minimum of attraction.

According to Valerie, both aspects are very important to her. It is necessary for her that the person is pretty and attractive, but she has no other particular criteria regarding the physical appearance of someone. Finally, what she is looking for is to find someone who is kind, affectionate, funny, and in agreement with her values. For Valerie, it is essential that this person has common values regarding ecology, animal welfare, and human welfare.

All About Adjectives and Adverbs

Adjectives Used as Nouns

En français, il y a des adjectifs qui sont utilisés comme des noms. Un adjectif a pour but de décrire quelque chose ou quelqu'un. Le fait de l'utiliser comme un nom permet de catégoriser la chose ou la personne.

In French, there are adjectives that are used as nouns. An adjective is used to describe something or someone. Using it as a noun allows you to categorize the thing or person.

Par exemple / for example:

Ces personnes sont <u>riches</u>. Elles achètent des voitures de luxe. = Ces personnes peuvent être remplacées par « <u>les riches</u> ». = Les riches achètent des voitures de luxe.

Ces gens sont <u>grands</u>. Ils doivent se baisser pour passer la porte. = Ces gens peuvent être remplacés par « <u>les grands</u> ». = Les grands doivent se baisser pour passer la porte.

These people are rich. They buy luxury cars. = These people can be replaced by "the rich." = The rich buy luxury cars.

These people are tall. They have to bend down to get in the door. = These people can be replaced by "tall people." = Tall people have to bend down to get through the door.

Adjectives Used as Adverbs

Parfois, l'adjectif peut être utilisé comme un adverbe. Dans ce genre de cas, l'adjectif devient invariable.

Sometimes the adjective can be used as an adverb. In such cases, the adjective becomes invariable.

Par exemple / for example:

Cette montre coûte cher. = Dans ce cas, l'adjectif vient préciser le sens du verbe et donc il est utilisé comme un adverbe.

This watch is expensive. = In this case, the adjective specifies the meaning of the verb and is therefore used as an adverb.

The Position of Adjectives

En français, il est possible d'ajouter l'adjectif avant ou après le nom. Cela peut parfois affecter le sens de la phrase.

In French, it is possible to add the adjective before or after the noun. This can sometimes affect the meaning of the sentence.

Par exemple / for example:

C'est un homme grand. = cela signifie qu'il fait une grande taille. = It means that he is tall.

C'est un grand homme. = cela signifie qu'il a fait de grandes choses, qu'il est, en quelque sorte, supérieur aux autres. = It means that he has done great things, that he is somehow superior to others.

Pour savoir s'il faut placer l'adjectif avant le nom, il est nécessaire de savoir de quel type d'adjectifs il s'agit. Les adjectifs cardinaux (les chiffres), les adjectifs ordinaux (première, deuxième,...) et les adjectifs courts (ceux qui ont qu'une ou deux syllabes) se placent quasiment toujours avant le nom.

In order to know whether to place the adjective before the noun, it is necessary to know what type of adjective it is. Cardinal adjectives (numbers), ordinal adjectives (first, second,...), and short adjectives (those with only one or two syllables) are almost always placed before the noun.

Par exemple / for example:

C'est une <u>belle</u> femme. = She is a beautiful woman.

C'est notre <u>première</u> rencontre. = This is our first meeting.

Il y a <u>25</u> élèves dans la classe. = There are 25 students in the class.

Pour savoir s'il faut placer l'adjectif après le nom, il existe 5 différents cas que nous allons identifier ensemble.

To know whether to place the adjective after the noun, there are 5 different cases that we will identify together.

1. Un adjectif indiquant une description / An adjective indicating a description:

    Valérie habite dans une maison <u>rouge</u>. = adjectif de couleur

    Valérie travaille avec un collègue <u>marocain</u>. = adjectif de nationalité

    Valérie visite un musée <u>contemporain</u>. = adjectif de style

    Valérie adore les gâteaux <u>sucrés</u>. = adjectif de goût

2. Les adjectifs verbaux ou les participes / Verbal adjectives or participles:

    Un chien <u>abandonné</u>

3. Les adjectifs dérivés d'un nom / Adjectives derived from a noun:

    Valérie a des problèmes <u>cardiaques</u>.

4. Les adjectifs longs (ceux qui possèdent 3 syllabes ou plus) / Long adjectives (those with 3 or more syllables):

    Valérie se déplace en vélo <u>électrique</u>.

5. Les adjectifs indiquant une notion de temps / Adjectives indicating a notion of time:

    La semaine <u>dernière</u>

    Le mois <u>prochain</u>

Comparison of Adjectives and Adverbs

Pour comparer quelque chose ou quelqu'un, on utilise quasiment la même manière en français qu'en anglais. Voici comment cela se présente:

To compare something or someone, we use it almost the same way in French as in English. This is how it works:

Le comparatif de supériorité / The comparative of superiority:

Valérie est **plus** <u>grande</u> **que** Simone.

Valérie is taller than Simon

Le comparatif d'égalité / The equality comparison:

Valérie est **autant** <u>intelligente</u> **que** Simone.

Valerie is as intelligent as Simone.

Le comparatif d'infériorité / The comparative of inferiority:

Valérie est **moins** stressée **que** Simone.

Valerie is less stressed than Simone.

Irregular Comparatives

Il existe aussi quelques comparatifs irréguliers mais uniquement pour les adjectifs: bon et pire.

On en dit pas « Valérie est plus bonne que Simone » mais au dit « Valérie est meilleure que Simone ».

Pour l'adjectif « pire », il y a deux possibilités. On peut dire « Valérie est pire que Simone » mais on peut aussi dire « Valérie est plus mauvaise que Simone ».

There are also some irregular comparatives but only for adjectives: good and worse.

We don't say, "Valerie is more good than Simone," but we do say, "Valerie is better than Simone."

For the adjective "pire", there are two possibilities. We can say "Valérie est pire que Simone" but we can also say "Valérie est plus mauvaise que Simone".

Idioms and Sayings that Use Adjectives

Certaines expressions françaises utilisent des adjectifs et des adverbes. En voici quelques-unes avec leur signification en anglais.

Some French expressions use adjectives and adverbs. Here are some of them with their English meanings.

Français	English
C'est un ours mal léché	It is used to refer to a person who exhibits gruff, rude social behavior
Faire la grasse matinée	To sleep until late in the morning
Tuer la poule aux œufs d'or	Deprive oneself of profits in the long term in order to satisfy short-term needs

Avoir le nez creux	To have a nose for things
Faire l'école buissonnière	To skip school
Avoir la gueule de bois	To be hangover

Vocabulary Exercise 4

Complète les phrases avec un des mots de la liste ci-dessous. Attention, tous les mots ne doivent pas forcément être utilisés.

Complete the sentences with one of the words from the list below. Please note that not all the words need to be used.

Liste des mots/ list of words:

Race / maître /félin / solitaire / nécessaire / mammifère / adoption / caractère / quant à lui /

1. Le chat est un _____.
2. Le chat est plus _____ que le chien.
3. Le chien est un _____.
4. Le chien a besoin de son _____ pour être heureux.
5. Il est _____ de sortir son chien plusieurs fois par jour.

Les réponses de cet exercice se trouvent à la page 347.

The answers to this exercise can be found on page 347.

Writing Exercise 4

Ecris 5 à 10 phrases sur les qualités que tu recherches chez un ami. Utilise 5 adjectifs différents.

Write 5-10 sentences about the qualities you look for in a friend. Use 5 different adjectives.

_____
_____
_____
_____
_____

_____
_____
_____
_____
_____
_____
_____
_____

Un exemple de texte se trouve dans le chapitre « Answer Key » à la page 347

A sample text can be found in the chapter "Answer Key" on page 347.

Chapter 6: Demonstrating How Articles Work

Dans ce 6ème chapitre, Pauline va tester ton savoir sur les 5 précédents chapitres. Elle te propose encore quelques points de grammaire et des exercices puis, tu pourras te lancer dans la réalisation du quiz intermédiaire.

In this 6th chapter, Pauline will test your knowledge of the previous 5 chapters. She gives you a few more grammar points and exercises, and then you can take the intermediate quiz.

☐ Definite articles

☐ Indefinite articles

Text Comprehension

Pauline est une **amatrice d'art**. Bien qu'elle est **originaire** du Sud de la France, elle a décidé de **déménager** à Paris car la ville regorge **d'exposition** d'art et de musées. Un de ces musées préférés et l'un des plus **connu** au monde, Le Louvre, est dans un **bâtiment** en verre à la **forme** d'une pyramide.

Le musée est ouvert tous les jours, sauf le mardi. Un billet d'entrée individuel coûte 17 euros pour un adulte. Pour les personnes de moins de 18 ans, l'entrée est **gratuite**.

Le musée est constitué de plusieurs **salles**, de jardins et d'un palais. De quoi régaler tout amateur d'art. Le célèbre tableau de la Joconde est exposé dans une salle et c'est probablement celle où il y a le plus de visiteurs.

Pauline s'y rend **plusieurs** fois par mois car elle adore passer du temps à observer les œuvres des expositions **temporaires**. Elle connaît le musée comme sa poche.

Text Comprehension – Translation

Pauline is an art lover. Although she is originally from the South of France, she decided to move to Paris because the city is full of art exhibitions and museums. One of her favorite and most famous museums in the world, the Louvre, is in a glass building in the shape of a pyramid.

The museum is open every day except Tuesday. An individual admission ticket costs 17 euros for an adult. For people under 18 years of age, admission is free.

The museum consists of several rooms, gardens, and a palace. It is a treat for any art lover. The famous Mona Lisa painting is on display in one room, and this is probably the room with the most visitors.

Pauline goes there several times a month because she loves to spend time looking at the works in the temporary exhibitions. She knows the museum like the back of her hand.

Vocabulary List

Pauline a mis en gras des nouveaux mots que tu dois apprendre dans le texte. Tu les retrouves aussi dans la liste ci-dessous avec la traduction en anglais.

Pauline has put new words in bold that you have to learn from the text. You can also find them in the list below with the English translation.

Français	English
L'amateur d'art / l'amatrice d'art	Art lover
Originaire	Originally / native

Déménager à...	To move to...
L'exposition	The exhibition
Connu	Famous
Le bâtiment	The building
La forme	The shape
Gratuit	Free
La salle	The room
Plusieurs	Several
Temporaire	Temporary

About Articles

Definite articles

L'article défini est utilisé pour définir clairement une chose ou une personne. Il y en a 4.

The definite article is used to clearly define a thing or a person. There are 4 of them.

Par exemple / for example:

Le cinéma est fermé le jeudi. = On parle précisément d'un cinéma qu'on connaît.

The cinema is closed on Thursdays. = We are talking about a cinema that we know.

Masculin singulier	Le
Féminin singulier	La
Masculin singulier ou féminin singulier	L'
Masculin ou féminin pluriel	Les

Le « L' » est uniquement utilisé lorsque le mot qu'il définit commence par une voyelle ou un « h muet ». Le « h muet » est un « h » dont on entend pas la prononciation.

The " L' " is only used when the word it defines begins with a vowel or a "silent h." The "silent h" is an "h" that is not pronounced.

Par exemple / for example:

L'animal ▯ the animal

L'hiver ▯ the winter

L'été ▯ the summer

Indefinite Articles

L'article indéfinit, contrairement à l'article défini, désigne une chose ou une personne mais de manière imprécise. Il y en a 3.

The indefinite article, unlike the definite article, refers to a thing or a person but in an imprecise manner. There are 3 of them.

Par exemple / for example:

Je mange dans un restaurant ce soir. = Dans cette phrase, on ne sait pas encore de quel restaurant on parle.

I am eating in a restaurant tonight. = In this sentence, we do not yet know which restaurant we are talking about.

Masculin singulier	Un
Féminin singulier	Une
Masculin ou féminin pluriel	Des

Vocabulary Exercise 5

Complète les phrases avec un des mots de la liste ci-dessous. Attention, tous les mots ne doivent pas forcément être utilisés.

Complete the sentences with one of the words from the list below. Please note that not all the words need to be used.

Liste des mots/ list of words:

Bâtiment / connu / plusieurs / gratuite / amateur d'art / temporaire / forme / salle / originaire

1. L'entrée du musée est _____.
2. Cet acteur est très _____.
3. L'exposition _____ sur l'art abstrait est vraiment intéressante.
4. Ce bâtiment a une _____ bizarre.
5. Picasso est _____ d'Espagne.

Les réponses de cet exercice se trouvent à la page 347.

The answers to this exercise can be found on page 347.

Mid-Book Quiz

Afin de vérifier tes connaissances sur les précédents chapitres, Pauline te propose un petit quiz. Ce n'est bien évidemment pas grave si tu fais des erreurs. Cela te montrera simplement ce que tu dois encore réviser.

In order to check your knowledge of the previous chapters, Pauline offers you a little quiz. Of course, it doesn't matter if you make mistakes. It will just show you what you still need to revise.

Les réponses du quiz se trouvent à la page 347.

The answers to the quiz can be found on page 347.

Exercise 1 – What Time is It?

Inscris l'heure en toutes lettres comme tu le dirais en français à l'oral.

Spell out the time as you would say it in spoken French.

07:45 = _____
11:30 = _____
12:00 = _____
15:10 = _____

19:15 = _____

Exercise 2 – The Plural of Nouns

Forme le pluriel des noms ci-dessous.

Form the plural of the nouns below.

Le cheval = _____
La feuille = _____
La fleur = _____
Le manteau = _____
Le portail = _____

Exercise 3 – Feminine or Masculine?

Détermine si les noms ci-dessous sont féminins ou masculins en remettant l'article définit (la ou le).

Determine whether the nouns below are feminine or masculine by putting back the defining article (the).

_____ maîtresse

_____ facteur

_____ boulanger

_____ patronne

_____ fillette

_____ couloir

_____ coussin

Exercise 4 – Girl Power

Mets les adjectifs ci-dessous au féminin.

Put the adjectives below in the feminine.

Aimable = _____
Intéressant = _____
Curieux = _____
Sportif = _____
Généreux = _____

Exercise 5 – Les Pronoms Réfléchis

Conjugue les verbes en utilisant des pronoms réfléchis.

Conjugate the verbs using reflexive pronouns.

Se laver (tu) = _____
S'habiller (nous) = _____
Se doucher (elles) = _____
Se promener (je) = _____
Se changer (vous) = _____

Exercice 6 - Les Comparaisons

Complète les phrase ci-dessous en utilisant les adverbes de comparaison.

Complete the sentences below using the adverbs of comparison.

Comparaison de supériorité:

Lucie est _____ petite _____ Cindy.

Comparaison d'égalité:

Olivia est _____ généreuse _____ Loris.

Comparaison d'infériorité:

Hubert est _____ sportif _____ Laetitia.

Chapter 7: The Verb I. Focus on the Present

Pour ce nouveau chapitre, tu vas être accompagné de Noah car il est très intéressé par les célébrités en France. En France, il y a de très bons acteurs, chanteurs, artistes mais aussi écrivains. Son domaine préféré est le cinéma et il te parlera donc de son acteur préféré.

For this new chapter, you will be accompanied by Noah because he is very interested in celebrities in France. In France, there are some very good actors, singers, and artists but also writers. His favorite field is cinema, and he will tell you about his favorite actor.

☐ Present simple

☐ Present perfect

☐ Present continuous

Text Comprehension

Mon acteur préféré est probablement Omar Sy et **selon moi**, c'est le meilleur acteur français depuis plus de 10 ans. Il a été **principalement** remarqué **grâce** au film « Intouchables ».

Ce film parle d'une personne en situation de handicap ayant besoin de quelqu'un pour l'**aider** dans son **quotidien**. Omar Sy **incarne** donc **l'auxiliaire de vie** et joue au côté de François Cluzet, qui lui, incarne le tétraplégique. Ce film est particulièrement touchant car il s'agit en fait **d'une histoire vraie**.

Dernièrement, Omar Sy est devenue le **héros** d'une nouvelle série télévisée notamment **diffusée** sur Netflix. La série s'appelle « Lupin » et Omar Sy incarne le personnage principal. Cette série est basée sur les **romans** d'Arsène Lupin et a connu un franc **succès** auprès de toutes les **générations**.

Text Comprehension – Translation

My favorite actor is probably Omar Sy, and in my opinion, he is the best French actor for more than 10 years. He was mainly noticed thanks to the movie "Intouchables."

This movie is about a disabled person who needs someone to help him in his daily life. Omar Sy plays the helper and plays alongside François Cluzet, who plays the quadriplegic. This movie is particularly touching because it is, in fact, a true story.

Recently, Omar Sy has become the hero of a new television series, which is broadcast on Netflix. The series is called "Lupin," and Omar Sy plays the main character. The series is based on the novels of Arsène Lupin and has been a great success with all generations.

Vocabulary List

Comme d'habitude, apprends les mots de la liste par cœur en t'aidant de flashcards ou d'une autre méthode qui te convient.

As usual, learn the words on the list by heart using flashcards or another method that suits you.

Français	English
Selon moi	In my opinion
Principalement	Mainly
Grâce à... / grâce au...	Thanks to...
Aider	To help
Le quotidien	The daily life
Incarner	To play

L'auxiliaire de vie	The helper
L'histoire vraie	The true story
Dernièrement	Recently
Le héros	The hero
Diffuser	To broadcast
Le roman	The novel
Le succès	The success
La génération	The generation

Reading 6

A part le cinéma, Noah aime beaucoup la musique et son chanteur préféré du moment est Julien Doré. Ce chanteur est devenu connu grâce à une émission télévisée qui s'appelle « La Nouvelle Star ». Cette émission consiste à passer une audition en chantant acapella. Si la personne passe l'audition, elle est prise ensuite dans l'émission TV.

Lors de son audition, Julien Doré n'avait pas respecté le critère de chanter acapella car il était accompagné de son ukulélé. Il a donc d'abord été refusé. Par la suite, sachant qu'il avait un incroyable talent, la production lui a permis d'apprendre en vitesse une chanson sans être accompagné d'un instrument et il a finalement été pris dans l'émission.

Grâce à cette magnifique opportunité, il est maintenant devenu une grande star en France. Il fait des tournées et des concerts dans toute la France, la Suisse et la Belgique.

Questions for Reading 6

Réponds aux questions ci-dessous.

Answer the questions below.

1. Comment est-ce que Julien Doré est devenu une star ?
   _____
2. Dans quels pays est-ce que Julien Doré est connu ?
   _____
3. De quel instrument de musique joue Julien Doré ?
   _____
4. Pourquoi il a d'abord été refusé dans l'émission ?
   _____
5. Quelle est la définition de chanter acapella ?
   _____

Les réponses du reading 6 se trouvent à la page 347.

The answers to reading 6 can be found on page 347.

Translation of Reading 6

Apart from the cinema, Noah likes music a lot and his favorite singer of the moment is Julien Doré. This singer became famous thanks to a TV show called "La Nouvelle Star." This show consists of an audition with acapella singing. If the person passes the audition, he or she is then included in the TV show.

During his audition, Julien Doré did not meet the criteria of singing acapella because he was accompanied by his ukulele. He was, therefore, initially rejected. Then, knowing that he had an incredible talent, the production allowed him to learn a song quickly without being accompanied by an instrument, and he was finally taken on the show.

Thanks to this wonderful opportunity, he has now become a big star in France. He tours and performs throughout France, Switzerland, and Belgium.

All About Verbs – In the Present

Ce thème est extrêmement important si tu veux maitriser le français. Il est nécessaire que tu apprennes cette théorie sur le bout des doigts si tu veux pouvoir t'exprimer aisément dans les temps du présent.

This topic is extremely important if you want to master French. It is necessary that you learn this theory thoroughly if you want to be able to express yourself easily in the present tense.

The Present Simple

Le présent simple est le temps utilisé en conjugaison pour t'exprimer dans le moment présent, ce que tu fais maintenant. En français, comme tu le sais déjà, il y a 3 groupes de verbes:

- Les verbes du 1er groupe se terminent en **-er**
- Les verbes du 2ème groupe se terminent en **-ir**
- Les verbes du 3ème groupe se terminent en **-re** et **-oir** + les verbes irréguliers

The present simple is the tense used in conjugation to express yourself in the present moment, what you are doing now. In French, as you already know, there are 3 groups of verbs:

- The verbs of the 1st group end in -er
- The verbs of the 2nd group end in -ir
- The verbs of the 3rd group end in -re and -oir + irregular verbs

Les verbes du 1er groupe au présent simple / The verbs of the 1st group in the present simple	
danser – to dance	
Je	dans**e**
Tu	dans**es**
Il / elle / on	dans**e**
Nous	dans**ons**
Vous	dans**ez**
Ils / elles	dans**ent**

Les verbes du 2ème groupe au présent simple / The verbs of the 2nd group in the present simple	
obéir - to obey	
J'	obéis
Tu	obéis
Il / elle / on	obéit
Nous	obéissons
Vous	obéissez
Ils / elles	obéissent

Les verbes du 3ème groupe au présent simple / The verbs of the 3rd group in the present simple	
cuire - to cook	
Je	cuis
Tu	cuis
Il / elle / on	cuit
Nous	cuisons
Vous	cuisez
Ils / elles	cuisent

Les verbes du 3ᵉᵐᵉ groupe au présent simple / The verbs of the 3ʳᵈ group in the present simple	
voir - to see	
Je	**v**ois
Tu	**v**ois
Il / elle / on	**v**oit
Nous	**v**oyons
Vous	**v**oyez
Ils / elles	**v**oient

The Present Perfect

Le passé composé est un temps très utilisé en français. Il est utilisé pour exprimer une action qui s'est passé dans le passé mais dans un passé proche.

The present perfect is a very common tense in French. It is used to express an action that took place in the past but in the near past.

Par exemple / for example:

Hier, j'ai regardé un film.

Yesterday I watched a film.

Ce temps est aussi utilisé pour parler du présent.

This tense is also used to refer to the present.

Par exemple / for example:

Aujourd'hui, j'ai fait une sieste.

Today I took a nap.

Comme tu peux l'observer dans les tableaux ci-dessous, pour former le passé composé, il te suffit de connaître l'auxiliaire être et avoir au présent et ensuite d'ajouter le participe passé.

As you can see in the tables below, to form the "passé compose," you only need to know the auxiliaries "être" and "avoir" in the present tense and then add the past participle.

Les verbes du 1er groupe au passé composé / The verbs of the 1st group in the present perfect	
danser – to dance	
J'	ai dansé
Tu	as dansé
Il / elle / on	a dansé
Nous	avons dansé
Vous	avez dansé
Ils / elles	ont dansé

Les verbes du 2ème groupe au passé composé / The verbs of the 2nd group in the present perfect	
obéir – to obey	
J'	ai obéi
Tu	as obéi
Il / elle / on	a obéi
Nous	avons obéi
Vous	avez obéi
Ils / elles	ont obéi

Les verbes du 3ème groupe au passé composé / The verbs of the 3rd group in the present perfect	
cuire - to cook	
J'	ai cuit
Tu	as cuit
Il / elle / on	a cuit
Nous	avons cuit
Vous	avez cuit
Ils / elles	ont cuit

Les verbes du 3ème groupe au passé composé / The verbs of the 3rd group in the present perfect	
voir - to see	
J'	ai vu
Tu	as vu
Il / elle / on	a vu
Nous	avons vu
Vous	avez vu
Ils / elles	ont vu

The Present Continuous

En français, le présent continu n'est pas vraiment un temps verbal officiel comme en anglais. Il s'agit plutôt d'une forme spécifique à apprendre par cœur pour décrire ce que tu es en train de faire sur le moment-même.

In French, the present continuous tense is not really an official verbal tense like in English. It is more like a specific form to learn by heart to describe what you are doing at the moment.

Par exemple / for example:

Je suis en train de chanter une chanson. = I am singing a song.

Je suis en train de faire la vaisselle. = I am washing the dishes.

Comme tu peux le voir ci-dessus, pour former le présent continu, tu dois utiliser le verbe « être » au présent simple + ajouter la forme « en train de » + ajouter un verbe à l'infinitif qui décrit ton action.

As you can see above, to form the present continuous, you need to use the verb "to be" in the present simple + add the form "en train de" + add a verb in the infinitive that describes your action.

Vocabulary Exercise 6

Complète les phrases avec un des mots de la liste ci-dessous. Attention, tous les mots ne doivent pas forcément être utilisés.

Complete the sentences with one of the words from the list below. Please note that not all the words need to be used.

Liste des mots/ list of words:

Quotidien / dernièrement / roman / histoire vraie / aider / héros / auxiliaire de vie / diffuser / incarne

1. Il est important d'_____ les gens dans le besoin.
2. Je suis en train de lire mon _____ préféré.
3. Dans cette pièce de théâtre, j'_____ le rôle de Roméo.
4. Mon frère travaille en tant qu'_____.
5. _____, j'ai fait une belle rencontre.

Les réponses de cet exercice se trouvent à la page 347.

The answers to this exercise can be found on page 347.

Writing Exercise 5

Ecris un texte de 5 à 10 phrases sur ton film ou ta série préférée.

Write a 5-10 sentence text about your favorite movie or series.

_____
_____
_____
_____
_____
_____
_____
_____
_____
_____
_____
_____
_____
_____

Un exemple de texte se trouve dans le chapitre « Answer Key » à la page 347.

A sample text can be found in the chapter "Answer Key" on page 347.

Chapter 8: The Verb II. Thinking about the Past

Théo, prof d'histoire et de français dans un collège, va t'accompagner dans ce chapitre en te partageant quelques faits historiques sur la France et des aspects linguistiques.

Theo, a history and French teacher in a secondary school, will accompany you in this chapter by sharing some historical facts about France and its linguistic aspects.

☐ Imperfect

☐ Imperfect continuous

☐ Pluperfect

Text Compréhension

Théo **enseigne** l'histoire et le français à ses élèves. Aujourd'hui, il aimerait te partager un thème qu'il est en train d'aborder en cours: **la Révolution Française**.

La Révolution française **a commencé** le 5 mai 1789 et s'est terminée le 9 novembre 1799, soit dix ans après. **Selon** certains historiens, cette Révolution s'est déclenchée parce que la France était très **endettée**. Louis XVI, à la tête du **royaume**, a donc **drastiquement** dû **réduire** les **privilèges** des **habitants** de la France. Le peuple a donc souffert de la **famine** et a vécu dans des conditions déplorables.

Une date importante à retenir est **certainement** le 14 juillet 1789. Il s'agit de la prise de la Bastille. Cette date **symbolique** représente maintenant la fête nationale de la France.

Le 21 janvier 1793, Louis XVI perd son titre de roi et fut exécuté.

Text Comprehension – Translation

Theo teaches history and French to his students. Today, he would like to share with you a topic he is working on in class: the French Revolution.

The French Revolution began on 5 May 1789 and ended on 9 November 1799, ten years later. According to some historians, this Revolution was triggered because France was very indebted. Louis XVI, as head of the kingdom, had to drastically reduce the privileges of the inhabitants of France. As a result, the people suffered from hunger and lived in deplorable conditions.

An important date to remember is certainly 14 July 1789. It is the storming of the Bastille. This symbolic date is now France's national day.

On 21 January 1793, Louis XVI lost his title as king and was executed.

Vocabulary List

Théo t'a listé quelques mots importants à apprendre afin que tu comprennes bien le texte.

Theo has listed some important words for you to learn so that you understand the text.

Français	English
Enseigner	To teach
La Révolution Française	The French Revolution
Commencer	To begin
Selon...	According to...
Endetté	Indebted

Le royaume	The kingdom
Drastiquement	Drastically
Réduire	To reduce
Le privilège	The privilege
L'habitant	The inhabitant
La famine	The hunger
Certainement	Certainly
Symbolique	Symbolic

Reading 7

La semaine passée, Théo donnait un cours sur l'histoire de la France. Pendant qu'il enseignait, il trouvait que ses élèves n'étaient pas vraiment attentif par ce sujet. Il a donc cherché un moyen de rendre son cours plus intéressant et il a donc demandé à ses élèves ce qu'ils souhaitaient pour le prochain cours.

Pour le prochain cours, ses élèves souhaitent visionner un documentaire sur l'histoire de la France. Ils prétendent qu'ils comprendront mieux en vidéo. Théo a donc passé toute la semaine à chercher un documentaire adapté et à préparer des questions sur le thème. Grâce à cela, il espère que les élèves seront plus attentifs à son cours.

Questions for Reading 7

Réponds aux questions ci-dessous.

Answer the questions below.

1. Ecris deux verbes conjugués à l'imparfait dans le texte.

   _____

2. Ecris deux verbes conjugués au passé composé dans le texte.

   _____

3. Ecris deux verbes conjugués au présent dans le texte.

   _____

4. Sous quelle forme Théo va-t-il donner son cours la semaine prochaine ?

   _____

5. Quel adjectif qualifie ses élèves ?

   _____

Les réponses du reading 7 se trouvent à la page 347.

The answers to reading 7 can be found on page 347.

Translation of Reading 7

Last week, Theo was teaching a class on French history. While he was teaching, he found that his students were not really responsive to the subject. So he looked for a way to make his lesson more interesting and asked his students what they wanted for the next lesson.

For the next lesson, his students want to watch a documentary about the history of France. They claim that they will understand better on video. So Theo spent the whole week looking for a suitable documentary and preparing questions on the topic. He hopes that this will make the students pay more attention to his lesson.

All About Verbs – In the Past

Maintenant que tu maîtrises les temps verbaux du présent, il est temps de t'attaquer aux temps du passé. Ce thème étant assez difficile, prend bien le temps d'apprendre par cœur toute la théorie.

Now that you have mastered the present tenses, it is time to tackle the past tenses. This is a difficult topic, so take the time to memorize all the theory.

Imperfect

L'imparfait est un temps du passé qui représente une action ou un fait s'étant passé dans le passé.

The imperfect tense is a past tense that represents an action or fact that took place in the past.

Par exemple / for example:

La semaine passée, j'étais en vacances en Italie. = Last week I was on holiday in Italy.

L'année dernière, j'étudiais l'espagnol à l'université. = Last year I was studying Spanish at university.

Quand j'étais petit, je jouais au football dans une équipe. = When I was a kid, I played football in a team.

Les verbes du 1ᵉʳ groupe à l'imparfait / The verbs of the 1ˢᵗ group in the imperfect tense	
danser – to dance	
Je	dans**ais**
Tu	dans**ais**
Il / elle / on	dans**ait**
Nous	dans**ions**
Vous	dans**iez**
Ils / elles	dans**aient**

Les verbes du 2ᵉᵐᵉ groupe à l'imparfait / The verbs of the 2ⁿᵈ group in the imperfect tense	
obéir – to obey	
J'	obé**issais**
Tu	obé**issais**

Il / elle / on	obéissait
Nous	obéissions
Vous	obéissiez
Ils / elles	obéissaient

Les verbes du 3ème groupe à l'imparfait / The verbs of the 3rd group in the imperfect tense	
cuire – to cook	
Je	cuisais
Tu	cuisais
Il / elle / on	cuisait
Nous	cuisions
Vous	cuisiez
Ils / elles	cuisaient

Les verbes du 3ème groupe à l'imparfait / The verbs of the 3rd group in the imperfect tense	
voir – to see	
Je	voyais

Tu	voy**ais**
Il / elle / on	voy**ait**
Nous	voy**ions**
Vous	voy**iez**
Ils / elles	voy**aient**

Imperfect Continuous

Comme pour le présent continu, l'imparfait continu n'est pas un temps verbal à part entière en français. Il suffit d'appliquer la même forme que pour le présent continu mais en le mettant à l'imparfait.

As with the present continuous, the imperfect continuous is not a verbal tense in its own right in French. It is sufficient to apply the same form as for the present continuous tense but to put it in the imperfect tense.

Par example / for example:

Hier, j'étais en train de faire le ménage. = I was cleaning yesterday.

Il y a une heure, j'étais en train de regarder la télévision. = An hour ago I was watching television.

Comme tu peux le voir ci-dessus, pour former l'imparfait continu, tu dois utiliser le verbe « être » à l'imparfait + ajouter la forme « en train de » + ajouter un verbe à l'infinitif qui décrit ton action.

As you can see above, to form the imperfect continuous, you need to use the verb "to be" in the imperfect tense + add the form "in the process of" + add a verb in the infinitive that describes your action.

Pluperfect

Le plus-que-parfait est un temps composé du passé. Pour le former, il suffit d'utiliser l'auxiliaire « être » ou « avoir » à l'imparfait puis en ajoutant le participe passé.

The plus-que-parfait is a compound past tense. To form it, simply use the auxiliary "to be" or "to have" in the imperfect tense and then add the past participle.

Les verbes du 1er groupe au plus-que-parfait / The verbs of the 1st group in the pluperfect

danser – to dance

J'	avais dansé
Tu	avais dansé
Il / elle / on	avait dansé
Nous	avions dansé
Vous	aviez dansé
Ils / elles	avaient dansé

Les verbes du 2ème groupe au plus-que-parfait / The verbs of the 2nd group in the pluperfect

obéir – to obey

J'	avais obéi
Tu	avais obéi
Il / elle / on	avait obéi
Nous	avions obéi
Vous	aviez obéi
Ils / elles	avaient obéi

Les verbes du 3ème groupe au plus-que-parfait / The verbs of the 3rd group in the pluperfect

cuire – to cook

J'	avais cuit
Tu	avais cuit
Il / elle / on	avait cuit
Nous	avions cuit
Vous	aviez cuit
Ils / elles	avaient cuit

Les verbes du 3ème groupe au plus-que-parfait / The verbs of the 3rd group in the pluperfect

voir – to see

J'	avais vu
Tu	avais vu
Il / elle / on	avait vu
Nous	avions vu
Vous	aviez vu
Ils / elles	avaient vu

Vocabulary Exercise 7

Complète les phrases avec un des mots de la liste ci-dessous. Attention, tous les mots ne doivent pas forcément être utilisés.

Complete the sentences with one of the words from the list below. Please note that not all the words need to be used.

Liste des mots/ list of words:

Drastiquement / réduire / royaume / famine / certainement / selon / enseigne / privilégié / habitant

1. Il est impératif de _____ ses déchets pour un avenir durable.
2. Certaines régions dans le monde souffrent de la _____.
3. Théo _____ le français dans un collège.
4. _____ Théo, l'histoire est un sujet qui n'intéresse pas vraiment les élèves.
5. La Norvège est un pays riche et _____.

Les réponses de cet exercice se trouvent à la page 347.

The answers to this exercise can be found on page 347.

Writing Exercise 6

Ecris un texte de 5 à 10 phrases sur ton enfance. Utilise les temps du passé.

Write a text of 5 to 10 sentences about your childhood. Use the past tense.

_____
_____
_____
_____
_____
_____
_____
_____
_____

Un exemple de texte se trouve dans le chapitre « Answer Key » à la page 347.

A sample text can be found in the chapter "Answer Key" on page 347.

Chapter 9: The Verb III. Towards the Future

Zoé, passionnée par la science en générale, souhaite t'introduire à ce thème: tout sur le futur. Dans son temps libre, elle adore lire des articles scientifiques.

Zoë, who is passionate about science in general, would like to introduce you to this topic: everything about the future. In her free time, she loves to read scientific articles.

☐ Future simple

☐ Future anterior

☐ Conditional present

☐ Conditional perfect

Text Comprehension

Zoé se demande parfois ce qu'il se passera dans le futur. Comme elle est **inquiète** par rapport au **climat**, elle rêve parfois que des scientifiques **découvrent** une nouvelle **planète** où les **humains** pourraient tout recommencer à zéro. On lui reproche souvent d'être **utopique**.

Elle ne pense pourtant pas être **irréaliste**, mais elle essaie plutôt d'être positive quant à son futur. Elle a de **l'espoir** et l'univers est tellement grand qu'il doit bien y avoir un endroit où vivre.

Dans ses rêves les plus fous, sa nouvelle planète serait recouverte par une jungle et des milliers **d'espèces** animales y vivraient. Chaque personne serait considérée à sa juste valeur et tout le monde vivraient en **paix**. Il n'y aurait pas de millionnaires, ni de gens pauvres. Chacun aurait **suffisamment** pour bien vivre et donc il n'y aurait plus de différentes classes sociales. Personne n'aurait faim et tout le monde aurait la possibilité d'aller à l'école pour apprendre tout ce dont on a besoin pour mener une vie **paisible** mais riche en partage.

Et toi, quel est ton monde idéal ?

Text Comprehension – Translation

Zoë sometimes wonders what will happen in the future. Because she is worried about the climate, she sometimes dreams that scientists will discover a new planet where humans can start all over again. She is often accused of being utopian.

However, she does not think she is unrealistic, but rather tries to be positive about her future. She has hope, and the universe is so big that there must be somewhere to live.

In her wildest dreams, her new planet would be covered by a jungle, and thousands of animal species would live there. Each person would be valued, and everyone would live in peace. There would be no millionaires, no poor people. Everyone would have enough to live on, and so there would be no more different social classes. No one would be hungry, and everyone would have the opportunity to go to school to learn everything they need to lead a peaceful but rich life.

What is your ideal world?

Vocabulary List

Pour mieux comprendre le texte, voici quelques mots listés par Zoé à apprendre.

To better understand the text, here are some words listed by Zoë to learn.

Français	English
Inquiet / inquiète	Worried
Le climat	The climate
Découvrir	To discover
La planète	The planet
L'humain	The human
Utopique	Utopian
Irréaliste	Unrealistic
L'espoir	The hope
L'espèce	The species
La paix	The peace
Suffisamment	Enough
Paisible	Peaceful

Reading 8

Zoé est passionnée par tous les sujets scientifiques imaginables. Elle s'intéresse à la médecine, aux changements climatiques, à la vie extraterrestre et aux planètes. Aujourd'hui, elle souhaite te partager ce qu'elle fait pour œuvrer pour le bien-être de notre planète: la Terre.

Soucieuse de l'environnement, Zoé est consciente que dans le futur, notre planète risque d'être invivable si nous ne changeons rien. Alors, au quotidien, elle fait quelques gestes pour l'environnement.

Elle a tout d'abord commencé par trier ses déchets et réduit ses déchets en évitant des produits suremballés. Elle a baissé son chauffage à 19 degrés pour économiser de l'électricité cet hiver. Aussi, depuis peu, elle a décidé de devenir végétarienne pour avoir le moins d'impact possible sur l'environnement et sur le bien-être animal ; c'est-à-dire qu'elle ne consomme plus de viande, ni de poisson.

Et toi, que fais-tu pour l'environnement ?

Questions for Reading 8

Réponds aux questions ci-dessous.

Answer the questions below.

1. Cite 3 sujets qui intéressent beaucoup Zoé.
   _____
   _____

2. Que va-t-il se passer si nous ne faisons rien pour la planète ?
   _____
   _____

3. Cite 3 choses que Zoé fait pour l'environnement.
   _____
   _____

4. Que veut dire le mot « suremballés » ?
   _____
   _____

5. Quel est le régime alimentaire de Zoé ?
   _____
   _____

Les réponses du reading 8 se trouvent à la page 347.

The answers to reading 8 can be found on page 347.

Translation of Reading 8

Zoë is passionate about every scientific subject imaginable. She is interested in medicine, climate change, extraterrestrial life, and planets. Today, she wants to share with you what she is doing to work for the well-being of our planet: the Earth.

Concerned about the environment, Zoë is aware that in the future, our planet could be unlivable if we do not change anything. So, on a daily basis, she does a few things for the environment.

She started by sorting her waste and reducing her waste by avoiding over-packaged products. She lowered her heating to 19 degrees to save electricity this winter. Also, she recently decided to become a vegetarian to have as little impact as possible on the environment and on animal welfare; that means that she no longer eats meat or fish.

And you, what are you doing for the environment?

All About Verbs – In the Future

Future simple

Le futur est un temps verbal du futur qui représente une action ou un fait s'étant passé dans le futur.

The future tense is a verb that represents an action or fact that took place in the future.

Par exemple / for example:

Demain, je ferai une randonnée en montagne. = Tomorrow I will hike in the mountains.

Dans 10 jours, je partirai en vacances en Allemagne. = In 10 days I will go on holiday to Germany.

L'année prochaine, j'étudierai la médecine. = Next year I will study medicine.

Les verbes du 1ᵉʳ groupe au futur simple / The verbs of the 1ˢᵗ group in the future simple	
danser – to dance	
Je	danse**rai**
Tu	danse**ras**
Il / elle / on	danse**ra**
Nous	danse**rons**
Vous	danse**rez**
Ils / elles	danse**ront**

Les verbes du 2ème groupe au futur simple / The verbs of the 2nd group in the future simple	
obéir – to obey	
J'	obéirai
Tu	obéiras
Il / elle / on	obéira
Nous	obéirons
Vous	obéirez
Ils / elles	obéiront

Les verbes du 3ème groupe au futur simple / The verbs of the 3rd group in the future simple	
cuire – to cook	
Je	cuirai
Tu	cuiras
Il / elle / on	cuira
Nous	cuirons
Vous	cuirez
Ils / elles	cuiront

Les verbes du 3ème groupe au future simple / The verbs of the 3rd group in the future simple	
voir - to see	
Je	verrai
Tu	verras
Il / elle / on	verra
Nous	verrons
Vous	verrez
Ils / elles	verront

Future Anterior

Le futur antérieur est un temps composé constitué de l'auxiliaire « être » ou « avoir » au futur et est suivi du participe passé. Ce temps permet d'exprimer une action qui se passe avant une autre action et cela dans la même phrase.

The future tense is a compound tense consisting of the auxiliary "to be" or "to have" in the future tense followed by the past participle. This tense makes it possible to express an action that takes place before another action in the same sentence.

Par exemple / for example:

Quand je serai parti au travail, vous dormirez encore. = When I go to work, you will still be sleeping.

Lorsque j'aurai fini de faire la lessive, vous serez en train de ranger vos chambres. = When I have finished doing the laundry, you will be tidying your rooms.

Les verbes du 1er groupe au future antérieur / The verbs of the 1st group in the future anterior	
danser – to dance	
J'	aurai dansé
Tu	auras dansé
Il / elle / on	aura dansé
Nous	aurons dansé
Vous	aurez dansé
Ils / elles	auront dansé

Les verbes du 2ème groupe au future antérieur / The verbs of the 2nd group in the future anterior	
obéir – to obey	
J'	aurai obéi
Tu	auras obéi
Il / elle / on	aura obéi
Nous	aurons obéi
Vous	aurez obéi
Ils / elles	auront obéi

Les verbes du 3ᵉᵐᵉ groupe au future antérieur / The verbs of the 3ʳᵈ group in the future anterior

cuire - to cook

J'	aurai cuit
Tu	auras cuit
Il / elle / on	aura cuit
Nous	aurons cuit
Vous	aurez cuit
Ils / elles	auront cuit

Les verbes du 3ᵉᵐᵉ groupe au future antérieur / The verbs of the 3ʳᵈ group in the future anterior

voir - to see

J'	aurai vu
Tu	auras vu
Il / elle / on	aura vu
Nous	aurons vu
Vous	aurez vu
Ils / elles	auront vu

Conditional Present

Un temps très utilisé en français est le conditionnel. Le conditionnel présent sert à parler de quelque chose hypothétique. Il est généralement toujours composé de la même manière.

A very common tense in French is the conditional. The present conditional is used to talk about something hypothetical. It is usually always composed in the same way.

Par exemple / for example:

Si j'avais assez de temps pour venir te voir, j'aurais directement pris le premier train.

If I had enough time to come and see you, I would have taken the first train straight away.

Comme tu peux le remarquer ci-dessus, la phrase se fait en deux parties et est séparée par une virgule. Dans la première partie de la phrase, la phrase commence par « si » et le verbe est à l'imparfait. Dans la deuxième partie de la phrase, juste après la virgule, on place le sujet et on conjugue le verbe au conditionnel présent.

As you can see above, the sentence is in two parts and is separated by a comma. In the first part of the sentence, the sentence starts with "if," and the verb is in the imperfect tense. In the second part of the sentence, just after the comma, the subject is placed, and the verb is conjugated in the conditional present tense.

Les verbes du 1ᵉʳ groupe au conditionnel présent / The verbs of the 1ˢᵗ group in the conditional present	
danser - to dance	
Je	danserais
Tu	danserais
Il / elle / on	danserait
Nous	danserions

Vous	danseriez
Ils / elles	danseraient

Les verbes du 2ème groupe au conditionnel présent / The verbs of the 2nd group in the conditional present

obéir – to obey

J'	obéirais
Tu	obéirais
Il / elle / on	obéirait
Nous	obéirions
Vous	obéiriez
Ils / elles	obéiraient

Les verbes du 3ème groupe au conditionnel présent / The verbs of the 3rd group in the conditional present

cuire – to cook

Je	cuirais
Tu	cuirais
Il / elle / on	cuirait

Nous	cuirions
Vous	cuiriez
Ils / elles	cuiraient

Les verbes du 3ème groupe au conditionnel présent / The verbs of the 3rd group in the conditional present	
voir - to see	
Je	verrais
Tu	verrais
Il / elle / on	verrait
Nous	verrions
Vous	verriez
Ils / elles	verraient

Conditional Perfect

Le conditionnel passé est un temps composé du passé. Il est composé de l'auxiliaire « être » ou « avoir » conjugué au conditionnel présent, puis est suivi du participe passé. Ce temps verbal sert à rapporter une action dans le passé qui peut se produire uniquement sous certaines conditions.

The past conditional is a compound past tense. It is composed of the auxiliary "to be" or "to have" conjugated in the present conditional tense, followed by the past participle. This verb tense is used to report an action in the past that can only happen under certain conditions.

Par exemple / for example:

Si j'avais su que cela te rendrait triste, je ne l'aurais pas dit.

If I had known it would make you sad, I wouldn't have said it.

Comme tu peux le remarquer ci-dessus, la phrase est constituée en deux parties et est séparée par une virgule. Le verbe dans la première partie est conjugué au plus-que-parfait. Le verbe de la deuxième partie est conjugué au conditionnel passé.

As you can see above, the sentence consists of two parts and is separated by a comma. The verb in the first part is conjugated in the past tense. The verb in the second part is conjugated in the past tense.

Les verbes du 1er groupe au conditionnel passé / The verbs of the 1st group in the conditional perfect	
danser - to dance	
J'	aurais dansé
Tu	aurais dansé
Il / elle / on	aurait dansé
Nous	aurions dansé
Vous	auriez dansé
Ils / elles	auraient dansé

Les verbes du 2ème groupe au conditionnel passé / The verbs of the 2nd group in the conditional perfect

obéir – to obey

J'	aurais obéi
Tu	aurais obéi
Il / elle / on	aurait obéi
Nous	aurions obéi
Vous	auriez obéi
Ils / elles	auraient obéi

Les verbes du 3ème groupe au conditionnel passé / The verbs of the 3rd group in the conditional perfect

cuire – to cook

J'	aurais cuit
Tu	aurais cuit
Il / elle / on	aurait cuit
Nous	aurions cuit
Vous	auriez cuit
Ils / elles	auraient cuit

Les verbes du 3ᵉᵐᵉ groupe au conditionnel passé / The verbs of the 3ʳᵈ group in the conditional perfect	
voir - to see	
J'	aurais vu
Tu	aurais vu
Il / elle / on	aurait vu
Nous	aurions vu
Vous	auriez vu
Ils / elles	auraient vu

Vocabulary Exercise 8

Relie les mots français avec leur traduction anglaise.

Link the French words with their English translation.

Paisible ●   ● To discover

Découvrir ●   ● The hope

Irréaliste ●   ● Peaceful

L'espoir ●   ● Unrealistic

L'espèce ●   ● The specie

Les réponses de cet exercice se trouvent à la page 347.

The answers to this exercise can be found on page 347.

Writing Exercise 7

Ecris 5 à 10 actions que tu fais pour l'environnement. Si besoin, inspire-toi de ce que Zoé fait.

Write down 5 to 10 actions you are doing for the environment. If you need to, take inspiration from what Zoë is doing.

_____
_____
_____
_____
_____
_____
_____
_____
_____
_____
_____
_____
_____
_____

Un exemple de texte se trouve dans le chapitre « Answer Key » à la page 347.

A sample text can be found in the chapter "Answer Key" on page 347.

Chapter 10: Prepositions and Conjunctions

Pour ce chapitre très important au niveau de la grammaire, Louis te guidera pas à pas en t'expliquant quelques faits sur les traditions françaises.

For this very important chapter on grammar, Louis will guide you step by step by explaining some facts about French traditions.

☐ basic one-word prepositions

☐ compound prepositions

☐ the difference between prepositions and conjunctions

☐ Coordinating conjunctions

☐ Subordinating conjunctions

Text Compréhension

La France est un pays qui possède beaucoup de fêtes et de **traditions**. L'une d'elle est la fête des Lumières à Lyon. Cette fête se **célèbre** le 8 décembre de chaque année et dure 4 jours **entiers**.

Historiquement parlant, la Vierge Marie avait **libéré** la ville de Lyon de la **peste** et c'est donc de cette histoire que la tradition est née. Cette fête sert donc à **rendre hommage à** Marie.

De nos jours, cette fête est un lieu de rassemblement de plus de 3 millions de personnes. Les gens habitant cette ville illuminent leurs fenêtres en y mettant des **bougies**. Il est possible de s'y rendre en transport public ou même de réserver un trajet avec une compagnie de car offrant ce type de voyage. **Dans tous les cas**, y dormir coûte très cher compte tenu de la **demande**.

Text Comprehension – Translation

France is a country with many festivals and traditions. One of them is the Festival of Lights in Lyon. This festival is celebrated every year on 8 December and lasts for four whole days.

Historically speaking, the Virgin Mary had freed the city of Lyon from the plague, and so the tradition was born from this story. This festival is therefore used to pay tribute to Mary.

Nowadays, this festival is a gathering place for more than 3 million people. People living in the city light up their windows with candles. It is possible to get there by public transport or even to book a trip with a bus company offering this type of travel. In any case, sleeping there is very expensive, considering the demand.

Vocabulary List

Apprends ces mots de vocabulaire par cœur et n'hésites pas à demander à quelqu'un de t'interroger.

Learn these vocabulary words by heart, and do not hesitate to ask someone to question you.

Français	English
La tradition	The tradition
Célébrer	To celebrate
Entier	Whole
Libérer	To free
La peste	The plague

Rendre hommage à	To pay tribute to
De nos jours	Nowadays
La bougie	The candle
Dans tous les cas	In any case
La demande	The demand

Reading 9

La France est un pays aussi rempli de traditions culinaires. L'une d'elle est la consommation de foie gras lors des fêtes de fin d'année.

Depuis que Louis a appris comment était fait le foie gras, il a arrêté d'en consommer. Conscient de l'urgence climatique et du bien-être animal, Louis se renseigne beaucoup. Il a donc regardé un reportage sur la fabrication de ce produit de luxe. Cet aliment provient des oies gavées de nourriture. Le producteur abat ensuite l'animal et récupère le foie malade pour le vendre comme « foie gras ».

Bien que Louis adore le goût du foie gras, il a fait le choix d'arrêter d'en manger. Cependant, il a trouvé plusieurs alternatives en magasin bio proposant du « foie gras » végétal, c'est-à-dire qui n'est pas réellement à base de foie mais à base de plantes. Grâce à ce genre de produit, Louis continue de se régaler à Noël et cela, sans aucune culpabilité!

Questions for Reading 9

Réponds aux questions ci-dessous.

Answer the questions below.

1. Trouve un synonyme de « manger » dans le texte.

   _____
   _____

2. Ecris un mot de la même famille que « culinaire ». Le mot ne provient pas forcément du texte.

   _____
   _____

3. Pourquoi Louis ne mange pas de foie gras ?

_____
_____

4. Quand est-ce que le foie gras est généralement consommé en France ?

_____
_____

5. Quel type de produit est le foie gras ?

_____
_____

Les réponses du reading 9 se trouvent à la page 347.

The answers to reading 9 can be found on page 347.

Translation of Reading 9

France is also a country full of culinary traditions. One of them is the consumption of foie gras at the end of the year.

Since Louis learned how foie gras is made, he has stopped eating it. Aware of the climate emergency and animal welfare, Louis is very aware of the issue. So he watched a report on the production of this luxury product. This food comes from geese that have been force-fed. The producer then slaughters the animal and collects the diseased liver to sell as "foie gras."

Although Louis loves the taste of foie gras, he has chosen to stop eating it. However, he has found several alternatives in organic shops that offer plant-based "foie gras," i.e., not actually liver-based but plant-based. Thanks to this type of product, Louis continues to enjoy Christmas without any guilt!

Grammar, grammar, grammar!

Basic One-word Prepositions

Louis t'a préparé une liste des prépositions constituées d'un seul mot en français.

Louis has prepared a list of one-word prepositions in French for you.

Français	English
À	To / at / in
De	From / of / about
Chez	At / to someone's place
En	In / by
Sur	On
Sous	Under
Dessus	Above / over / on top
Dessous	Underneath
Dans	Inside / in / within
Dedans	Inside / in
Dehors	Outside / out
Devant	In front of
Derrière	Behind

Ces prépositions sont les plus utilisées en français. Louis t'a préparé quelques exemples ci-dessous avec les traductions en anglais.

These prepositions are the most commonly used in French. Louis has prepared a few examples for you below with the English translations.

Par exemple / for example:

Louis habite **à** Saint-Etienne. = Louis lives in Saint-Etienne.

Louis va manger **chez** un ami. = Louis goes to eat at a friend's house.

Louis habite **dans** un appartement. = Louis lives in a flat.

Le chat de Louis se cache **sous** la table. = Louis' cat is hiding under the table.

Derrière son immeuble, il y a une école. = Behind his building there is a school.

Compound Prepositions

Cette fois-ci, Louis t'a préparé une liste des prépositions composées en français.

This time, Louis has prepared a list of compound prepositions in French.

Français	English
À côté de	Next to
Au-dessus de	Above
Au-dessous de	Under
En face de	Across from
Loin de	Far from
Près de	Near
Au-delà de	Beyond
À travers	Through

Par example / for example:

Louis habite à côté d'un magasin de sport. = Louis lives next to a sports shop.

En face de la rue Jean Jaurès, il y a un très bon restaurant. = Across the Jean Jaurès street there is a very good restaurant.

Près de l'hôpital, il y a un parc. = Near the hospital there is a park.

The Difference Between Prepositions and Conjunctions

A savoir: une préposition est un ou plusieurs mots précédant un nom ou un pronom tandis que la conjonction est un mot reliant deux phrases afin d'en former qu'une.

To be noted: a preposition is one or more words preceding a noun or pronoun, while a conjunction is a word linking two sentences to form one.

Coordinating Conjunctions

La conjonction de coordination sert à relier deux phrases afin d'en former qu'une. Ce type de mot est invariable.

The coordinating conjunction is used to link two sentences to form one sentence. This type of word is invariable.

Français	English
Mais	But
Ou	Or
Et	And
Donc	So / therefore
Or	Now / yet / but
Ni	Neither / nor
Car	Because

Par exemple / for example:

Tu voulais aller au cinéma. Il n'y a aucun film qui te plaît. = Tu voulais aller au cinéma **mais** il n'y a aucun film qui te plaît.

You wanted to go to the cinema. There are no movies you like. = You wanted to go to the cinema, but there are no movies you like.

Il fait froid. Tu portes un manteau. = Il fait froid **donc** tu portes un manteau.

It is cold. You are wearing a coat. = It is cold, so you are wearing a coat.

Je ne vais pas au travail. Je suis malade. = Je ne vais pas au travail **car** je suis malade.

I do not go to work. I am sick. = I do not go to work because I am sick.

Subordinating Conjunctions

Tout comme la conjonction de coordination, la conjonction de subornation sert à relier deux éléments d'une phrase. Elle est aussi invariable.

Like the coordinating conjunction, the subornation conjunction is used to link two elements of a sentence. It is also invariable.

Français	English
Que	That
Lorsque	When
Quand	When
Comme	Like / as / since
Puisque	As / since
Si	If
Quoique	Even though
Même si	Even if

Par exemple / for example:

Je ne veux pas y aller **même si** tu y vas. = I do not want to go even if you do.

J'ai réussi cet examen **puisque** j'ai beaucoup étudié. = I passed this exam since I studied hard.

Je voyagerai en France **quand** j'en aurai les moyens. = I will travel in France when I can afford it.

Vocabulary Exercise 9

Utilise les mots de la liste ci-dessous afin de compléter les phrases.

Use the words in the list below to complete the sentences.

Liste des mots/ list of words:

Donc / même si / car / quoique / lorsque

1. _____ je suis doué en maths, cela ne veut pas dire que je réussirai l'examen du premier coup.
2. Il ne sait pas nager _____ il ne vient pas à la piscine.
3. Il ne sait pas parler l'allemand _____ il n'a jamais appris.
4. _____ tu fasses, je serai là pour te soutenir.
5. _____ tu auras démissionné de ton travail, tu partiras en voyage pendant un an.

Les réponses de cet exercice se trouvent à la page 347.

The answers to this exercise can be found on page 347.

Writing Exercise 8

Ecris un texte de 5 à 10 phrases pour expliquer une tradition de ton pays.

Write a text of 5 to 10 sentences to explain a tradition from your country.

Un exemple de texte se trouve dans le chapitre « Answer Key » à la page 347.

A sample text can be found in the chapter "Answer Key" on page 347.

Chapter 11: Asking and Negating Information

Ce chapitre te sera raconté par Gilles. Il s'intéresse beaucoup aux célébrités en France et tout comme Noah (chapitre 7), il est fan de l'acteur Omar Sy.

This chapter is told to you by Gilles. He is very interested in celebrities in France, and just like Noah (chapter 7), he is a fan of the actor Omar Sy.

- ☐ Yes/no questions
- ☐ Wh- questions
- ☐ Rhetorical questions
- ☐ Tag questions
- ☐ Polite questions
- ☐ Informal questions
- ☐ Negative questions
- ☐ Negative statement
- ☐ The use of « on »

Text Compréhension

Gilles, tout comme Noah, est un fan de l'acteur français Omar Sy. Cet acteur a joué dans des films français très connu comme Intouchables et Chocolat. **Remarqué** du grand public après la sortie du film « Intouchables » grâce auquel il a gagné un oscar, Omar Sy décroche contrat sur contrat pour jouer dans des nouveaux films.

De langue maternelle française mais aussi bilingue en anglais, il décide de **s'expatrier** aux Etats-Unis avec sa femme et ses cinq enfants. Ils habitent désormais à Los Angeles tous ensemble. Grâce à ce déménagement, il décroche notamment un **rôle** dans de **célèbres** films comme Jurassic World et X- Men.

Si tu ne connais pas encore ce **formidable** acteur, Gilles te recommande vivement de regarder un film dans lequel il a joué. D'après lui, le rôle dans lequel il a préféré voir jouer Omar Sy, c'est dans la série « Lupin ». Il ne t'en dit pas plus car il ne veut pas te **gâcher l'intrigue** principale. Cette série est disponible sur Netflix alors n'hésites pas à la regarder en mettant les **sous-titres** pour que tu puisses bien tout comprendre.

Text Comprehension - Translation

Gilles, like Noah, is a fan of the French actor Omar Sy. This actor has played in well-known French movies such as Intouchables and Chocolat. After the release of the film "Intouchables," which won him an oscar, Omar Sy was noticed by the general public and got contract after contract to act in new movies.

As a native French speaker but also bilingual in English, he decided to move to the United States with his wife and his five children. They now live together in Los Angeles. Thanks to this move, he got a role in famous movies like Jurassic World and X- Men.

If you do not know this wonderful actor yet, Gilles recommends you to watch a movie in which he played. According to him, his favorite role was in the series "Lupin." He does not tell you more because he does not want to spoil the main plot. This series is available on Netflix, so do not hesitate to watch it with subtitles so you can understand everything.

Vocabulary list

Lis le texte de compréhension puis apprend ces mots de vocabulaire.

Read the comprehension text and then learn these vocabulary words.

Français	English
Remarquer	To notice
S'expatrier / déménager	To move to
Un rôle	A role
Célèbre	Famous
Formidable	Wonderful
Gâcher	To spoil
L'intrigue	The plot
Les sous-titres	The subtitles

Reading 10

"Le Prénom" est une pièce de théâtre qui a été adaptée afin d'en faire un film. Ce film franco-belge est joué par le célèbre Patrick Bruel qui est plus connu en tant que chanteur qu'acteur.

Ce film raconte l'histoire d'un dîner en famille, rien de plus banal. Pendant le repas, le personnage principal jouant le rôle du futur père essaie de faire deviner le nom de son futur bébé. Pour rigoler, il annonce à son entourage que le bébé s'appellera « Adolphe ». De part l'histoire de la 2ème guerre mondiale, cette annonce auprès de la famille fait un scandale. Tous les convives sont inquiets vis-à-vis de cette nouvelle. A la fin du repas, on apprend finalement que ceci est une blague et que le bébé s'appellera Françoise.

Questions for Reading 10

Réponds aux questions ci-dessous.

Answer the questions below.

1. Quel est le métier principal de Patrick Bruel ?

   _____
   _____

2. Pourquoi les convives sont choqués du prénom « Adolphe » ?

   _____
   _____

3. De quel(s) pays vient le film ?

   _____
   _____

4. Est-ce que le bébé est un garçon ou une fille ?

   _____
   _____

5. Ecris un synonyme de rigoler (le mot ne se trouve pas forcément dans le texte).

   _____
   _____

Les réponses du reading 10 se trouvent à la page 347.

The answers to reading 10 can be found on page 347.

Translation of Reading 10

"Le Prénom" is a play that has been adapted into a film. This film is played by the famous Patrick Bruel, who is better known as a singer than an actor.

The film tells the story of a family dinner, nothing more banal. During the meal, the main character playing the father-to-be tries to guess the name of his future baby. As a joke, he announces to his entourage that the baby will be called "Adolphe." Because of the history of the Second World War, this announcement to the family causes a scandal. Everyone at the table is worried about the news. At the end of the meal, it is finally revealed that this is a joke and that the baby will be called Françoise.

How to Master Your Speech

Yes/no Questions

Les question oui/non sont des questions fermées. Cela signifie que la réponse ne pourra qu'être oui ou non.

Yes/no questions are closed questions. This means that the answer can only be yes or no.

Par exemple / for example:

Est-ce que tu veux venir au cinéma avec moi ? = Oui, je veux venir avec toi au cinéma / Non, je ne veux pas venir avec toi au cinéma

Do you want to go to the cinema with me? = Yes, I want to go with you to the cinema / No, I don't want to go with you to the cinema

Est-ce que tu aimes les tomates ? = Oui, j'aime les tomates. / Non, je n'aime pas les tomates.

Do you like tomatoes? = Yes, I like tomatoes / No, I do not like tomatoes.

Wh-questions

Les questions « Wh- » sont des questions ouvertes, c'est-à-dire qu'on attend une réponse développée et on ne peut pas y répondre par oui/non.

"Wh-" questions are open-ended, i.e., an expanded response is expected and cannot be answered with a yes/no.

Par exemple / for example:

Quand est-ce que tu travailles ? Je travaille les lundis et les jeudis.

When do you work? = I work on Mondays and Thursdays.

Que fais-tu ? Je fais le ménage.

What are you doing? I am cleaning.

Où est-ce que tu pars en vacances ? Je pars en vacances au Maroc.

Where are you going on holiday? I am going on holiday to Morocco.

Pour rappel, Gilles t'a noté les mots interrogatifs dans le tableau ci-dessous. Si tu ne les connais pas déjà, c'est le moment idéal pour les mémoriser.

As a reminder, Gilles has written down the interrogative words for you in the table below. If you do not already know them, this is the perfect time to memorize them.

Français	English
Quoi / Que	What
Où	Where
Qui	Who
Quand	When
Comment	How
Pourquoi	Why

Rhetorical Questions

Lorsqu'on pose une question rhétorique, on n'attend pas forcément une réponse de son interlocuteur. Ce type de question sert plutôt à souligner un fait ou une remarque dans un dialogue.

When you ask a rhetorical question, you do not necessarily expect an answer from the other person. Rather, this type of question is used to underline a fact or a remark in a dialogue.

Par exemple / for example:

Tu penses vraiment que je n'y ai pas pensé ? = Do you really think I have not thought about it?

Tag Questions

Ce type de question est utilisé pour vérifier ou confirmer un dire. Pour la former, on ajoute simplement « n'est-ce pas » à la fin d'une phrase et cela la transforme en question. En posant ce type de question, on attend donc une réponse de confirmation.

This type of question is used to verify or confirm a statement. It is formed by simply adding "isn't it" at the end of a sentence, and this turns it into a question. By asking this type of question, a confirmatory answer is expected.

Par exemple / for example:

Il fait beau demain, n'est-ce pas ? Par le biais de cette question, j'attend qu'on me réponde « oui, il fait beau demain » ou « non, il ne fait pas beau demain ».

It's sunny tomorrow, isn't it? With this question, I expect an answer of "yes, it's sunny tomorrow" or "no, it's not."

Polite Questions

Les questions de politesse sont généralement formées avec le temp verbal du conditionnel présent. On les utilise pour demander poliment une faveur ou un service.

Polite questions are usually formed with the present conditional tense. They are used to politely ask for a favor or a service.

Par exemple / for example:

<u>Pourrais</u>-tu me passer le sel, s'il-te-plaît ? Could you pass me the salt, please?

<u>Pourriez</u>-vous m'indiquer le chemin pour me rendre à la gare, s'il-vous-plaît ? Could you give me the direction to the train station, please?

Pour rappel, si tu n'es pas encore à l'aise avec ce temps verbal, retourne au chapitre 9 afin de les réviser.

As a reminder, if you are not yet comfortable with these tenses, go back to Chapter 9 to review them.

Informal Questions

Tous les types de questions que tu as appris ci-dessus sont des questions formelles. En réalité, en français, lorsqu'on parle avec quelqu'un, on ne s'embête pas à les poser de manière si formelle.

Pour poser une question informelle, il suffit de composer une phrase en commençant par un sujet, un verbe puis un complément. A la fin, il faut rajouter un point d'interrogation au lieu d'un point final. A l'oral, pour différencier une phrase normale d'une phrase question, il suffit de descendre la voix pour la première ou de monter la voix pour la deuxième.

All the types of questions you have learned above are formal questions. In fact, in French, when you are talking to someone, you do not bother asking them so formally.

To ask an informal question, you just have to compose a sentence by starting with a subject, a verb, and then a complement. At the end, add a question mark instead of a full stop. When speaking, to differentiate between a normal sentence and a question sentence, simply lower your voice for the former and raise it for the latter.

Par exemple / for example:

Est-ce que tu veux venir au cinéma ce soir ? Tu veux venir au cinéma ce soir ?

Do you want to come to the cinema tonight? You want to come to the cinema tonight?

Que veux-tu manger ce soir ? Tu veux manger quoi ce soir ?

What do you want to eat tonight? You want to eat what tonight?

Quel livre es-tu en train de lire ? Tu lis quel livre ?

What book are you reading? You read what book?

La version informelle traduite en anglais peut te paraître bizarre mais c'est vraiment comme cela qu'on pose des questions en français la plupart du temps.

The informal version translated into English may seem strange to you, but this is really how questions are asked in French most of the time.

Negative Questions

Pour composer une question négative, il suffit d'utiliser la forme « ne ... pas ». Cette forme est à placer autour du verbe.

To compose a negative question, use the form "do not." This form should be placed around the verb.

Par exemple / for example:

Est-ce que tu ne voudrais pas sortir ce soir ? Would not you like to go out tonight?

Negative Statements

Pour former une phrase à la négative, on utilise la forme « ne...pas », comme pour les questions négatives. Si le mot se trouvant juste après le « ne » commence par une voyelle ou un « h muet », il faut l'écrire « n' » au lieu de « ne ».

To form a negative sentence, the form "don't" is used, as for negative questions. If the word immediately after "ne" begins with a vowel or a silent "h," it should be written "n'" instead of "ne".

Par exemple / for example:

Je ne fais pas de sport. = I do not do any sports.

Je n'ai pas faim. = I am not hungry.

The Use of "On"

En français, on utilise beaucoup le pronom « on », surtout quand on discute avec quelqu'un. Le « on » remplace le « nous ». Ce n'est pas une manière formelle de parler mais c'est la plus utilisée alors il est important que tu l'adoptes. Bien que le pronom « on » soit un pronom singulier, lorsqu'on l'utilise, on sous-entend un groupe de personne (au moins deux personnes).

In French, we use the pronoun "on" a lot, especially when we talk to someone. The "on" replaces the "nous." It is not a formal way of speaking, but it is the most used, so it is important that you adopt it. Although the pronoun "on" is a singular pronoun, when it is used, it implies a group of people (at least two people).

Par exemple / for example:

Nous parlons de toi. = On parle de toi.

We talk about you. = "It" talks about you.

Nous mangeons ensemble. = On mange ensemble.

We eat together. = "It" eats together.

Vocabulary Exercise 10

Traduis les phrases ci-dessous en français.

Translate the sentences below into French.

1. I do not like vegetables.

2. I would like to buy a bus ticket.

3. It is simple, isn't it?

4. Do you want to come to my place?

5. What is your favorite movie?

_____
_____

Les réponses de cet exercice se trouvent à la page 347.

The answers to this exercise can be found on page 347.

Writing Exercise 9

Ecris un texte de 5 à 10 phrases sur ce que tu fais le week-end avec tes amis. Utilise au moins 2x les phrases avec "on" et au moins 1x une phrase négative avec « ne...pas ».

Write a 5-10 sentence text about what you do at the weekend with your friends. Use at least 2x sentences with "we" and at least 1x a negative sentence with "don't."

_____
_____
_____
_____
_____
_____
_____
_____
_____
_____
_____
_____
_____

Un exemple de texte se trouve dans le chapitre « Answer Key » à la page 347.

A sample text can be found in the chapter "Answer Key" on page 347.

Chapter 12: Reporting Information (Indirect Speech)

Dans ce chapitre, Alizée, étudiante en journalisme va t'apprendre tout ce qu'elle connaît en rapport au discours direct et indirect.

In this chapter, Alizée, a journalism student, will teach you everything she knows about direct and indirect speech.

☐ Direct speech

☐ Indirect speech

☐ Reporting questions

☐ Reporting yes/no answers

Text Compréhension

Dans le cadre de ses cours, Alizée doit réaliser un interview sur le sujet de l'alimentation végétarienne. Elle décide de poser quelques questions à sa voisine Fabienne qui suit ce **régime** alimentaire depuis plusieurs années.

Alizée: Bonjour Fabienne, je te remercie de **participer** à cet interview sur l'alimentation végétarienne. En tant que végétarienne, qu'est-ce que tu ne peux pas manger ?

Fabienne: Bonjour Alizée, merci à toi de me laisser m'exprimer à ce sujet. En tant que végétarienne, je ne mange pas de poisson et de viande car ce sont des animaux.

Alizée: Est-ce que tu manges des œufs ?

Fabienne: Oui, je mange des œufs. Les personnes suivant un régime **similaire** au mien consomment du fromage, du lait, des œufs et même du miel. Les personnes qui n'en mangent pas suivent un régime végétalien.

Alizée: Par quoi **remplaces**-tu les **protéines** contenues dans la viande et le poisson ?

Fabienne: Je les remplace en mangeant des légumineuses comme des **pois chiche**, des haricots rouges ou encore du tofu.

Alizée: Est-ce que tes enfants sont aussi végétariens ?

Fabienne: Partiellement. A la maison, nous ne cuisinons ni viande ni poisson donc ils sont théoriquement végétariens. Par contre, quand ils mangent chez des amis ou à la cantine scolaire, je leur laisse le choix donc cela arrive qu'il mange parfois un peu viande mais cela reste rare.

Alizée: Merci Fabienne d'avoir répondu à mes questions. Je t'enverrai mon article lorsqu'il sera rédigé.

Fabienne: Merci à toi!

Text Comprehension – Translation

As part of her course, Alizée has to do an interview on the subject of vegetarian food. She decides to ask some questions to her neighbor Fabienne who has been following this diet for several years.

Alizée: Hello Fabienne, thank you for taking part in this interview about vegetarian food. As a vegetarian, what can't you eat?

Fabienne: Hello Alizée, thank you for letting me speak on this subject. As a vegetarian, I do not eat fish and meat because they are animals.

Alizée: Do you eat eggs?

Fabienne: Yes, I eat eggs. People on a diet similar to mine eat cheese, milk, eggs, and even honey. People who do not eat these things follow a vegan diet.

Alizée: What do you replace the protein in meat and fish with?

Fabienne: I replace them by eating legumes like chickpeas, kidney beans, or tofu.

Alizée: Are your children also vegetarians?

Fabienne: Partially. At home, we do not cook meat or fish, so they are theoretically vegetarians. However, when they eat at friends' houses or at the school canteen, I let them choose, so they sometimes eat a little meat, but this is rare.

Alizée: Thank you, Fabienne, for answering my questions. I will send you my article when it is written.

Fabienne: Thanks to you!

Vocabulary List

Bien que ce dialogue soit facile car il utilise des mots courants, Alizée te propose tout de même d'apprendre les quelques mots ci-dessous pour enrichir ton vocabulaire.

Although this dialogue is easy because it uses common words, Alizée suggests that you learn the following words to increase your vocabulary.

Français	English
Le régime	The diet
Participer	To take part
Similaire	Similar
Remplacer	To replace
La protéine	The protein
Le pois chiche	The chickpea
Partiellement	Partially

All About Speech

Direct speech

Le discours direct est un discours qui ne modifie pas ce qu'à dit la personne. On reprend exactement la même phrase qu'elle a utilisé.

Direct speech is a speech that does not change what the person has said. We repeat exactly the same sentence that they used.

Par exemple / for example:

Fabienne dit: je suis un régime végétarien.

Fabienne says: I follow a vegetarian diet.

Indirect Speech

Le discours indirect sert à reporter ce que la personne a dit. Le sens de la phrase sera le même mais sa structure et ses temps verbaux changeront un peu.

Indirect speech is used to report what the person has said. The meaning of the sentence will be the same, but its structure and tenses will change a little.

Par exemple / for example:

Fabienne dit: je suis un régime végétarien. = Fabienne a dit qu'elle suivait un régime végétarien.

Fabienne says: I am on a vegetarian diet. = Fabienne said she was on a vegetarian diet.

Dans la première phrase écrite en discours direct, le temps verbal est au présent. Dans la deuxième phrase en discours indirect, le temps verbal est à l'imparfait. Grâce au tableau ci-dessous, tu sauras quel temps verbal utilisé lorsque tu devras réécrire une phrase en discours indirect.

In the first sentence written in direct speech, the verbal tense is in the present tense. In the second sentence written in indirect speech, the verb tense is in the imperfect tense. Thanks to the table below, you will know which tense to use when you have to rewrite a sentence in indirect speech.

Discours direct / direct speech	Discours indirect / indirect speech
Présent	Imparfait
Futur simple	Conditionnel présent
Futur antérieur	Conditionnel passé
Passé composé	Plus-que-parfait

Reporting Questions

Pour reporter une question, il suffit de prendre la question de base et de la mettre sous forme de phrase. Comme pour le discours indirect, il suffit de suivre la tableau des temps verbaux ci-dessus.

To postpone a question, simply take the basic question and put it in sentence form. As with indirect speech, just follow the tense table above.

Par exemple / for example:

Alizée: Est-ce que tu peux manger des œufs ? = Alizée demande si tu pouvais manger des œufs.

Alizée: Can you eat eggs? = Alizée asks if you could eat eggs.

Reporting Yes/No Answers

Pour reporter la réponse de quelqu'un, il suffit de prendre son affirmation (oui ou non) et de la préciser avec le sujet principal de la question comme dans l'exemple ci-dessous.

To report someone's answer, simply take their statement (yes or no) and specify it with the main subject of the question, as in the example below.

Par exemple / for example:

Alizée: Est-ce que tu peux manger des œufs ?

Fabienne: Oui.

Si Alizée veut reporter la réponse de Fabienne, voici comment elle l'aurait dit: Oui, elle peut en manger.

Alizée: Can you eat eggs?

Fabienne: Yes.

If Alizée wants to postpone Fabienne's answer, this is how she would have said it: Yes, she can eat eggs.

Final Quiz

Félicitations! Tu as maintenant terminer d'étudier les 6 derniers chapitres du livre. Il est temps de t'évaluer en réalisant le test ci-dessous. Bien évidemment, ce n'est pas grave de faire des erreurs car elles te serviront à pointer quel sujet tu dois encore réviser. Avant de commencer ce test, je te recommande de relire tes cartes de vocabulaire, de relire rapidement la grammaire et de souffler quelques minutes pour bien être concentré. Bonne chance!

Congratulations! You have now finished studying the last 6 chapters of the book. It is time to evaluate yourself by taking the test below. Of course, it is okay to make mistakes because you can use them to identify what you still need to study. Before starting the test, I recommend that you reread your vocabulary cards, quickly reread the grammar, and take a few minutes to concentrate. Good luck!

Exercise 1 – Conjugation

Conjugues les verbes du tableau.

Conjugate the verbs in the table.

Verbes	Temps verbal	Ta conjugaison
Chanter	Imparfait	nous
Pleurer	Futur	il
Finir	Passé composé	vous
Parler	Conditionnel présent	tu
Boire	Plus-que-parfait	je
Écrire	Futur antérieur	elles
Remplacer	Présent	on

Exercise 2 – Prepositions

Utilise la bonne préposition pour compléter les phrases ci-dessous.

Use the correct preposition to complete the sentences below.

1. Je rends visite _____ mon frère.
2. Elle va _____ le médecin.
3. Elle pose un verre _____ la table.
4. Nous nous rendons _____ travail à pied.
5. Il habite _____ centre-ville.

Exercise 3 - Coordinating or Subordinating Conjunctions?

Identifie si les phrases suivantes sont des conjonctions de coordination ou de subordination.

Identify whether the following sentences are coordinating or subordinating conjunctions.

1. Je ferai un tour du monde quand je serai grande.
   _____

2. Nous venons seulement si vous venez aussi.
   _____

3. Tu deviendras une belle personne quoique tu fasses.
   _____

4. J'hésite entre restez à la maison ou venir avec toi.
   _____

5. Nous allons au musée et ensuite nous allons manger au restaurant. _____

Exercise 4 - Yes or No?

Réponds aux questions suivantes par oui ou non.

Answer the following questions with yes or no.

1. Est-ce que les questions oui/non sont des questions ouvertes ?
   _____

2. Est-ce que les Wh- questions sont des questions ouvertes ?
   _____

3. Est-ce qu'on attend toujours une réponse quand on pose une question rhétorique ?_____

4. Est-ce que l'utilisation du « on » est une forme formelle ?
   _____

5. Est-ce que les questions de politesse servent à demander une faveur ?_____

Exercise 5 - Indirect Speech

Réécris les phrases ci-dessous en utilisant le discours indirect.

Rewrite the sentences below using indirect speech.

1. Nous avons dit: nous ferons la vaisselle plus tard.
   _____
   _____

2. Pascal affirme: je chante très bien.

3. Marion raconte: mes vacances se sont très bien passées.

Exercise 6 -Translation

Traduis les phrases ci-dessous en français.
Translate the sentences below into French.
1. My parents' generation works a lot.

2. This diet is good for my health.

3. The plague is a disease.

4. He is indebted.

5. My grandmother smiles a lot.

Les réponses de ce quiz se trouvent à la page 347.
The answers to this quiz can be found on page 347.

Answer Key

Ici, tu trouveras toutes les réponses des exercices que tu as fait au cours de ton apprentissage du français avec ce livre. Si tu as fait quelques petites erreurs, ce n'est pas grave, reprend la grammaire et tente à nouveau ta chance en faisant l'exercice une deuxième fois.

Here you will find all the answers to the exercises that you did while learning French with this book. If you made a few small mistakes, it is okay; just go back to the grammar and try your luck again by doing the exercise a second time.

Answers to the Quiz – Beginners Level

Question 1

Français	English
Rouge	Red
Bleu	Blue
Vert	Green
Jaune	yellow
Violet	Purple

Noir	Black
Blanc	White
Brun	Brown
Gris	Grey
Rose	Pink

Français	English
Le pain	The bread
Les pâtes	The pasta
Le riz	The rice
La viande	The meat
Le poisson	The fish
La confiture	The jam
Le sucre	The sugar
La farine	The flour
Le légume	The vegetable
Le fruit	The fruit
Le fromage	The cheese

Le thé	The tea
Le café	The coffee
Le gâteau	The cake
Le biscuit	The cookie
L'eau	The water

Français	English
La maison	The house
Le salon	The living room
La salle de bain	The bathroom
La cuisine	The kitchen
Le garage	The garage
Le jardin	The garden
La chambre / la chambre à coucher	The bedroom

Français	English
Le train	The train
Le bus	The bus

Le bateau	The boat
Le taxi	The taxi
Le vélo	The bike
L'avion	The plane
Le metro	The metro
Le tram	The tramway
La gare	The train station

Français	English
Le pantalon	The trousers
La chaussure	The shoe
La robe	The dress
Le t-shirt	The t-shirt
Le pull	The pullover
La chaussette	The sock
L'écharpe	The scarf
Le gant	The glove
La veste	The jacket

Le chapeau	The hat
Le sous-vêtement	The underwear
La jupe	The skirt
Le manteau	The coat

Français	English
Le temps / la météo	The weather
La pluie	The rain
Le soleil	The sun
Le nuage	The cloud
Le vent	The wind
L'été	The summer
Le printemps	The springs
L'hiver	The winter
L'automne	The autumn
La saison	The season

Question 2

En chiffre	En lettres
1	Un
3	Trois
7	Sept
9	neuf
12	Douze
11	Onze
18	dix-huit
35	Trente-cinq
76	Soixante-seize
41	Quarante et un
97	Quatre-vingt-dix-sept
100	Cent
50	Cinquante

Question 3

    Je m'appelle Guillaume. = I am Guillaume

    La fille a 17 ans. = The girl is 17 years old.

    Son plat préféré est le ragoût. = His favorite meal is the stew.

    Ce monsieur travaille dans une banque. = This man works in a bank.

Nous prenons le train pour aller à Paris. = We take the train to go to Paris.

Question 4

Le verbe "être" - the verb "to be"			
Les pronoms	**Présent**	**Imparfait**	**Futur**
Je / j'	suis	étais	serai
Tu	es	étais	seras
Il / elle / on	est	était	sera
Nous	sommes	étions	serons
Vous	êtes	étiez	serez
Ils / elles	sont	étaient	seront

Le verbe "avoir" - the verb "to have"			
Les pronoms	**Présent**	**Imparfait**	**Futur**
Je / j'	ai	avais	aurai
Tu	as	avais	auras
Il / elle / on	a	avait	aura
Nous	avons	avions	aurons
Vous	avez	aviez	aurez
Ils / elles	ont	avaient	auront

Question 5

Ceci est un exemple de texte que tu peux écrire à propos de ton/ta meilleur/e ami/e.

This is an example of a text you can write about your best friend.

Ma meilleure amie s'appelle Alice. Elle a 27 ans et elle habite à Strasbourg. Elle est boulangère et possède sa propre boulangerie où elle vend du pain et des pâtisseries. Elle est grande et mince. C'est une fille très généreuse et sympathique.

My best friend is called Alice. She is 27 years old and lives in Strasbourg. She is a baker and has her own bakery where she sells bread and pastries. She is tall and thin. She is a very generous and friendly girl.

Question 6

Ci-dessous, tu trouveras la traduction du texte. Tu peux t'aider de cette traduction si tu n'as pas tout compris en français.

Below you will find the translation of the text. You can use this translation if you did not understand everything in French.

Martin is a law student at the university. He usually lives in London at his parents' house but decided to spend a semester in Paris to improve his French. During his adventure in France, he visited several cities, such as Lyon, Lille, and Marseille. However, he never went to Bordeaux because he did not have the time to go there. When he was in the South, he played pétanque with friends and drank pastis. He also took the opportunity to sunbathe by the Mediterranean Sea. During his stay, he had the opportunity to taste many French specialties, such as croissants, various kinds of cheese, salted caramel crepes, and quenelle lyonnaise. However, he never tasted beef bourguignon because he is a vegetarian.

D'où vient Martin ?

B: Londres

Quel spécialité française Martin a déjà goûté ?

C: les crêpes

Quelle ville Martin n'a pas pu visiter en France ?

D: Bordeaux

Qu'est-ce que Martin a fait dans le Sud avec ses amis ?

B: Ils ont joué à la pétanque

Answers to Reading 1

1. Est-ce qu'Hélène voyage beaucoup ?
    Oui, elle voyage énormément.
2. Quelle monnaie est utilisée en Suisse ?
    La monnaie utilisée en Suisse est le franc suisse.
3. Est-ce que les prix sont plus élevés en Suisse ou en France ?
    Les prix sont plus élevés en Suisse.
4. Combien coûte un café en France ?
    Un café coûte en moyenne 1 euro et 50 centimes en France.
5. Combien coûtera le voyage d'Hélène en euros ?
    Le voyage d'Hélène lui coûtera environ 5'000 euros.
6. Où partira Hélène en vacances prochainement ?
    Elle partira en Thaïlande.

Answers to Reading 2

Mon premier est une boisson alcoolisée. = vin
    Mon deuxième est un nombre à trois chiffres. = cent
    Mon tout est un prénom de garçon.
Réponse: Vincent

Answers to Vocabulary Exercise 1

1. Hélène cuit le gâteau dans un **four**.
2. Elle utilise une **recette** pour faire un quatre quart.
3. 1000 grammes font 1 **kilogramme**.
4. Quelle **quantité** de farine as-tu besoin pour faire ce gâteau ?
5. J'ai **l'impression** que le gâteau est trop cuit. Il est même **brûlé**.

Answers to Writing 1

Le texte ci-dessous est juste un exemple de ce que tu pourrais écrire.
    The text below is just an example of what you could write.
    Selon une étude réalisée en 2018, il y aurait eu plus de 3 millions de bicyclettes vendues en France. La plupart d'entre-elles ont été produites

dans d'autres pays. Bien que certaines marques de vélo en produisent en France, fabriquer un vélo à l'étranger coûte bien moins cher et cela est donc plus intéressant pour l'entreprise et pour le client. Parmi les 3 millions de vélo vendus en France, une grande part d'entre-eux est en fait l'achat d'un e-bike. Depuis quelques années, le vélo électrique devient de plus en plus populaire car il n'est pas nécessaire d'être un grand sportif pour se déplacer en vélo avec assistance. Le vélo électrique est certes plus cher qu'un vélo normal mais il offre de plus grande possibilité de déplacement, notamment grâce aux nouvelles batteries offrant une grande autonomie. Aussi, dans les villes, on trouve de plus en plus de vélos électriques à louer. Ils se trouvent généralement dans le centre des villes et peuvent être loué pour une poignée d'euros seulement.

Answers to Reading 3

1. comique
2. rafraîchissement
3. public
4. représentation
5. grignoter

Answers to Vocabulary Exercise 2

1. Inégalité
2. Poste à haute responsabilité
3. Tâches ménagères
4. Gagner de l'argent
5. Elever

Answers to Writing 2

Le texte ci-dessous est juste un exemple de ce que tu pourrais écrire.

The text below is just an example of what you could write.

Tout comme Marc, je pense que l'égalité entre les hommes et les femmes en France n'est pas parfaite. Selon ma propre expérience, j'ai un salaire moins élevé que mon collègue alors que nous possédons exactement les mêmes diplômes et les mêmes expériences professionnelles. Je trouve que cela est injuste. Aussi, dernièrement, j'ai demandé une promotion à mon travail et celle-ci m'a été refusée, sans raison. Un homme a été promu à ma place alors que je pense avoir plus d'expériences que lui dans le domaine.

Answers to Reading 4

1. Elle est plus vieille, c'est l'aînée.
2. Elle a 0 enfant.
3. Elle est comptable.
4. Il rêvait d'avoir des enfants.
5. Elle souhaite devenir la patronne de l'entreprise.

Answers to Vocabulary Exercise 3

1. Si mon oncle a un enfant, cet enfant sera mon **cousin**.
2. Lucien se marie avec Julia. Julia est donc sa **femme**.
3. Durant mon **enfance**, je jouais beaucoup avec mes cousines.
4. Si la femme est enceinte de deux enfants, les enfants seront **jumeaux**.
5. Pour Eric, la **famille** est ce qu'il y a de plus important.

Answers to Writing 3

Le texte ci-dessous est juste un exemple de ce que tu pourrais écrire.

The text below is just an example of what you could write.

Mon grand-papa s'appelle Michel et il a 79 ans. Quand il était plus jeune, il travaillait en tant que policier. Grâce à son travail, il a voyagé partout dans le monde. Maintenant, il est à la retraite et il profite de se reposer et de faire des choses qu'il aime. Pendant son temps libre, il adore jardiner mais sa grande passion est de fabriquer du miel. Il a un rucher avec des abeilles et il fabrique donc son propre miel. Certains disent même que c'est le meilleur miel de la région.

Answers to Reading 5

1. Jolie et attirante.
2. Gentille, affectueuse et drôle.
3. Il est nécessaire que la personne soit en accord avec ses valeurs.
4. Non.

5. Le physique.

Answers to Vocabulary Exercise 4

1. Le chat est un **félin**.
2. Le chat est plus **solitaire** que le chien.
3. Le chien est un **mammifère**.
4. Le chien a besoin de son **maître** pour être heureux.
5. Il est **nécessaire** de sortir son chien plusieurs fois par jour.

Answers to Writing 4

Le texte ci-dessous est juste un exemple de ce que tu pourrais écrire.

The text below is just an example of what you could write.

Dans une amitié, je recherche quelqu'un qui soit foncièrement **gentil** et **attentionné** avec moi. J'ai besoin que la personne soit **rigolote** et qu'elle soit toujours prête à s'amuser avec moi. Lorsque je ne vais pas bien, j'ai besoin de quelqu'un sur qui compter. Pour moi, c'est très important que mon ami soit là pour moi et m'aide lorsque je suis **triste** ou **fâchée**. Bien évidemment, cette amitié doit être réciproque et je suis prête à faire toutes ces choses-là pour cette personne aussi.

Vocabulary Exercise 5

1. L'entrée du musée est **gratuite**.
2. Cet acteur est très **connu**.
3. L'exposition **temporaire** sur l'art abstrait est vraiment intéressante.
4. Ce bâtiment a une **forme** bizarre.
5. Picasso est **originaire** d'Espagne.

Answers to the Mid-book Quiz

Exercise 1 – What time is it?

07:45 = huit heures moins quart / sept heures quarante-cinq

11:30 = onze heures et demi / onze heures trente

12:00 = midi

15:10 = quinze heure dix / trois heures dix

19:15 = dix-neuf heures quinze / sept heures et quart

Exercise 2 – the Plural of Nouns
Le cheval = les chevaux
La feuille = les feuilles
La fleur = les fleurs
Le manteau = les manteaux
Le portail = les portails

Exercise 3 – Feminine or Masculine?
La maîtresse
Le facteur
Le boulanger
La patronne
La fillette
Le couloir
Le coussin

Exercise 4 – Girl Power
Aimable = aimable
Intéressant = intéressante
Curieux = curieuse
Sportif = sportive
Généreux = généreuse

Exercise 5 – les pronoms réfléchis
Se laver (tu) = tu te laves
S'habiller (nous) = nous nous habillons
Se doucher (elles) = elles se douchent
Se promener (je) = je me promène
Se changer (vous) = vous vous changez

Exercise 6 – les comparaisons
Comparaison de supériorité:
Lucie est plus petite que Cindy.
Comparaison d'égalité:
Olivia est autant généreuse que Loris.

Comparaison d'infériorité:

Hubert est moins sportif que Laetitia.

Answers to Reading 6

1. En participant à l'émission « la Nouvelle Star ».
2. France, Suisse et Belgique.
3. Il joue du ukulélé.
4. Car il a voulu s'accompagner de son ukulélé en chantant.
5. Chanter acapella veut dire qu'il faut chanter sans accompagnement.

Answers to Vocabulary Exercise 6

1. Il est important d'**aider** les gens dans le besoin.
2. Je suis en train de lire mon **roman** préféré.
3. Dans cette pièce de théâtre, j'**incarne** le rôle de Roméo.
4. Mon frère travaille en tant qu'**auxiliaire de vie**.
5. **Dernièrement**, j'ai fait une belle rencontre.

Answers to Writing 5

Le texte ci-dessous est juste un exemple de ce que tu pourrais écrire.

The text below is just an example of what you could write.

Mon film préféré de tous les temps est la saga d'Harry Potter. Je ne me lasse jamais de les regarder. Le personnage principal est incarné par Daniel Radcliffe. Il joue le rôle d'un enfant orphelin doté de pouvoir magique. À l'âge de 11 ans, il reçoit une lettre pour intégrer la plus grande école de sorcellerie appelée Poudlard. Lui et ses amis vivront de folles aventures tout au long des 8 films.

Answers to Reading 7

1. Donnait / enseignait / trouvait / étaient
2. A demandé / a cherché / a passé
3. Souhaitent / prétendent
4. Théo donnera son cours en passant un documentaire sur l'histoire de la France.

5. Ses élèves n'étaient pas vraiment attentif.

Answers to Vocabulary Exercise 7

1. Il est impératif de **réduire** ses déchets pour un avenir durable.
2. Certaines régions dans le monde souffrent de la **famine**.
3. Théo **enseigne** le français dans un collège.
4. **Selon** Théo, l'histoire est un sujet qui n'intéresse pas vraiment les élèves.
5. La Norvège est un pays riche et **privilégié**.

Answers to Writing 6

Le texte ci-dessous est juste un exemple de ce que tu pourrais écrire.

The text below is just an example of what you could write.

Quand j'étais petit, je ne voulais pas devenir enseignant d'histoire et de français. Mon rêve était de jouer de la musique. Mes parents m'avaient offert une guitare et j'y jouais tout le temps. Je disais même qu'un jour je serais une rockstar. C'était mon plus grand rêve!

Answers to Reading 8

1. La médecine, la vie extraterrestre, les planètes, l'environnement.
2. La planète risque d'être invivable.
3. Elle trie ses déchets, elle baisse son chauffage à 19 degrés et elle est devenue végétarienne.
4. Cela veut dire qu'il y a trop d'emballage autour d'un produit.
5. Elle est végétarienne. Elle ne mange pas de poisson, ni de viande.

Answers to Vocabulary Exercise 8

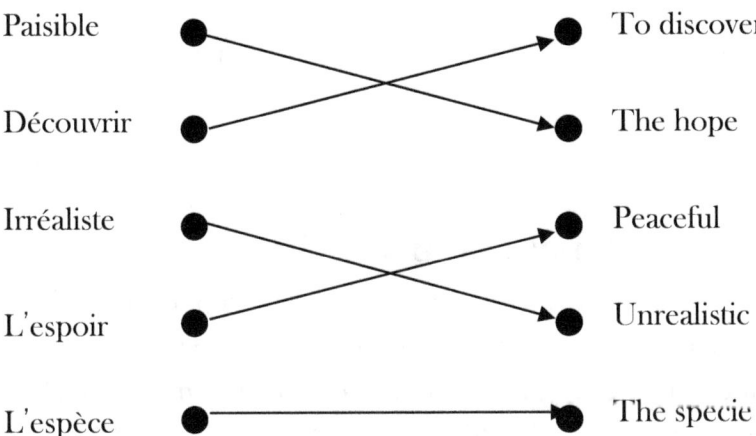

Answers to Writing 7

Le texte ci-dessous est juste un exemple de ce que tu pourrais écrire.

The text below is just an example of what you could write.

J'éteins les lumières en sortant de chaque pièce de ma maison.

Je vais au travail en vélo.

J'achète uniquement des fruits et des légumes de saison.

J'ai arrêté de consommer des produits d'origine animale. Je suis un régime alimentaire végétalien.

Lorsque je pars en vacances, je me déplace en train ou en bus. J'évite de prendre l'avion.

Answers to Reading 9

1. Consommer
2. Nourriture, manger, cuisine, cuire
3. Car il a conscience de l'urgence climatique et fait attention au bien-être animal
4. Pendant les fêtes de fin d'année
5. Le foie gras est un produit de luxe

Answers to Vocabulary Exercise 9

1. Même si
2. donc
3. car
4. Quoique
5. Lorsque

Answers to Writing 8

Le texte ci-dessous est juste un exemple de ce que tu pourrais écrire.

The text below is just an example of what you could write.

En France, il existe une tradition chrétienne qui s'appelle « la chandeleur ». Cette fête se déroule le 2 février. Traditionnellement parlant, les français mangent des crêpes ce jour-là. Selon la tradition, il faut cuire les crêpes en les faisant sauter dans la poêle d'une main et serrer un Louis d'or de l'autre main. Grâce à cette technique, les français espéraient attirer la bonne fortune tout au long de l'année.

Answers to Reading 10

1. Son métier principal est chanteur
2. Car cela a un lien avec la seconde guerre mondiale
3. France et Belgique
4. Une fille, Françoise
5. Se marrer

Answers to Vocabulary Exercise 10

1. Je n'aime pas les légumes.
2. Je voudrais / souhaiterais / aimerais acheter un ticket de bus.
3. C'est simple, n'est-ce pas ?
4. Est-ce que tu veux venir chez moi ?
5. Quel est ton film préféré ?

Answers to Writing 9

Le texte ci-dessous est juste un exemple de ce que tu pourrais écrire.

The text below is just an example of what you could write.

Le week-end, avec mes amis, on va souvent à la plage. On joue au ballon, on bronze et on mange de glace. Par contre, on ne fait pas de surf malgré que ce soit un très bon endroit pour ça. Parfois, on fait des grillades à midi ou alors un pique-nique. Le soir, chacun rentre chez soi se reposer et parfois on ressort après faire la fête.

Answers to the Final Quiz

Exercice 1 – Conjugation

Verbes	Temps verbal	Ta conjugaison
Chanter	Imparfait	Nous chantions
Pleurer	Futur	Il pleura
Finir	Passé composé	Vous avez fini
Parler	Conditionnel présent	Tu parlerais
Boire	Plus-que-parfait	J'avais bu
Écrire	Futur antérieur	Elles auront écrit
Remplacer	Présent	On remplace

Exercice 2 - Prepositions

1. à
2. chez
3. sur
4. au
5. en

Exercise 3 – Coordinating or Subordinating Conjunctions?
1. Conjonction de subordination
2. Conjonction de subordination
3. Conjonction de subordination
4. Conjonction de coordination
5. Conjonction de coordination

Exercise 4 – Yes or No?
1. Non
2. Oui
3. Non
4. Non
5. Oui

Exercise 5 – Indirect Speech
1. Nous avions dit que nous ferions la vaisselle plus tard.
2. Pascal affirme qu'il chante très bien.
3. Marion raconte que ses vacances se sont très bien passées.

Exercise 6- Translation
1. La génération de mes parents travaille beaucoup-
2. Ce régime est bon pour ma santé.
3. La peste est une maladie.
4. Il est endetté.
5. Ma grand-mère sourit beaucoup.

Part 3: Advanced French

The Step By Step Guide to Perfecting Your Grammar, Speaking, and Comprehension Skills

Introduction

Si tu as décidé d'améliorer ton français ou de carrément apprendre cette langue cette année, tu as le bon livre entre tes mains. Ce livre te permettra non seulement de parfaire ta grammaire, mais aussi ta conjugaison et ton orthographe. Grâce à la théorie, le français n'aura plus de secrets pour toi!

Bien évidemment, il y aussi pleins d'exercices inclus pour que tu apprennes de nouveaux mots de vocabulaire, pour que tu entraînes ta lecture et ton oral.

Dans ce livre, tu découvriras pas à pas des sujets d'actualités et des faits historiques ou culturels à propos de la France. Ce livre te servira donc aussi de guide pour comprendre un peu mieux la culture et les traditions de ce pays.

Maintenant, comme tu le sais peut-être déjà, dans cette série de livres sur l'apprentissage de la langue française, nous essayons toujours de mettre en avant l'histoire d'un ou plusieurs personnages. Cette fois-ci, nous avons envie de te présenter Emmy qui vient faire un PVT (permis vacances travail) en France pendant un an. Elle vient de Nouvelle-Zélande et se réjouit d'apprendre le français et de te raconter ses aventures!

Alors, tu es prêt à te lancer? C'est parti!

If you have decided to improve your French or learn the language this year, you have the right book to do so! This book will help you to improve not only your grammar – but also your conjugation and spelling. Thanks to the theory included in this book, French will no longer hold any secrets for you!

Of course, there are also lots of exercises to learn new vocabulary and practice your reading and speaking skills.

In this book, you will discover many historical or cultural facts about France. This book will also serve as a guide to help you understand the varied traditions of this country.

As you may already know, in this series of books about learning the French language, we always try to put forward the story of one or more characters. This time, we want to introduce you to Emmy, who is coming to France for a year on a **WHV** (working holiday visa). She comes from New Zealand and is looking forward to learning French and telling you about her adventures!

So, are you ready to go? Let's get started!

Chapter 1: Are You a Master of Main Concepts?

Avant de venir en France, Emmy avait étudié le français à l'école. Elle a donc déjà quelques bases et elle souhaite tester tes connaissances par le biais d'un quiz. Grâce à ce quiz tu pourras analyser ton niveau et voir où tu as encore des difficultés. Ce livre est un livre intermédiaire au niveau B1 à B2 alors pour t'y attaquer, tu devras, toi aussi, déjà avoir quelques bases en français.

Before coming to France, Emmy studied French at school. She already has some basic knowledge and wants to test your knowledge with a quiz. This quiz will help you analyze your level and see where you still struggle. This book is an intermediate book at B1 to B2 level, so you will need to have some basic knowledge of French to tackle it.

Historical and cultural background of the French language

La France est un pays qui possède une culture très riche. De par les différentes guerres que tu as probablement pu étudier à l'école, les colonisations et la religion, la France a aussi une histoire complexe. Au fil des différents chapitres, tu découvriras quelques faits sur l'histoire de la France mais dans ce chapitre, nous allons d'abord nous concentrer sur l'histoire de la langue.

Le français est une langue romane qui est parlée dans plusieurs pays comme la France, la Suisse, la Belgique, le Luxembourg, le Canada et dans beaucoup de pays d'Afrique de par la colonisation comme le Sénégal, le Maroc ou l'Algérie. Cette langue provient du latin et a beaucoup évolué au fil des siècles. En passant du latin vulgaire, au gallo-roman, ce sont bien grâce à ces langues que le français d'aujourd'hui est devenu ce qu'il est.

Selon certaines statistiques, le français serait la 5ème langue la plus parlée au monde, après l'anglais, le mandarin, l'espagnol et l'hindi.

France is a country with a very rich culture. From the different wars you probably studied at school to colonization and religion, France also has a complex history. In the different chapters, you will discover some facts about the history of France, but in this chapter, we will first focus on the history of *the language*.

French is a romantic language that is spoken in several countries, such as France, Switzerland, Belgium, Luxembourg, and Canada – and in many African countries due to colonization, such as Senegal, Morocco, or Algeria. This language comes from Latin and has evolved a lot over the centuries. From Vulgar Latin to Gallo-Romanic, it is thanks to these languages that today's French has become what it is.

According to some statistics, French is the 5th most spoken language in the world, after English, Mandarin, Spanish, and Hindi.

Quiz: Are You an Advanced Speaker?

Ce quiz nous servira de base pour évaluer ton niveau de la langue française. Il est important que tu fasses ce quiz calmement en réfléchissant bien à tout ce que tu connais déjà. Ce n'est bien évidemment pas grave si tu fais des erreurs car nous sommes là pour apprendre. Elles te permettront simplement de te montrer où est-ce que tu dois concentrer ton apprentissage. Bonne chance!

This quiz will serve as a basis for assessing your level of French. It is important that you take this quiz calmly and think about everything you already know. It is, of course, okay if you make mistakes because we are here to learn. They will simply show you where you should focus your learning. Good luck!

Quiz - Exercise 1 - Vocabulary

Traduis les mots du tableau en français ou en anglais.
Translate the words in the table into French or English.

Français	English
	The dog
	The bird
Le cheval	
Le poisson	
	The sun
	The rain
La météo	
Le nuage	
	The cheese
	The meal
Le pain	
Le gâteau	
	The bathroom
	The living room
La chambre à coucher	

Le jardin	
	The nurse
	The lawyer
Le boulanger, la boulangère	
Le docteur, la doctoresse	
	The shoe
	The dress
Le pantalon	
La jupe	
	The city
	The village
Le pays	
Le continent	
	The train station
	The bus
La voiture	
Le vélo	

Quiz – Exercice 2 – Conjugation

Conjugue les verbes « être » et « avoir » à l'indicatif présent, imparfait et futur simple.

Conjugate the verbs "to be" and "to have" in the present, imperfect, and future simple tense.

Être – to be			
Personnes	Présent	Imparfait	Futur simple
Je / J'			
Tu			
Il / elle / on			
Nous			
Vous			
Ils / elles			

Avoir – to have			
Personnes	Présent	Imparfait	Futur simple
Je / J'			
Tu			
Il / elle / on			
Nous			

Vous			
Ils / elles			

Quiz - Exercise 3 - To make a sentence

Mets les mots dans le bon ordre pour former une phrase correcte.
Put the words in the right order to form a correct sentence.

1. a pris / pour / Emmy / en / venir / l'avion / France.

_____

2. le / l'école. / français / Elle / a appris / à

_____

3. travailler. / France / voyager / et / Elle / en / vient / pour

_____

4. se faire / d'amis. / Elle / espère / pleins

_____

5. Elle / cette / de / aventure. / nouvelle / se réjouit

_____

Quiz – Exercise 4 – Plural form

Écris les mots ci-dessous au pluriel.
Write the words below in plural form.

Singulier -singular	Pluriel - plural
Le bateau	
L'appartement	
Le jeu	
Le journal	
Le clou	
La montagne	
Le cours	
Le château	
La bière	
La fromagère	

Quiz – Exercise 5 – To ask questions

Pose des questions à Emmy.
Ask Emmy some questions.
1. Demande-lui quel âge elle a.
2. Demande-lui où elle habite.
3. Demande-lui ce qu'elle va faire en France.
4. Demande-lui si elle a des frères et sœurs.
5. Demande-lui quelle(s) langue(s) elle parle.

Quiz – Exercise 6 – The negative form

Écris les phrases ci-dessous à la forme négative.

Write the sentences below in the negative form.

1. Emmy aime le chocolat.
2. Il fait beau aujourd'hui.
3. J'aimerais aller au cinéma.
4. Emmy dépense beaucoup d'argent.
5. Emmy est égoïste.

Quiz – Exercise 7 – Conjugation of common verbs

Conjugue les verbes ci-dessous à la bonne personne et avec le bon temps verbal.

Conjugate the verbs below in the right person and with the right verb tense.

Verbes	Ta conjugaison
Chanter, présent, 1ère pers. sing.	
Jouer, futur, 1ère pers. plur.	
Manger, imparfait, 3ème pers. sing.	
Finir, présent, 2ème pers. sing	
Bouger, futur, 3ème pers. plur.	
Écrire, présent, 1ère pers. sing.	
Parler, imparfait, 2ème pers. plur.	

Quiz – Exercise 8 – Reading comprehension

Lis le texte en français et réponds aux questions ci-dessous par vrai ou faux. Une traduction du texte se trouve dans la partie « Answer Key » si tu as besoin d'aide.

Read the text in French and answer the questions below by true or false. There is a translation of the text in the "Answer Key" section if you need help.

Texte:

Emmy vient de Nouvelle-Zélande. Elle a grandi avec ses parents et son petit frère dans une ville appelée Gisborne. Cette ville se trouve sur l'île du nord, au bord de l'Océan Pacifique. Le pays est composé de deux îles principales, l'île du nord et l'île du sud. La plus peuplée est celle où a grandi Emmy et son frère.

Pendant son voyage, elle sait que sa famille lui manquera beaucoup mais elle rêvait de découvrir la France, sa culture et ses paysages. Elle se réjouit beaucoup de faire son PVT là-bas et de découvrir tout ce que la France a à lui offrir. Elle espère trouver un travail dans la région de Biarritz pour pouvoir surfer après avoir travaillé toute la journée. Elle est très douée dans ce sport et souhaite continuer à le pratiquer.

Questions – answer True or False:
1. Emmy a un frère cadet.
2. L'île du sud possède plus d'habitants que celle du nord.
3. Emmy ne sait pas surfer.
4. Sa ville natale se trouve au bord d'un océan.
5. Elle va en France pour travailler uniquement.

Quiz – exercise 9 – Writing

Rédige une description de 5 phrases sur un membre de ta famille.

Write a 5 sentence description of a member of your family.

_____
_____
_____
_____
_____
_____

Les réponses du quiz se trouvent dans la partie « Answer Key » aux page 499.

The answers to the quiz can be found in the "Answer Key" section on page 499.

Phonetic alphabet

Afin de t'aider tout au long de ce livre, Emmy te partage l'alphabet phonétique pour que tu puisses t'y référer dans le cas où tu ne sais pas comment prononcer une lettre.

In order to help you through this book, Emmy shares the phonetic alphabet for you to refer to in case you do not know how to pronounce a letter.

Lettres	Phonetic pronunciation	Pronunciation with samples of English words or nouns
A	/ɑ/	Avocado
B	/be/	Bee
C	/se/	Celery
D	/de/	Debit
E	/ə/	Earth
F	/ɛf/	Fish
G	/ʒe/	General
H	/aʃ/	Ash
I	/i/	Live

J	/ʒi/	Jill
K	/kɑ/	Kaki
L	/ɛl/	Elephant
M	/ɛm/	Marvelous
N	/ɛn/	Name
O	/o/	Olive
P	/pe/	Pedestrian
Q	/ky/	Queue
R	/ɛʁ/	Rumor
S	/ɛs/	Especially
T	/te/	Technology
U	/y/	Uranus
V	/ve/	Vein
W	/dublə ve/	Wagon
X	/iks/	To fix
Y	/igʁɛk/	Yacht
Z	/zɛd/	Zebra

Tips and Tricks

Félicitations, tu as maintenant terminé le quiz initial afin d'évaluer ton niveau. Tu es prêt à continuer ton apprentissage de la langue française? Alors, c'est parti!

Mais avant tout, Emmy souhaite te donner quelques conseils pour que tu puisses apprendre cette nouvelle langue dans les meilleures conditions possibles. Voici sa liste de conseils:

1. Fais-toi des cartes de vocabulaire et révises-les régulièrement.
2. Regarde des films en français avec les sous-titres.
3. Ecoute de la musique française et essaie de comprendre les paroles.
4. Rencontre de nouvelles personnes et essaie de parler en français avec elles.
5. Ne te mets surtout pas de pression car chacun apprend à son rythme et le tien est celui qui te correspond.

Congratulations, you have now completed the initial quiz to assess your level. Are you ready to continue learning French? Then let's get started!

But first, Emmy would like to give you some tips on how to learn this new language in the best possible conditions. Here is her list of tips:

1. Make flashcards and review them regularly.
2. Watch French movies with subtitles.
3. Listen to French music and try to understand the lyrics.
4. Meet new people and try to speak French with them.
5. Do not put pressure on yourself because everyone learns at their own pace, and yours is the one that suits you.

Chapter 2: Reading Strategies for the Advanced Learner

Dans ce chapitre, Emmy te donnera un exercice de lecture et des conseils afin que tu puisses t'améliorer. Ce chapitre est particulièrement important car tu auras des textes à lire tout au long de ce livre.

In this chapter, Emmy will give you a reading exercise and tips to help you to improve your reading skills. This chapter is particularly important because you will have texts to read throughout the book.

Reading strategies

Emmy a plusieurs astuces pour faciliter la lecture d'un texte ou pour améliorer ses compétences. N'hésite pas à les utiliser toi aussi!

Emmy has a number of tips on how to make reading a text easier or how to improve your skills. Do not hesitate to use them too!

1. Ecris les mots que tu ne comprends pas sur une carte de vocabulaire.

    Write the words you do not understand on a flashcard.

2. Surligne en couleur les principaux mots du texte.

    Highlight in color the main words in the text.

3. N'essaie pas de comprendre chaque mot mais plutôt le sens principal de la phrase.

Do not try to understand each word but rather the main meaning of the sentence.
4. Relis le texte plusieurs fois si nécessaire.
  Reread the text several times if necessary.
5. Lis le texte à haute voix si cela peut t'aider.
  Read the text aloud if it helps.
6. Décompose la phrase en plusieurs parties si elle est longue.
  Cut the sentence into parts if it is a long one.
7. Cherche des synonymes ou des antonymes.
  Look for synonyms or antonyms.

Reading comprehension 1

Lis le texte ci-dessous en utilisant les techniques que t'as données Emmy.

Read the text below using the techniques Emmy has given you.

Emmy pratique **plusieurs** sports. Elle fait **principalement** de la natation, du surf et du kitesurf. Comme elle **a grandi** au bord de l'océan, c'était pour elle normal d'aller faire un de ces sports après l'école.

Elle a d'abord appris à **nager** dans le club de sa ville et elle a même fait de la **compétition**. Maintenant, elle pratique encore la natation pour le **plaisir** mais plus pour gagner des concours. Ce qu'elle préfère par-dessus tout, c'est surfer sur des grandes **vagues**. **D'ailleurs**, maintenant qu'elle est en France, elle espère trouver un travail au bord de la plage pour pouvoir faire du surf ou kitesurf après le **boulot**. Pour **se détendre**, ça lui arrive aussi de faire du paddle mais pour ce sport, il vaut mieux le pratiquer dans un lac ou sur une surface d'eau **plutôt** calme.

Translation of the reading comprehension 1

Emmy does several sports. She mainly swims, surfs, and kitesurfs. As she grew up by the ocean, it was normal for her to go and do one of these sports after school.

She first learned to swim in her local club and even competed. Now she still swims for fun but not to win competitions. Her favorite thing is surfing big waves. Besides, now that she is in France, she hopes to find a job by the beach so she can surf or kitesurf after work. To relax, she also sometimes paddles, but for this sport, it is better to practice it in a lake or on a rather calm water surface.

Vocabulary list 1

Emmy a surligné quelques mots dans le texte qu'elle trouve important que tu apprennes. Si tu ne les connais pas déjà, fais-toi des cartes et répètes-les régulièrement.

Emmy has highlighted some words in the text that she thinks are important for you to learn. If you do not already know them, make flashcards and review them regularly.

Français	English
Plusieurs	Several
Principalement	Mainly
Grandir	To grow up
Nager	To swim
La compétition	The competition
Le plaisir	The fun
La vague	The wave
D'ailleurs	Besides
Le boulot / le travail	The work
Se détendre	To relax
Plutôt	Rather

Questions to reading comprehension 1

Réponds aux questions ci-dessous.

Answer the questions below.

1. Surligne dans le texte ou écris ci-dessous tous les sports qu'Emmy pratique.
2. Trouve un synonyme dans le texte de "se reposer".
3. Trouve un synonyme dans le texte de "travail".
4. Quel serait le lieu de travail idéal pour elle?
5. Choisis le meilleur titre parmi les 4 choix ci-dessous:

    Titre 1: Les sports d'hiver

    Titre 2: Faire du sport en compétition

    Titre 3: Les sports nautiques

    Titre 4: Il n'y a rien de mieux que la natation

Les réponses se trouvent dans la partie « Answer Key » à la page 499.

The answers can be found in the "Answer Key" section on page 499.

Chapter 3: First Conjugations

Comme tu le sais déjà, la conjugaison est l'une des parties les plus difficiles en grammaire française. Pour t'aider, Emmy a partagé ce thème en 3 chapitres différents pour que tu puisses te concentrer sur chaque type de conjugaison. La conjugaison est la clé pour améliorer ton niveau afin de passer de débutant à avancé. N'hésites pas à revoir plusieurs fois la grammaire et les exercices de ce chapitre pour le maitriser.

As you already know, conjugation is one of the most difficult parts of French grammar. To help you, Emmy has divided this topic into 3 different chapters so that you can focus on each type of conjugation. Conjugation is the key to improving your level from beginner to advanced. Do not hesitate to go over the grammar and exercises in this chapter several times to master it.

Properties of verbs from the 1st group

Dans cette 1ère partie, nous allons nous concentrer sur les verbes appartenant au 1er groupe. Les verbes du 1er groupe se terminent tous en -**er**. Les verbes de ce groupe sont des verbes réguliers. C'est-à-dire qu'ils se conjuguent tous de la même manière.

In this first part, we will focus on verbs belonging to the 1st group. The verbs of the 1st group all end in -er. The verbs in this group are regular verbs. This means that they are all conjugated in the same way.

Par exemple / for example:

Manger = to eat

Danser = to dance

Chanter = to sing

Jouer = to play

Parler = to speak

Singular, plural & persons

Les verbes se conjuguent en fonction de la personne, qu'elle soit au singulier ou au pluriel. Les personnes du singulier sont: je, tu. il, elle, on. Les personnes du pluriel sont: nous, vous, ils, elles.

Verbs are conjugated according to the person, whether singular or plural. The singular persons are I, *you, he, she, and it*. The plural persons are *we, you, and they*.

Exemple de conjugaison au présent / Example of conjugation in the present tense:

Étudier – to study		
Personnes	Conjugaison	Translation
J'	étud**ie**	I study
Tu	étud**ies**	You study
Il, elle, on	étud**ie**	He / she / it studies
Nous	étud**ions**	We study
Vous	étud**iez**	You study
Ils, elles	étud**ient**	They study

Aspects

En français, tout comme en anglais, on utilise différents aspects pour comprendre le sens d'une phrase. Généralement, l'aspect est lié au verbe. Il y a deux aspects principaux à connaître: perfectif et imperfectif.

Le perfectif est l'aspect qui détermine que l'action est claire ou qu'elle est terminée. On l'appelle aussi l'aspect accompli.

L'imperfectif est son contraire. Cet aspect détermine une action incertaine, une habitude, une action en cours ou simplement une action non terminée. On l'appelle aussi l'aspect non accompli.

In French, as in English, different aspects are used to understand the meaning of a sentence. Generally, the aspect is linked to the verb. There are two main aspects to know: perfective and imperfective.

The perfective is the aspect that determines that the action is clear or that it is finished. (In French, it is called the accomplished aspect.

The imperfective is its opposite. This aspect determines an uncertain action, a habit, an action in progress, or simply an unfinished action. In French, it is called the not accomplished aspect.

Par exemple / for example:

Emmy est allée surfer cet après-midi. = perfectif / Emmy went surfing this afternoon. = perfective

Habituellement, Emmy surfe tous les après-midi. = imperfectif / Emmy usually surfs every afternoon. = imperfective

Emmy a fini de réviser son vocabulaire de français. = perfectif / Emmy has finished revising her French vocabulary. = perfective

Emmy est en train de réviser son vocabulaire de français. = imperfectif / Emmy is revising her French vocabulary. = imperfective

En dehors des deux aspects principaux, on en retrouve encore deux autres : l'aspect habituel et l'aspect imparfait.

Comme son nom l'indique, l'aspect habituel exprime une habitude, une routine. Quand on exprime cet aspect, on utilise toujours l'indicatif présent.

Apart from the two main aspects, there are two others: the habitual aspect and the imperfect aspect.

As the name suggests, the habitual aspect expresses a habit, a routine. When we express this aspect, we always use the present tense.

Par exemple / for example :

Emmy boit un thé tous les matins. = aspect habituel / Emmy drinks tea every morning. = habitual aspect

Emmy prend sa douche tous les jours. = aspect habituel / Emmy takes a shower every day. = habitual aspect

Finalement, le dernier aspect s'appelle l'aspect imparfait. À noter que malgré son nom « imparfait » cela ne veut pas forcément dire qu'il sera conjugué à l'indicatif imparfait. Le nom « imparfait » est plutôt utilisé pour exprimer le contraire de « parfait ». En d'autres termes, l'aspect imparfait démontre une action qui n'est pas finie, autant dans le passé, le présent ou le futur.

Ce même aspect peut aussi démontrer une action terminée qui s'est déroulée pendant une période de temps dans le passé. Dans ce cas-là, le verbe sera conjugué au passé : à l'indicatif imparfait.

Finally, the last aspect is called the imperfect aspect. Note that despite its name, "imperfect," it does not necessarily mean that it will be conjugated in the imperfect tense. Instead, the term "imperfect" expresses the opposite of "perfect." In other words, the imperfect aspect shows an action that is not finished, whether in the past, present, or future.

The same aspect can also show a finished action that took place during a period of time in the past. In this case, the verb will be conjugated in the past tense: in the imperfect tense.

Par exemple / for example :

Je travaillais en tant qu'infirmière pendant la guerre. = aspect imparfait / I worked as a nurse during the war. = imperfect aspect

Bien que tous les aspects ont leur rôle à jouer dans la langue française, il est important que tu retiennes les deux principaux, le perfectif et l'imperfectif. Tu dois savoir les utiliser et les reconnaître dans toutes les situations. Quant aux deux autres aspects, il est important que tu les aies vu une fois mais ils ne sont pas utilisés au quotidien. Alors, concentres-toi d'abord sur les deux premiers et dès que tu te sens à l'aise, tu pourras t'attaquer aux deux autres.

Although all aspects have their role in the French language, you must remember the two main ones, the perfective, and the imperfective. You need to know how to use and recognize them in all situations. As for the other two aspects, it is crucial that you have seen them once, but they are not used in everyday life. So you need to focus on the two first aspects, and as soon as you feel comfortable, you can tackle the other two.

Voices

Les voix actives et passives affectent elles-aussi le verbe. Lorsqu'une phrase est à la voix active, c'est le sujet qui effectue l'action. Par contre, quand la phrase est à la voix passive, c'est le complément d'objet direct qui effectue l'action.

La forme active est la forme de base que tu utilises tous les jours. C'est celle qui est composé comme ceci: sujet + verbe + complément d'objet. Pour la forme passive, elle t'a prévu un chapitre entier à ce sujet donc elle ne va pas t'en dire plus pour l'instant.

Active and passive voices also affect the verb. When a sentence is in the **active voice**, the *subject performs* the action. Conversely, in a sentence in the **passive voice**, the *direct object complement* (noun, pronoun, or word group that tells who or what **receives** the action) is being acted upon.

The active form is the basic form that you use every day. It is the one that is composed like this: subject + verb + object complement. For the passive form, Emmy has planned a whole chapter, so we'll leave that discussion for later.

Par exemple / for example:

Emmy mange la pomme. = voix active / Emmy eats the apple. = active voice

La pomme est mangée par Emmy. = voix passive / The apple is eaten by Emmy. = passive voice

Mood & tenses

La langue française comprend 4 modes verbaux, 8 temps verbaux simple et 8 temps verbaux composés. Cela fait d'elle une langue particulièrement complexe. Pas de panique, grâce à Emmy, toi aussi tu vas maitriser les verbes du 1er groupe.

Le mode verbal donne une indication sur l'action (si elle est terminée ou non). On peut se poser la question si l'action est terminée, réelle, subjective ou soumise à une condition.

Le temps verbal utilisé pour conjuguer le verbe donne une indication sur le temps. On peut se poser la question si l'action a été effectuée dans le passé, le présent ou dans le futur.

The French language has 4 verbal modes, 8 simple verbal tenses, and 8 compound verbal tenses. This makes it a particularly complex language. Do not panic; thanks to Emmy, you, too, will master the first group of verbs.

The verbal mode gives an indication of the action (whether it is completed or not). The question can be asked whether the action is completed, real, subjective, or conditional.

The verb tense used to conjugate the verb gives an indication of the time. One can ask whether the action was performed in the past, present, or future.

Indicative

L'indicatif comprend à lui seul 8 temps verbaux: le présent, l'imparfait, le futur, le passé simple, le passé composé, le plus-que-parfait, le futur antérieur et le passé antérieur.

The indicative tense alone includes 8 verb tenses: present, imperfect, future, past simple, past compound, past perfect, future anterior, and past anterior.

Crier - to yell							
Les temps simples				Les temps composés			
Présent	Imparfait	Futur	Passé simple	Passé composé	Plus-que-parfait	Futur antérieur	Passé antérieur
Je crie	Je criais	Je crierai	Je criai	J'ai crié	J'avais crié	J'aurai crié	J'eus crié
Tu cries	Tu criais	Tu crieras	Tu crias	Tu as crié	Tu avais crié	Tu auras crié	Tu eus crié
Il crie	Il criait	Il criera	Il cria	Il a crié	Il avait crié	Il aura crié	Il eut crié
Nous crions	Nous criions	Nous crierons	Nous criâmes	Nous avons crié	Nous avions crié	Nous aurons crié	Nous eûmes cries
Vous criez	Vous criiez	Vous crierez	Vous criâtes	Vous avez crié	Vous aviez crié	Vous aurez crié	Vous eûtes crié
Ils crient	Ils criaient	Ils crieront	Ils crièrent	Ils ont crié	Ils avaient crié	Ils auront crié	Ils eurent crié

| Crier - to yell - English translation ||||||||
| Simple tenses |||| Compound tenses ||||
Present	Imperfect	Future	Past simple	Present perfect	Pluperfect	Future past	Past perfect
I yell	I yelled	I will yell	I yelled	I have yelled	I had yelled	I will have yelled	I had yelled
You yell	You yelled	You will yell	You yelled	You have yelled	You had yelled	You will have yelled	You had yelled
He yells	He yelled	He will yell	He yelled	He has yelled	He had yelled	He will have yelled	He had yelled
We yell	We yelled	We will yell	We yelled	We have yelled	We had yelled	We will have yelled	We had yelled
You yell	You yelled	You will yell	You yelled	You have yelled	You had yelled	You will have yelled	You had yelled
They yell	They yelled	They will yell	They yelled	They have yelled	They had yelled	They will have yelled	They had yelled

Conditional

Le conditionnel est un mode utilisé pour exprimer un souhait ou une hypothèse. Il peut aussi être utilisé dans une phrase pour poser une condition. Ce mode comprend 2 temps verbaux: le présent et le passé. Généralement, pour ne pas le confondre avec l'indicatif présent, on précise toujours « conditionnel » avant de dire « présent ».

The conditional is a mode used to express a wish or a hypothesis. It can also be used in a sentence to make a condition. This mode includes

2 verbal tenses: the present and the past. Generally, to avoid confusing it with the present indicative, we always specify "conditional" before saying "present."

Discuter - to discuss	
Le temps simple	Le temps composé
(Conditionnel) présent	(Conditionnel) passé
Je discuterais	J'aurais discuté
Tu discuterais	Tu aurais discuté
Il discuterait	Il aurait discuté
Nous discuterions	Nous aurions discuté
Vous discuteriez	Vous auriez discuté
Ils discuteraient	Ils auraient discuté

Discuter - to discuss - English translation	
Simple tense	Compound tense
The present conditional	The past conditional
I would discuss	I would have discussed
You would discuss	You would have discussed
He would discuss	He would have discussed
We would discuss	We would have discussed

You would discuss	You would have discussed
They would discuss	They would have discussed

Subjunctive

Le subjonctif est un mode qu'on utilise principalement dans les propositions subordonnées. Ce mode sert à exprimer une hypothèse, une possibilité, un conseil, un doute ou encore un souhait. Ce mode comprend 4 temps verbaux mais uniquement 2 sont encore utilisés dans le langage courant. Il n'est donc pas nécessaire d'apprendre les 2 autres qui sont utilisé dans un français plutôt ancien.

Les verbes conjugués au subjonctif prennent toujours un « que » devant le pronom.

The subjunctive is a mode used mainly in subordination. This mode expresses a hypothesis, a possibility, advice, a doubt, or a wish. There are 4 tenses in this mode, but only 2 are still used in everyday language. It is, therefore, not necessary to learn the other two, which are used in rather old French.

Verbs conjugated in the subjunctive always take a "that" before the pronoun.

Dessiner – to draw	
Le temps simple	**Le temps composé**
(Subjonctif) présent	**(Subjonctif) passé**
Que je dessine	Que j'aie dessiné
Que tu dessines	Que tu aies dessiné
Qu'il dessine	Qu'il ait dessiné
Que nous dessinions	Que nous ayons dessiné
Que vous dessiniez	Que vous ayez dessiné

| Qu'ils dessinent | Qu'ils aient dessiné |

Dessiner – to draw – English translation	
Simple tense	Compound tense
The present subjunctive	The past subjunctive
That I draw	That I have drawn
That you draw	That you have drawn
That he draws	That he has drawn
That we draws	That we have drawn
That you draw	That you have drawn
That they draw	That they have drawn

Imperative

L'impératif est un mode verbal utilisé pour exprimer un ordre, une obligation ou un conseil. Il possède 2 temps verbaux: le présent et le passé. Dans la vie courante, il y a uniquement l'impératif présent qui est utilisé.

Ces 2 temps verbaux sont composés d'uniquement 3 personnes: tu, nous, vous. En effet, un ordre peut être donné à une personne en la désignant par « tu/toi », à un groupe de personne en s'incluant dedans en le désignant par « nous » et à un groupe de personnes en s'excluant en le désignant par « vous ».

The imperative is a verbal mode used to express an order, obligation, or advice. It has two tenses: present and past. In everyday life, only the present imperative is used.

These two verb tenses are composed of only three persons: you (singular), we, and you (plural). In fact, an order can be given to a person by designating him/her as "you (singular)," to a group of people by including them by designating them as "we," and to a group of people by excluding them by designating them as "you (plural)."

Ranger – to tidy up	
Le temps simple	Le temps composé
(Impératif) présent	(Impératif) passé
Range	Aie rangé
Rangeons	Ayons rangé
Rangez	Ayez rangé

Ranger – to tidy up – English translation	
Simple tense	Compound tense
The present imperative	The past imperative
Tidy up	Tidied up
Tidy up	Tidied up
Tidy up	Tidied up

Reading comprehension 2

Lis le texte ci-dessous en utilisant les techniques que t'as données Emmy.

Read the text below using the techniques Emmy has given you.

Aujourd'hui, c'est le grand jour. Emmy prend son avion pour partir en France. Son avion **décolle** d'Auckland et **atterrira** à Paris. Ses parents et son frère l'ont **accompagnée** à **l'aéroport**. Avant de passer la zone de sécurité, Emmy et sa famille ont mangé une part de gâteau et bu un café dans un restaurant. Lorsqu'elle a dû quitter ses parents, elle a beaucoup **pleuré d'émotions.**

Maintenant, elle **attend** son avion vers la **porte d'embarquement** n°17. Elle a déjà enregistré son **bagage** en soute. Son avion s'envole dans moins d'une heure, il est temps d'embarquer. Elle a réservé un **siège** côté fenêtre pour pouvoir admirer le paysage pendant le vol. À côté d'elle, il y a une autre jeune fille. Elle espère pouvoir lui parler pour que le vol passe plus vite.

Translation of the reading comprehension 2

Today is the big day. Emmy is flying to France. Her plane takes off from Auckland and will land in Paris. Her parents and brother went with her to the airport. Before going through security, Emmy and her family had a piece of cake and a coffee in a restaurant. When she had to leave her parents, she cried a lot with emotion.

Now she is waiting for her plane at gate 17. She has already checked in her luggage. Her plane will be leaving in less than an hour; it is time to board. She has reserved a window seat so she can enjoy the scenery during the flight. Next to her is another young girl. She hopes she can talk to her so that the time during the flight will go faster.

Vocabulary list 2

Comme à son habitude, Emmy a surligné quelques mots dans le texte qu'elle trouve important que tu apprennes. À toi de les apprendre si tu ne les connais pas déjà !

As usual, Emmy has highlighted some words in the text that she thinks are important for you to learn. It's up to you to learn them if you do not already know them!

Français	English
Décoller	To take off
Atterrir	To land
Accompagner	To go with
L'aéroport	The airport

Pleurer	To cry
L'émotion	The emotion
Attendre	To wait
La porte d'embarquement	The gate
Le bagage	The luggage
Le siège	The seat

Questions to reading comprehension 2

Réponds aux questions ci-dessous.

Answer the questions below.

1. Cite 3 verbes du 1ᵉʳ groupe qui se trouvent dans le texte.
2. Cite 3 verbes dans le texte qui n'appartiennent pas au 1ᵉʳ groupe.
3. Pourquoi est-ce qu'Emmy a réservé un siège côté fenêtre ?
4. Comment Emmy a réagi en quittant sa famille ?
5. Quand est-ce qu'Emmy a pu grignoter quelque chose ?

Les réponses se trouvent dans la partie « Answer Key » à la <u>page 499</u>.

The answers can be found in the "Answer Key" section on <u>page 499</u>.

Exercises section

Dans cette section d'exercices, tu trouveras divers exercices de grammaire, conjugaison et vocabulaire pour ainsi pouvoir t'exercer.

In this exercise section, you will find various grammar, conjugation, and vocabulary exercises for you to practice.

Exercise 1

Conjugue le verbe entre parenthèses. Le temps verbal est toujours indiqué. Fais attention au sujet pour conjuguer le verbe correctement.

Conjugate the verb in parentheses. The verb tense is always indicated. Pay attention to the subject to conjugate the verb correctly.

1. L'avion d'Emmy _____ (décoller, passé composé) à 16 heures.

2. Pendant le vol, elle _____ (regarder, passé composé) 2 films.
3. L'hôtesse de l'air l'_____ (réveiller, passé composé) pour lui servir à manger.
4. Elle _____ (rêver, imparfait) des beaux paysages en France pendant qu'elle dormait.
5. Pendant le vol, elle _____ (décider, passé composé) qu'elle _____ (rencontrer, conditionnel présent) de nouvelles personnes directement en arrivant à Paris.
6. Elle _____ (imaginer, présent) déjà son aventure.
7. Elle _____ (penser, présent) déjà aux croissants qu'elle _____ (manger, futur).
8. Si elle _____ (terminer, plus-que-parfait) ses études plus vite, elle serait partie plus tôt en voyage.

Les réponses se trouvent dans la partie « Answer Key » à la page 499.

The answers can be found in the "Answer Key" section on page 499.

Exercice 2

Relie les expressions suivantes à leur période correspondante.
Link the following expressions to their corresponding period.

Hier •	
Dans 10 ans •	
Maintenant •	• Le passé
Aujourd'hui •	
Demain •	
Il y a 3 semaines •	
Le mois prochain •	• Le présent
La semaine passée •	
En ce moment •	
Autrefois •	• Le futur
Plus tard •	

Les réponses se trouvent dans la partie « Answer Key » à la page 499.
The answers can be found in the "Answer Key" section on page 499.

Did you know?

Comme tu le sais déjà, tous les verbes terminant en -er appartiennent au 1er groupe. Mais, est-ce que tu savais qu'il y avait un cas particulier? Le verbe « aller » se termine bien en -er et pourtant, il ne se conjugue pas comme les autres. On dit que c'est un verbe irrégulier.

As you already know, all verbs ending in -er belong to the 1st group. But did you know that there is a special case? The verb "to go" ends in -er, and yet it is not conjugated like the others. It is said to be an *irregular verb*.

Aller – to go							
Les temps simples				Les temps composés			
Présent	Imparfait	Futur	Passé simple	Passé composé	Plus-que-parfait	Futur antérieur	Passé antérieur
Je vais	J'allais	J'irai	J'allai	Je suis allé	J'étais allé	Je serai allé	Je fus allé
Tu vas	Tu allais	Tu iras	Tu allas	Tu es allé	Tu étais allé	Tu seras allé	Tu fus allé
Il va	Il allait	Il ira	Il alla	Il est allé	Il était allé	Il sera allé	Il fut allé
Nous allons	Nous allions	Nous irons	Nous allâmes	Nous sommes allés	Nous étions allés	Nous serons allés	Nous fûmes allés
Vous allez	Vous alliez	Vous irez	Vous allâtes	Vous êtes allés	Vous étiez allés	Vous serez allés	Vous fûtes allés
Ils vont	Ils allaient	Ils iront	Ils allèrent	Ils sont allés	Ils étaient allés	Ils seront allés	Ils furent allés

Aller – to go – English translation

Simple tenses				Compound tenses			
Present	Imperfect	Future	Past simple	Present perfect	Pluperfect	Future past	Past perfect
I go	I went	I will go	I went	I have gone	I had gone	I will have gone	I had gone
You go	You went	You will go	You went	You have gone	You had gone	You will have gone	You had gone
He goes	He went	He will go	He went	He has gone	He had gone	He will have gone	He had gone
We go	We went	We will go	We went	We have gone	We had gone	We will have gone	We had gone
You go	You went	You will go	You went	You have gone	You had gone	You will have gone	You had gone
They go	They went	They will go	They went	They have gone	They had gone	They will have gone	They had gone

Chapter 4: Second Conjugations

Dans ce nouveau chapitre, Emmy va t'expliquer comment conjuguer les verbes du 2ème groupe et va te partager ses nouvelles aventures à travers la France.

In this new chapter, Emmy will explain how to conjugate the second group of verbs and will share her new adventures throughout France.

Verbs from the 2nd group

Les verbes du 2ème groupe se terminent en **-ir**. Les verbes de ce groupe se conjuguent comme le verbe « finir ».

The verbs of the 2nd group end in **-ir**. The verbs in this group are conjugated like the verb "to finish."

Finir – to finish							
Les temps simples				Les temps composés			
Présent	Imparfait	Futur	Passé simple	Passé composé	Plus-que-parfait	Futur antérieur	Passé antérieur
Je finis	Je finissais	Je finirai	Je finis	J'ai fini	J'avais fini	J'aurai fini	J'eus fini
Tu finis	Tu finissais	Tu finiras	Tu finis	Tu as fini	Tu avais fini	Tu auras fini	Tu eus fini

Il finit	Il finissait	Il finira	Il finit	Il a fini	Il avait fini	Il aura fini	Il eut fini
Nous finissons	Nous finissions	Nous finirons	Nous finîmes	Nous avons fini	Nous avions fini	Nous aurons fini	Nous eûmes fini
Vous finissez	Vous finissiez	Vous finirez	Vous finîtes	Vous avez fini	Vous aviez fini	Vous aurez fini	Vous eûtes fini
Ils finissent	Ils finissaient	Ils finiront	Ils finirent	Ils ont fini	Ils avaient fini	Ils auront fini	Ils eurent fini

Finir – to finish – English translation

Simple tenses				Compound tenses			
Present	Imperfect	Future	Past simple	Present perfect	Pluperfect	Future past	Past perfect
I finish	I finished	I will finish	I finished	I have finished	I had finished	I will have finished	I had finished
You finish	You finished	You will finish	You finished	You have finished	You had finished	You will have finished	You had finished
He finishes	He finished	He will finish	He finished	He has finished	He had finished	He will have finished	He had finished
We finish	We finished	We will finish	We finished	We have finished	We had finished	We will have finished	We had finished
You finish	You finished	You will finish	You finished	You have finished	You had finished	You will have finished	You had finished
They finish	They finished	They will finish	They finished	They have finished	They had finished	They will have finished	They had finished

Attention, il y a cependant des exceptions. Tous les verbes en -ir n'appartiennent pas forcément au 2ème groupe. Ceux qui appartiennent au 2ème groupe se conjuguent comme « finir » ci-dessus.

However, there are exceptions. Not all verbs in -ir belong to the 2nd group. Those that do belong to the 2nd group are conjugated like "finish" above.

Voici d'autres verbes appartenant au 2ème groupe / Here are some other verbs belonging to the 2nd group:

Grandir, ralentir, choisir, vieillir, atterrir, démolir, vomir, trahir,...

Voici d'autres verbes se terminant en -ir mais n'appartenant pas au 2ème groupe / Here are other verbs ending in -ir - **but not belonging to the 2nd group:**

Mourir, mentir, partir, venir, sortir, offrir,...

Reading comprehension 3

Lis le texte ci-dessous en utilisant les techniques que t'as données Emmy.

Read the text below using the techniques Emmy has given you.

Emmy vient d'atterrir à Paris. Elle commence son aventure en restant 2 semaines à Paris. Elle a donc décidé de prendre des cours de langue pour pouvoir ensuite se débrouiller **toute seule** en France.

Sa journée commence par aller chercher un café et un croissant à la **boulangerie**. Ensuite, elle va en cours pour étudier le français. Sa journée de cours **se finit** toujours par **pratiquer** un dialogue avec un **collègue**. Le **but** de ces dialogues est de **bâtir** de bonnes **bases** en communication. Grâce à ces cours, elle **enrichit** beaucoup son vocabulaire.

Elle apprécie beaucoup son séjour à Paris et s'est déjà fait des amis dans sa résidence étudiante.

Translation of the reading comprehension 3

Emmy has just landed in Paris. She started her adventure by staying in Paris for two weeks. She decided to take language classes so that she could manage on her own in France.

Her day starts with going to the bakery to get a coffee and a croissant. Then she goes to class to study French. Her day in class always ends with practicing a dialogue with a colleague. The aim of these dialogues is to build a good foundation in communication. Thanks to these classes, she is enriching her vocabulary a lot.

She is enjoying her stay in Paris and has already made friends in her student residence.

Vocabulary list 3

Emmy t'a préparé une petite liste de vocabulaire. S'il y a des mots que tu ne connais pas, révises-les jusqu'à les connaître sur le bout des doigts.

Emmy has prepared a small vocabulary list for you. If there are words you do not know, review them until you know them inside out.

Français	English
Toute seule	On her own
Finir	To finish
Pratiquer	To practice
Le collègue, la collègue	The colleague
Le but	The aim
Bâtir	To build
La base	The foundation
Enrichir	To enrich

Questions to reading comprehension 3

Réponds aux questions ci-dessous.

Answer the questions below.

1. Cite 3 verbes du 2ème groupe qui se trouvent dans le texte.
2. Cite 3 verbes du 1er groupe qui se trouvent dans le texte.
3. Combien de temps est-ce qu'Emmy reste à Paris?
4. Quel est l'objectif de pratiquer des dialogues?
5. Comment commence la journée d'Emmy?

Les réponses se trouvent dans la partie « Answer Key » à la page 499.

The answers can be found in the "Answer Key" section on page 499.

Exercises section

Dans cette section d'exercices, tu trouveras divers exercices de grammaire, conjugaison et vocabulaire pour ainsi pouvoir t'exercer.

In this exercise section, you will find various grammar, conjugation, and vocabulary exercises for you to practice.

Exercice 3

Conjugue les verbes dans le tableau.

Conjugate the verbs in the table.

Verbes	Ta conjugaison
Finir, présent, 1ère pers. sing.	
Accomplir, futur, 1ère pers. plur.	
Grandir, imparfait, 3ème pers. sing.	
Maigrir, présent, 2ème pers. sing	
Grossir, futur, 3ème pers. plur.	
Réussir, présent, 1ère pers. sing.	
Réagir, imparfait, 2ème pers. plur.	
Fleurir, passé composé, 3ème pers. plur.	
Obéir, futur antérieur, 2ème pers. sing.	

Rougir, plus-que-parfait, 3ème pers. plur.	
Remplir, conditionnel présent, 1ère pers. sing.	

Les réponses se trouvent dans la partie « Answer Key » à la page 499.
The answers can be found in the "Answer Key" section on page 499.

Exercise 4

Décris comment se déroule ta journée en 5 phrases.
Describe how your day goes in 5 sentences.

___
___
___
___
___
___
___
___

Les réponses se trouvent dans la partie « Answer Key » à la page 499.
The answers can be found in the "Answer Key" section on page 499.

Did you know…?

Savais-tu que le cinéma avait été inventé en France? Tout le monde pense que le cinéma et les films proviennent d'Hollywood mais le tout premier cinéma a bel et bien été inventé en France par les Frères Lumière. C'est d'ailleurs à Lyon que la toute première séance s'est passée.

Emmy te recommande particulièrement d'aller voir des films au cinéma en français. Cela t'aidera à améliorer ton niveau d'écoute et de comprehension orale.

Did you know that cinema was invented in France? Everyone thinks that cinema and movies come from Hollywood, but the very first cinema was actually invented in France by the Lumière brothers. In fact, it was in Lyon that the very first screening took place.

Emmy particularly recommends that you go to the cinema to see movies in French. It will help you to improve your listening and comprehension levels.

Chapter 5: Third Conjugations

Dans ce chapitre, Emmy va t'introduire les verbes du 3ème groupe. Elle a terminé ses 2 semaines de cours de langue à Paris et elle a maintenant trouvé un travail à Biarritz au bord de la mer. Elle est serveuse dans un restaurant.

In this chapter, Emmy will introduce you to the third group of verbs. She has finished her 2 weeks of language courses in Paris and has now found a job in Biarritz by the sea. She is a waitress in a restaurant.

Verbs from the 3rd group

Les verbes du 3ème groupe sont certainement les plus compliqués à repérer car il s'agit de toutes les exceptions n'appartenant ni au 1er ou au 2ème groupe de verbes. Grâce au savoir d'Emmy, tu apprendras les conjugaisons des verbes du 3ème groupe en un rien de temps.

Les verbes du 3ème groupe possèdent plusieurs terminaisons. Ils peuvent se terminer en **-ir**, en **-oir** et en **-re**.

The verbs of the 3rd group are certainly the most complicated to spot, as they are all exceptions that do not belong to the 1st or 2nd group of verbs. Thanks to Emmy's knowledge, you will learn the conjugations of the 3rd group verbs in no time.

The verbs of the 3rd group have several endings. They can end in **-ir**, **-oir,** and **-re**.

Courir - to run

Les temps simples				Les temps composés			
Présent	Imparfait	Futur	Passé simple	Passé composé	Plus-que-parfait	Futur antérieur	Passé antérieur
Je cours	Je courais	Je courrai	Je courus	J'ai couru	J'avais couru	J'aurai couru	J'eus couru
Tu cours	Tu courais	Tu courras	Tu courus	Tu as couru	Tu avais couru	Tu auras couru	Tu eus couru
Il court	Il courait	Il courra	Il courut	Il a couru	Il avait couru	Il aura couru	Il eut couru
Nous courons	Nous courions	Nous courrons	Nous courûmes	Nous avons couru	Nous avions couru	Nous aurons couru	Nous eûmes couru
Vous courez	Vous couriez	Vous courrez	Vous courûtes	Vous avez couru	Vous aviez couru	Vous aurez couru	Vous eûtes couru
Ils courent	Ils couraient	Ils courront	Ils coururent	Ils ont couru	Ils avaient couru	Ils auront couru	Ils eurent couru

Courir – to run – English translation							
Simple tenses				Compound tenses			
Present	Imperfect	Future	Past simple	Present perfect	Pluperfect	Future past	Past perfect
I run	I ran	I will run	I ran	I have run	I had run	I will have run	I had run
You run	You ran	You will run	You ran	You have run	You had run	You will have run	You had run
He runs	He ran	He will run	He ran	He has run	He had run	He will have run	He had run
We run	We ran	We will run	We ran	We have run	We had run	We will have run	We had run
You run	You ran	You will run	You ran	You have run	You had run	You will have run	You had run
They run	They ran	They will run	They ran	They have run	They had run	They will have run	They had run

Vouloir – to want

Les temps simples				Les temps composés			
Présent	Imparfait	Futur	Passé simple	Passé composé	Plus-que-parfait	Futur antérieur	Passé antérieur
Je veux	Je voulais	Je voudrai	Je voulus	J'ai voulu	J'avais voulu	J'aurai voulu	J'eus voulu
Tu veux	Tu voulais	Tu voudras	Tu voulus	Tu as voulu	Tu avais voulu	Tu auras voulu	Tu eus voulu
Il veut	Il voulait	Il voudra	Il voulut	Il a voulu	Il avait voulu	Il aura voulu	Il eut voulu
Nous voulons	Nous voulions	Nous voudrons	Nous voulûmes	Nous avons voulu	Nous avions voulu	Nous aurons voulu	Nous eûmes voulu
Vous voulez	Vous vouliez	Vous voudrez	Vous voulûtes	Vous avez voulu	Vous aviez voulu	Vous aurez voulu	Vous eûtes voulu
Ils veulent	Ils voulaient	Ils voudront	Ils voulurent	Ils ont voulu	Ils avaient voulu	Ils auront voulu	Ils eurent voulu

Vouloir - to want - English translation							
Simple tenses				Compound tenses			
Present	Imperfect	Future	Past simple	Present perfect	Pluperfect	Future past	Past perfect
I want	I wanted	I will want	I wanted	I have wanted	I had wanted	I will have wanted	I had wanted
You want	You wanted	You will want	You wanted	You have wanted	You had wanted	You will have wanted	You had wanted
He wants	He wanted	He will want	He wanted	He has wanted	He had wanted	He will have wanted	He had wanted
We want	We wanted	We will want	We wanted	We have wanted	We had wanted	We will have wanted	We had wanted
You want	You wanted	You will want	You wanted	You have wanted	You had wanted	You will have wanted	You had wanted
They want	They wanted	They will want	They wanted	They have wanted	They had wanted	They will have wanted	They had wanted

Prendre – to take

Les temps simples				Les temps composés			
Présent	Imparfait	Futur	Passé simple	Passé composé	Plus-que-parfait	Futur antérieur	Passé antérieur
Je prends	Je prenais	Je prendrai	Je pris	J'ai pris	J'avais pris	J'aurai pris	J'eus pris
Tu prends	Tu prenais	Tu prendras	Tu pris	Tu as pris	Tu avais pris	Tu auras pris	Tu eus pris
Il prend	Il prenait	Il prendra	Il prit	Il a pris	Il avait pris	Il aura pris	Il eut pris
Nous prenons	Nous prenions	Nous prendrons	Nous prîmes	Nous avons pris	Nous avions pris	Nous aurons pris	Nous eûmes pris
Vous prenez	Vous preniez	Vous prendrez	Vous prîtes	Vous avez pris	Vous aviez pris	Vous aurez pris	Vous eûtes pris
Ils prennent	Ils prenaient	Ils prendront	Ils prirent	Ils ont pris	Ils avaient pris	Ils auront pris	Ils eurent pris

Prendre – to take – English translation								
Simple tenses				Compound tenses					
Present	Imperfect	Future	Past simple	Present perfect	Pluperfect	Future past	Past perfect
I take	I took	I will take	I took	I have taken	I had taken	I will have taken	I had taken
You take	You took	You will take	You took	You have taken	You had taken	You will have taken	You had taken
He takes	He took	He will take	He took	He has taken	He had taken	He will have taken	He had taken
We take	We took	We will take	We took	We have taken	We had taken	We will have taken	We had taken
You take	You took	You will take	You took	You have taken	You had taken	You will have taken	You had taken
They take	They took	They will take	They took	They have taken	They had taken	They will have taken	They had taken

Lorsque tu n'es pas sûr de toi par rapport à une conjugaison, n'hésite pas à utiliser un dictionnaire en ligne. Toutes les conjugaisons sont disponibles gratuitement et cela t'évitera de faire des erreurs. Tu peux par exemple utiliser le site internet :
https://www.conjugaisonfrancaise.com.

Do not hesitate to use an online dictionary when unsure about conjugations. All conjugations are available free of charge, which will help you avoid making mistakes. For example, you can use the website: https://www.conjugaisonfrancaise.com.

Reading comprehension 4

Lis le texte ci-dessous en utilisant les techniques que t'as données Emmy.

Read the text below using the techniques Emmy has given you.

Emmy travaille depuis maintenant 3 semaines dans un restaurant **au bord de la mer** à Biarritz. Le restaurant **propose** toutes sortes de **plats** à base de poissons et de **fruits de mer**. Emmy travaille tous les jours de 09h00 à 15h00, du lundi au vendredi. Le week-end, elle est **libre** et peut donc voyager ou prendre du temps pour elle. **La plupart du temps**, elle part le samedi matin et revient le dimanche soir après avoir exploré un **endroit** dans la région de Biarritz.

D'ailleurs, le week-end passé, elle a pris le train pour aller jusqu'à Bordeaux. Là-bas, elle a dormi dans une **auberge de jeunesse** et a visité la ville pendant le week-end.

Translation of reading comprehension 4

Emmy has been working for 3 weeks now in a restaurant by the sea in Biarritz. The restaurant offers all kinds of fish and seafood dishes. Emmy works every day from 9am to 3pm, Monday to Friday. At weekends she is free to travel or take some time for herself. Most of the time, she leaves on Saturday morning and returns on Sunday evening after exploring some place in the Biarritz area.

In fact, last weekend, she took the train to Bordeaux. There she stayed in a youth hostel and visited the city during the weekend.

Vocabulary list 4

Selon Emmy, les mots ci-dessous sont à apprendre si tu ne les connais pas déjà. Tu peux les écrire sur des cartes pour mieux les assimiler.

According to Emmy, the words below are for you to learn if you do not already know them. You can write them on flashcards to help you learn them.

Français	English
Au bord de la mer	By the sea
Proposer	To offer
Le plat	The dish

Le fruit de mer	Seafood
Libre	Free
La plupart du temps	Most of the time
L'endroit	The place
D'ailleurs	In fact
L'auberge de jeunesse	The youth hostel

Questions to reading comprehension 4

Réponds aux questions ci-dessous.

Answer the questions below.

1. Cite 3 verbes du $3^{\text{ème}}$ groupe qui se trouvent dans le texte.
2. Quand est-ce qu'Emmy ne travaille pas?
3. Qu'est-ce qu'Emmy a fait le week-end passé?
4. Combien d'heures par jour est-ce qu'Emmy travaille?
5. Quel moyen de transport est-ce qu'Emmy utilise pour se rendre à Bordeaux?

Les réponses se trouvent dans la partie « Answer Key » à la page 499.

The answers can be found in the "Answer Key" section on page 499.

Exercises section

Dans cette section d'exercices, tu trouveras divers exercices de grammaire, conjugaison et vocabulaire pour ainsi pouvoir t'exercer.

In this exercise section, you will find various grammar, conjugation, and vocabulary exercises for you to practice.

Exercise 5

Traduis les phrases ci-dessous en français.

Translate the sentences below into French.

1. Emmy works five days a week.

   _____

2. The restaurant where she works is located in Biarritz.

   _____

3. During the weekend, she often goes somewhere else to enjoy some free time.

   _____

4. She eats lunch every day at the restaurant.

   _____

5. After work, she has time to go surfing.

   _____

Les réponses se trouvent dans la partie « Answer Key » à la page 499.

The answers can be found in the "Answer Key" section on page 499.

Exercice 6

Pratique ce dialogue avec un(e) ami(e) ou tout seul. Si tu l'entraines seul, n'hésite pas à t'enregistrer avec ton téléphone pour écouter ta prononciation. Pour le contexte, Emmy est au travail et doit servir un client.

Practice this dialogue with a friend or on your own. If practicing it alone, do not hesitate to record yourself with your phone to listen to your pronunciation. For context, Emmy is at work and has to serve a customer.

Le client: Bonjour, je souhaiterais une table pour manger.

Emmy: Bonjour, vous pouvez vous installer ici. Je vous apporte la carte tout de suite.

Le client: Merci.

Emmy: Voici la carte. Est-ce que je peux déjà vous servir quelque chose à boire?

Le client: Oui, je souhaiterais une bouteille d'eau plate et un verre de vin rouge.

Emmy: Voilà vos boissons. Qu'est-ce que vous souhaitez manger?

Le client: Je souhaiterais manger le tartare de saumon accompagné de frites et une petite salade verte.

Emmy: C'est noté. Je vous apporte cela tout de suite.

Une traduction de ce dialogue se trouve dans la partie « Answer Key » à la page 499.

A translation of this dialogue can be found in the "Answer Key" section on page 499.

Did you know...?

Est-ce que tu savais que la France était un pays réputé pour sa gastronomie? Des personnes du monde entier viennent en France juste pour goûter des spécialités.

Chaque région a sa spécialité et suivant où tu iras, tu pourras goûter des escargots, des cuisses de grenouilles, de la fondue savoyarde, du bœuf bourguignon ou encore des plats à base de fruits de mer.

Did you know that France is a country famous for its gastronomy? People from all over the world come to France just to taste the specialties.

Each region has its specialty and depending on where you go, you can try snails, frog legs, fondue savoyarde (big pot of melted cheese in which you dip a piece of bread), beef bourguignon, or seafood dishes.

Chapter 6: Speaking, speaking, speaking...

Depuis qu'Emmy est en France, elle s'est énormément améliorée à l'oral. Elle pratique le français tous les jours, autant à l'écrit qu'à l'oral.

Since Emmy has been in France, her speaking skills have improved enormously. She practices French every day, both in writing and speaking.

Speaking

Parler est certainement la compétence la plus utile si tu décides de partir voyager dans un pays francophone. Il est donc très important que tu te concentres bien sur les astuces qu'Emmy va te donner.

Speaking is probably the most useful skill if you travel to a French-speaking country. It is, therefore, essential that you focus on the tips Emmy will give you.

Informal speech

En français, on parle souvent de manière informelle, tout comme en anglais. Beaucoup de contractions de mots sont utilisées en français, et parfois même, on en supprime. Alors, si tu parles avec quelqu'un, n'hésite pas à utiliser les formes ci-dessous.

In French, we often speak informally, just like in English. In fact, in French, we use a lot of word contractions, and sometimes we even delete them. So if you are talking to someone, do not hesitate to use the forms below.

Par exemple / for example:
Je suis / J'suis = I am / I'm
Dans l'exemple ci-dessus, on contracte les deux mots pour en former qu'un. Cette contraction s'utilise beaucoup à l'oral et aussi parfois à l'écrit lorsque deux personnes échangent par écrit par SMS par exemple. Par contre, cette forme ne peut pas être utilisée pour un texte scolaire, une lettre de motivation ou autre texte formel.

Sous la même forme, « tu es » devient « t'es ».

In the example above, the two words are contracted to form one. This contraction is used a lot in speech and sometimes in writing – for example, when two people exchange text messages. However, this form cannot be used for a school text, a cover letter, or another formal text.

In the same form, "you are" becomes "you're."

Je n'ai pas / j'ai pas = I do not / I don't
Dans l'exemple ci-dessus, en français, on supprime le « n' ». On utilise cette forme à l'oral mais aussi à l'écrit lorsque deux personnes échangent par SMS. Grammaticalement parlant, cette forme est incorrecte mais elle est très utilisée. C'est la même chose pour « je ne sais pas ». Cette forme devient « je sais pas ».

In the example above, the "n'" is dropped in French. This form is used in speech and writing when two people exchange text messages. Grammatically speaking, this form is incorrect, but it is widely used. The same applies to "I do not know." This form becomes "I don't know."

The difference between « on » and "nous"
En français, le pronom « on » est utilisé comme le « nous ». Bien que le pronom « on » est singulier et le « nous » soit pluriel, ils s'utilisent dans la plupart des cas de la même manière. A l'oral, on utilisera plus souvent le pronom « on » que le « nous » car la signification est la même. Alors la prochaine fois que tu veux faire une phrase rassemblant un groupe de personne et toi-même, n'hésite pas à utiliser le « on » au lieu du « nous ».

In French, the pronoun "it" is used like "we." Although the pronoun "it" is singular and "we" is plural, they are used in the same way in most cases. When speaking, the pronoun "it" will be used more often than "we" because the meaning is the same. So the next time you want to make a sentence involving yourself and a group of people, do not hesitate to use "it" instead of "we."

Par exemple / for example:

On est là. / nous sommes là. = we are here.

On cuisine ensemble. / nous cuisinons ensemble. = we cook together.

On travaille tous les jours. / nous travaillons tous les jours. = we work every day.

The difference between "tu" and "vous"

En français, le « tu » et le « vous » sont deux pronoms bien différents. En anglais, il y a uniquement le « you » pour désigner une personne ou un groupe de personne.

Le « tu » est utilisé pour tutoyer une personne, c'est-à-dire pour parler avec quelqu'un que tu connais bien: un(e) ami(e), un membre de ta famille, un(e) collègue de travail.

Le « vous » est utilisé pour désigner un groupe de personne dans lequel tu ne t'inclues pas. Il est aussi utilisé pour parler à une seule personne en la vouvoyant. En français, tu vouvoies quelqu'un que tu ne connais pas, quelqu'un qui veut garder une certaine distance ou quelqu'un qui ne t'a simplement pas autorisé à le tutoyer. Cela peut être un inconnu, un professeur à l'école, un serveur au restaurant, ton/ta patron/ne,...

Au quotidien, Emmy vouvoie les clients qu'elle rencontre au restaurant dans lequel elle travaille. Par contre, elle tutoie ses collègues et ses amis.

In French, "tu" and "vous" are two very different pronouns. In English, there is only "you" to refer to a person or a group of people.

"Tu" is used to refer to a person, i.e., to talk to someone you know well: a friend, a member of your family, or a colleague at work.

"Vous" is used to refer to a group of people in which you do not include yourself. It is also used to talk to a single person in a polite manner. In French, you use "vous" to talk to someone you do not know, someone who wants to keep a certain distance, or someone who has simply not given you permission to say "tu." It can be a stranger, a teacher at school, a waiter at a restaurant, or your boss,...

Emmy uses "vous" with the customers she meets in the restaurant where she works. On the other hand, she uses "tu" to talk with her colleagues and friends.

Reading comprehension 5

Lis le texte ci-dessous en utilisant les techniques que t'as données Emmy.

Read the text below using the techniques Emmy has given you.

Comme tu le sais, Emmy travaille en restauration en tant que serveuse. Au quotidien, elle parle avec des clients et elle doit les vouvoyer.

Tout d'abord, quand le client arrive, elle leur propose une table et leur demande: qu'est-ce que vous voulez boire? Quand elle leur apporte la carte pour commander à manger, elle leur demande par exemple: que désirez-vous manger?

Quand elle leur apporte la nourriture qu'ils ont commandée, elle leur demande toujours s'ils ont besoin d'autres choses. Pendant le repas, elle retourne vers les tables qu'elle a servies et demande: est-ce que cela vous convient?

Translation to reading comprehension 5

As you know, Emmy works in a restaurant as a waitress. Every day she talks to customers, and she has to be polite to them.

First of all, when the customer arrives, she offers them a table and asks them: what would you like to drink? When she brings them the menu to order food, she asks them, for example: what would you like to eat?

When she brings them the food they have ordered, she always asks them if they need anything else. During the meal, she goes back to the tables she has served and asks: is everything okay?

Vocabulary list 5

Cette fois-ci, Emmy pense que ton niveau de français est largement suffisant pour que tu comprennes tous les mots du texte sans avoir besoin d'une liste déjà préparée par ses soins. Par contre, elle te met un tableau vide ci-dessous pour que tu sois libre de le remplir avec des mots que tu souhaites apprendre. N'hésite pas à en rajouter autant que tu le souhaites.

This time, Emmy thinks that your level of French is more than enough for you to understand all the words in the text without needing a list that she has already prepared. However, she has provided a blank table below for you to fill in with any words you wish to learn. Feel free to add as many as you like.

Français	English

Questions to reading comprehension 5

Réponds aux questions ci-dessous.

Answer the questions below.

1. Quelle est la signification du mot « vouvoyer »?

   _____

2. Est-ce qu'Emmy peut dire « tu » à ses clients?

   _____

3. Est-ce qu'elle demande en premier à ses clients s'ils veulent boire ou manger?

   _____

4. Qu'est-ce qu'Emmy fait pendant que ses clients mangent?

_____

5. Cite 5 verbes du texte appartenant au 1er groupe.

_____

Les réponses se trouvent dans la partie « Answer Key » à la page 499.
The answers can be found in the "Answer Key" section on page 499.

Exercises section

Dans cette section d'exercices, tu trouveras divers exercices de grammaire, conjugaison et vocabulaire pour ainsi pouvoir t'exercer.

In this exercise section, you will find various grammar, conjugation, and vocabulary exercises for you to practice.

Exercise 7

Transforme les phrases en « tu » ci-dessous par la forme de politesse « vous ».

Transform the "tu" sentences below into the polite form "vous."

1. Que veux-tu?

_____

2. Est-ce que tu pourrais venir?

_____

3. Tu peux t'assoir à cette table.

_____

4. Cela te coûtera 25 euros.

_____

5. Est-ce que tu désires manger quelque chose?

_____

Les réponses se trouvent dans la partie « Answer Key » à la page 499.
The answers can be found in the "Answer Key" section on page 499.

Exercise 8

Pratique ce dialogue avec un(e) ami(e) ou tout seul. Si tu l'entraines seul, n'hésite pas à t'enregistrer avec ton téléphone pour écouter ta prononciation. Pour le contexte, Emmy discute avec son ami Jean.

Practice this dialogue with a friend or on your own. If you are practicing it alone, do not hesitate to record yourself with your phone to listen to your pronunciation. For context, Emmy is talking to her friend Jean.

Emmy: Salut Jean, est-ce que ça te dirait d'aller à Aluna Festival à Ruoms au mois de juin?

Jean: Salut Emmy. Oui, avec plaisir. Quel jour est-ce que tu aimerais y aller?

Emmy: J'aimerais beaucoup y aller le samedi soir. Je vais réserver mon billet.

Jean: Est-ce que tu peux me réserver mon billet en même temps?

Emmy: Oui, bien sûr. Cela coûte 60 euros. Est-ce que tu peux me faire un virement?

Jean: Oui, sans problème. Je te fais ça tout de suite.

Emmy: Parfait, merci.

Une traduction de ce dialogue se trouve dans la partie « Answer Key » à la page 499.

A translation of this dialogue can be found in the "Answer Key" section on page 499.

Chapter 7: Reflexive Verbs

Après avoir travaillé 2 mois complets en tant que serveuse dans un restaurant à Biarritz, Emmy a gagné suffisamment d'argent pour continuer son aventure en France. Dans ce nouveau chapitre, elle te racontera ses nouvelles péripéties tout en t'enseignant le concept des verbes réfléchis.

After working for two full months as a waitress in a restaurant in Biarritz, Emmy has earned enough money to continue her adventure in France. In this new chapter, she will tell you about her new adventures while teaching you the concept of reflexive verbs.

All about reflexive words

Ce thème est très important, n'hésite pas à le revoir plusieurs fois si nécessaire.

This topic is very important, so don't hesitate to revisit it several times if necessary.

Reflexive pronouns

Avant de s'attaquer aux verbes réfléchis, Emmy veut d'abord te parler des pronoms réfléchis. Elle te les a mis dans un tableau pour que tu comprennes bien à quoi ils correspondent.

Before we get to the reflexive verbs, Emmy wants to tell you about reflexive pronouns. She has put them in a table for you so that you can understand what they mean.

Pronoms sujets	Pronoms réfléchis
Je	Me / m'
Tu	Te / t'
Il / elle / on	Se / s'
Nous	Nous
Vous	Vous
Ils / elles	Se / s'

Les pronoms réfléchis se placent toujours entre le sujet et le verbe. Tu verras comment les former dans le thème suivant.

Reflexive pronouns are always placed between the subject and the verb. You will see how to form them in the next topic.

Reflexive verbs

Un verbe réfléchi est un verbe composé d'un pronom réfléchi. Ce verbe désigne une action que le sujet est en train de faire sur lui-même. Lorsque tu utilises le verbe réfléchi dans un temps composé comme le passé composé par exemple, tu dois toujours utiliser l'auxiliaire être pour le conjuguer. Ensuite, comme tu utilises **l'auxiliaire être**, tu dois toujours accorder la terminaison avec le sujet. Comme tu le sais, pour accorder une terminaison, tu dois vérifier le genre (masculin ou féminin) et le nombre (singulier ou pluriel).

A reflexive verb is a verb with a reflexive pronoun. This verb designates an action that the subject is doing to himself. When you use the reflexive verb in a compound tense, such as the past perfect tense, you must always use **the auxiliary to be** to conjugate it. Then, as you use the auxiliary *to be*, you must always make the ending and subject agree. As you know, to agree with an ending, you have to check the gender (masculine or feminine) and the number (singular or plural).

Par exemple / for example:

Je **me souviens** de toi. = I remember you.

Tu **te laves** une fois par jour. = You wash once a day.

Elle **s'est rendue** à Marseille la semaine passée. = She went to Marseille last week.

Nous **nous moquons** de toi. = We are laughing at you.

Vous **vous demandez** s'il fait beau demain. = You wonder if the weather will be nice tomorrow.

Ils **se lèvent** à 06h30 tous les jours. = They get up at 06:30 every day.

Comme tu peux le voir dans les exemples ci-dessus, chaque phrase est composée d'un sujet, d'un pronom réfléchi puis d'un verbe et d'un complément. A l'infinitif, un verbe réfléchi se compose comme ceci: se souvenir, se laver, se rendre, se moquer, se demander, se lever.

As you can see from the examples above, each sentence consists of a subject, a reflexive pronoun, and then a verb and a complement. In the infinitive, a reflexive verb is composed like this: to remember, to wash, to go, to laugh at, to wonder, to get up.

Reading comprehension 6

Lis le texte ci-dessous en utilisant les techniques que t'as données Emmy.

Read the text below using the techniques Emmy has given you.

La semaine passée, Emmy a terminé son travail à Biarritz. Elle y est **restée** 2 mois **complets** et elle a **gagné** suffisamment d'argent pour pouvoir voyager un peu. Elle s'est motivée avec des amis et ils se sont décidés à partir ensemble en Ardèche.

Sur place, ils se sont promenés dans les forêts. Ils ont fait beaucoup de **randonnées**. Ils dorment dans un **camping** au bord de la rivière. Tous les jours, ils se lèvent à 08h00 et se douchent dans les salles de bain commune du camping. Ils mangent dans leur **tente** et ensuite, ils partent **découvrir** la région. Aujourd'hui, ils ont décidé de faire du canoë sur la rivière. Après **l'activité**, Emmy s'est offert une glace à la fraise. Ils se sont ensuite rendus au magasin pour acheter de quoi faire des grillades le soir au camping.

Translation to reading comprehension 6

Last week Emmy finished her job in Biarritz. She stayed there for two full months and earned enough money to travel a bit. She got motivated with some friends, and they decided to go to Ardèche together.

There, they went for walks in the forests. They did a lot of hiking. They sleep at a campsite by the river. Every day, they get up at 08:00 and shower in the common bathrooms of the campsite. They eat in their tents and then go out to explore the area. Today they decided to go canoeing on the river. After the activity, Emmy treated herself to a strawberry ice cream. Afterward, they went to the shop to buy some food to grill for the evening at the campsite.

Vocabulary list 6

Emmy a surligné quelques mots dans le texte qu'elle trouve important que tu apprennes. Pour faciliter ton apprentissage, tu peux les répéter avec quelqu'un.

Emmy has highlighted some words in the text that she thinks are important for you to learn. To make it easier for you to learn, you can review them with someone.

Français	English
Rester	To stay
Complet	Full
Gagner (de l'argent)	To earn
Sur place	There
La randonnée	The hike
Le camping	The campsite
La tente	The tent
Découvrir	To explore / to discover
L'activité	The activity

Questions to reading comprehension 6

Réponds aux questions ci-dessous.

Answer the questions below.

1. Cite 3 verbes réfléchis qui se trouvent dans le texte.
   _____
2. Est-ce qu'Emmy est partie seule en Ardèche?
   _____
3. Combien de temps est-ce qu'Emmy a travaillé?
   _____
4. Qu'est-ce qu'Emmy a mangé après le canoë?
   _____
5. Où est-ce qu'ils dorment?
   _____

Les réponses se trouvent dans la partie « Answer Key » à la page 499.
The answers can be found in the "Answer Key" section on page 499.

Exercises section

Dans cette section d'exercices, tu trouveras divers exercices de grammaire, conjugaison et vocabulaire pour ainsi pouvoir t'exercer.

In this exercise section, you will find various grammar, conjugation, and vocabulary exercises for you to practice.

Exercise 9

Souligne la bonne réponse dans la phrase.

Underline the correct answer in the sentence.

1. Quand elle a du temps libre, Emmy *te balade / se balade / nous balade* dans la forêt.
2. Emmy et ses amis *se sont rendus / s'est rendue / vous êtes rendus* à Vallon-Pont-d'Arc.
3. Emmy et ses amis *se sont rencontré / se sont rencontrés / se sont rencontrées* à Biarritz.
4. Ils *se sont souvent offert / s'est souvent offert / nous sommes offert* des glaces l'après-midi.
5. Je *me suis promené / t'es promené / s'est promené* en montagne.

Les réponses se trouvent dans la partie « Answer Key » à la page 499.

The answers can be found in the "Answer Key" section on page 499.

Exercise 10

Trouve le mot correspondant à chaque définition. Cet exercice se concentre sur le vocabulaire lié aux moyens de transport.

Find the word matching each definition. This exercise focuses on vocabulary related to means of transport.

1. Ce moyen de transport roule sur des chemins de fer.

   _____

2. Pour utiliser ce moyen de transport, tu dois monter dessus et pédaler.

   _____

3. Ce moyen de transport a deux roues et un moteur. Il est obligatoire de porter un casque pour l'utiliser.

   _____

4. Tu peux utiliser ce moyen de transport pour voler d'un pays à un autre.

   _____

5. Ce moyen de transport flotte sur l'eau. Tu peux l'utiliser sur un lac, une mer ou même un océan.

   _____

Les réponses se trouvent dans la partie « Answer Key » à la page 499.

The answers can be found in the "Answer Key" section on page 499.

Mid-book quiz

Félicitations, tu es arrivé au milieu du livre! Pour fêter cela, Emmy t'invite à faire le quiz ci-dessous pour évaluer ton niveau. Si tu fais des erreurs, pas de panique. Tu peux toujours revenir à la théorie des chapitres où tu as eu plus de difficultés. Souviens-toi, c'est en faisant des erreurs qu'on apprend.

Congratulations, you have reached the middle of the book! To celebrate that, Emmy invites you to take the quiz below to test your level. If you make mistakes, do not panic. You can always go back to the theory of the chapters where you had more difficulty. *Remember: you learn by making mistakes.*

Quiz - Exercise 1 - Verbs, verbs, and more verbs

Conjugue les verbes dans le tableau ci-dessous. Attention, tu pourras trouver des verbes appartenant aux trois groupes différents.

Conjugate the verbs in the table below. Be careful; you may find verbs belonging to three different groups.

Verbes	Ta conjugaison
Parier, imparfait, 1ère pers. sing.	
Bondir, présent, 2ème pers. sing.	
Terminer, futur, 3ème pers. sing.	
Savoir, passé composé, 1ère pers. plur.	
Pouvoir, conditionnel présent, 2ème pers. plur.	
Croire, présent, 3ème pers. plur.	
Naviguer, futur antérieur, 1ère pers. sing.	
Papoter, plus-que-parfait, 2ème pers. sing.	
Finir, imparfait, 3ème pers. sing.	
Bâtir, futur, 1ère pers. plur.	
Boire, passé composé, 2ème pers. plur.	

Danser, plus-que-parfait, 3ème pers. plur.	
Marcher, passé simple, 1ère pers. sing.	
Accomplir, présent, 2ème pers. sing.	
Pleurer, futur antérieur, 3ème pers. sing.	

Quiz – Exercise 2 – Theorie

Réponds aux questions ci-dessous par oui ou non.

Answer the questions below with/by yes or no.

1. Est-ce que tu vouvoies un inconnu?

   _____

2. Est-ce que tu peux tutoyer ton frère?

   _____

3. Est-ce que le mode « impératif » sert à donner un ordre?

   _____

4. Est-ce qu'on peut utiliser le mode « conditionnel » pour exprimer un doute?

   _____

5. Est-ce qu'on peut utiliser le mode « subjonctif » pour exprimer une hypothèse?

   _____

Quiz – Exercise 3 – Translation

Traduis les phrases ci-dessous.

Translate the sentences below.

1. I wash every morning before going to work.

   _____

2. Emmy goes for a walk after work.

   _____

3. He brushes his teeth after eating.

___

4. They sit down.

___

5. We are wondering if you are coming tonight.

___

Quiz – Exercise 4 – Vocabulary

Relie les mots à leur traduction.
Link the words to their translation.

La vague	•	• The luggage
Plutôt	•	• Full
Le bagage	•	• To cry
L'aéroport	•	• Rather
Rester	•	• To stay
Complet	•	• To land
Le fruit de mer	•	• The wave
Le plat	•	• The seafood
La randonnée	•	• The dish
Pleurer	•	• The hike
Atterrir	•	• The airport

Quiz - Exercise 5 - Word order

Remets les mots dans l'ordre pour former des phrases correctes.
Put the words in the right order to form correct sentences.

1. sont allés / et / Emmy / quelques / jours / Ardèche. / ses / en / amis

   _____

2. canoë. / Ils / randonnée / et / de / du / la / ont fait

   _____

3. Vallon-Pont-d'Arc. / Ils / dans / région / la / étaient / de

   _____

4. comme / crème de marrons. / la / Ils / des / ont goûté / spécialités

   _____

5. Emmy / ce / français. / a beaucoup aimé / département / explorer

   _____

Les réponses du quiz se trouvent dans la partie « Answer Key » aux page 499.

The answers to the quiz can be found in the "Answer Key" section on page 499.

Chapter 8: Gerunds and Infinitives

Ce chapitre est particulièrement pointu au niveau de la grammaire et de la théorie. Prends ton temps pour l'étudier. Emmy te racontera la suite de ses aventures à travers la France.

This chapter is particularly demanding in terms of grammar and theory. Take your time to study it. Emmy will tell you about the rest of her adventures in France.

Everything about infinitives

L'infinitif est la forme de base du verbe lorsqu'il n'est pas conjugué par une personne. Par exemple, « je mange » est la forme conjuguée de l'infinitif « manger » et c'est de ces infinitifs-là qu'on va s'intéresser.

Les infinitifs en français peuvent se terminer par **-er**, **-ir**, **-re** et **-oir**.

The infinitive is the basic form of the verb when it is not conjugated by a person. For example, "I eat" is the conjugated form of the infinitive "to eat" and it is these infinitives that we will be looking at.

French infinitives can end in **-er**, **-ir**, **-re** and **-oir**.

How and when to use an infinitive

Maintenant que tu sais ce qu'est un infinitif, nous allons apprendre à les utiliser. Tu peux les utiliser dans plusieurs types de phrases et les infinitifs n'auront pas forcément le même rôle à chaque fois.

Now that you know what an infinitive is, let's learn how to use them. You can use them in many different types of sentences, and the infinitives will not necessarily have the same role each time.

Par exemple / for example:

Je veux <u>manger</u> maintenant. = I want <u>to eat</u> now.

J'aime <u>chanter</u> avec ma sœur. = I like <u>to sing</u> with my sister.

J'espère <u>réussir</u> mes études. = I hope <u>to succeed</u> in my studies.

Dans ces trois exemples, l'infinitif est placé après le verbe conjugué. L'infinitif donne un nouveau sens au verbe conjugué. Il précise ce que la personne veut, aime ou espère notamment.

In these three examples, the infinitive is placed after the conjugated verb. The infinitive gives a new meaning to the conjugated verb. It specifies what the person wants, likes, or hopes for.

Emmy apprend <u>à dessiner</u>. = Emmy learns to draw.

Elle décide <u>de faire</u> cela. = She decides to do this.

Dans certains cas et notamment avec le verbe apprendre, l'infinitif qui suit demande un « à » devant lui pour être construit correctement. D'autres cas demandent un « de » comme avec l'exemple du verbe « décider ».

In some cases, especially with the verb to learn, the following infinitive requires an "à" before it to be constructed correctly. Other cases require a "de," as in the example of the verb "to decide."

Pour <u>grandir</u>, il faut manger de la soupe. = To grow up, you have to eat soup.

Pour <u>devenir</u> si bons, les sportifs doivent s'entrainer tous les jours. = To become so good, athletes have to train every day.

Dans ces deux exemples, les deux infinitifs demandent la préposition « pour » afin de se construire correctement.

In these two examples, both infinitives require the preposition "pour" in order to be constructed correctly.

Gerunds and how to use them

En quelques mots, le gérondif est un mode verbal qui se forme en utilisant le participe présent d'un verbe. Le participe présent du verbe « être » est « étant » par exemple. Pour former le gérondif, il faut toujours ajouter la préposition « en » devant le participe présent et le tour est joué.

Le gérondif sert de complément circonstanciel. Plus simplement dit, il sert à compléter le sens de la phrase et du verbe utilisé.

In a few words, the gerund is a verbal mode formed by using the present participle of a verb. The present participle of the verb "to be" is "being," for example. To form the gerund, you always add the preposition "en" before the present participle, and that's it. The gerund serves as a circumstantial complement. Simply put, it completes the sentence's meaning and the verb used.

Quelques exemples de participes présent / Some examples of present participles:

Verbe à l'infinitif	Participe présent
Être = to be	Étant = being
Avoir = to have	Ayant = having
Manger = to eat	Mangeant = eating
Chanter = to sing	Chantant = singing
Faire = to do	Faisant = doing
Écrire = to write	Écrivant = writing
Savoir = to know	Sachant = knowing
Allumer = to turn on	Allumant = turning on
Marcher = to walk	Marchant = walking
Apprendre = to learn	Apprenant = learning
Trier = to sort out	Triant = sorting out
Parler = to speak	Parlant = speaking

Boire = to drink	Buvant = drinking
Dormir = to sleep	Dormant = sleeping

Maintenant, pour former un gérondif, il faut utiliser la préposition « en » devant le participe présent.

To form a gerund, you have to use the preposition "en" before the present participle.

Par exemple / for example:

Elle pense en marchant. = She thinks while walking.

Emmy cuisine en chantant. = Emmy cooks while singing.

Jean parle en dormant. = Jean talks while sleeping.

Dans ces trois exemples, le gérondif précise l'action que le sujet est en train de faire. On pourrait remplacer cette forme par « pendant que... ».

In these three examples, the gerund specifies the action that the subject is doing. This form could be replaced by "pendant que...".

Par exemple / for example:

Elle pense pendant qu'elle marche. = She thinks while she walks.

Emmy cuisine pendant qu'elle chante. = Emmy cooks while she sings.

Jean parle pendant qu'il dort. = John talks while he sleeps.

Le sens de la phrase ne change pas si on utilise le gérondif ou la forme « pendant que... ». Par contre, la phrase parait moins lourde en utilisant le gérondif. Donc n'hésite pas à utiliser cette forme à l'oral ou à l'écrit.

The meaning of the sentence does not change if you use the gerund or the form "pendant que...". On the other hand, using the gerund makes the sentence sound less heavy. So do not hesitate to use this form when speaking or writing.

Reading comprehension 7

Lis le texte ci-dessous en utilisant les techniques que t'as données Emmy.

Read the text below using the techniques Emmy has given you.

Après avoir visité l'Ardèche, Emmy se décide à aller à Lyon pour visiter cette grande ville. Lyon est la troisième plus grande ville du **pays**. Elle a réservé 3 nuitées dans l'auberge de jeunesse HO36 **située** dans le

quartier de la Guillotière.

Le matin, elle va prendre son petit-déjeuner au Mãe Café et elle participe **ensuite** à la séance de yoga proposée par ce café. Elle adore manger de **copieux** petit-déjeuner et se détendre ensuite avec une bonne séance de yoga.

L'après-midi, elle prend du temps pour visiter la ville. Elle est allée voir la vue en montant jusqu'à la **Basilique** de Notre-Dame de Fourvière. Elle s'est ensuite pris une boisson **à** **emporter** en marchant jusqu'au musée de la miniature. En rentrant à son auberge, elle profite de **dévaler** les jolies rues et de **traverser** le Rhône sur le **pont**.

Translation of reading comprehension 7

After visiting Ardèche, Emmy decided to go to Lyon to visit this great city. Lyon is the third largest city in the country. She booked 3 nights in the HO36 youth hostel located in the Guillotière district.

In the morning, she goes to Mãe Café for breakfast, and then she participates in the yoga session offered by this café. She loves to eat a hearty breakfast and then relax with a good yoga session.

In the afternoon, she takes time to visit the city. She went up to the basilica of Notre-Dame de Fourvière to see the view. She then took a drink with her as she walked to the miniature museum. On the way back to her hostel, she enjoyed walking down the pretty streets and crossing the Rhône on the bridge.

Vocabulary list 7

Afin que tu améliores ton vocabulaire, Emmy a surligné quelques mots dans le texte qu'elle trouve important que tu apprennes.

To help you improve your vocabulary, Emmy has highlighted some words in the text that she thinks are important for you to learn.

Français	English
Le pays	The country
Situé	Located
Le quartier	The district

Ensuite	Then
Copieux	Hearty
La basilique	The Basilica
À emporter	To take away
Dévaler	To go down / to walk down
Traverser	To cross
Le pont	The bridge

Questions to reading comprehension 7

Réponds aux questions ci-dessous.

Answer the questions below.

1. Cite 3 gérondifs qui se trouvent dans le texte.

   _____

2. Cite 3 verbes à l'infinitif dans le texte.

   _____

3. Combien de nuits a-t-elle réservée à Lyon?

   _____

4. Quel sport a pratiqué Emmy pendant son séjour à Lyon?

   _____

5. Selon le texte, quel fleuve traverse la ville de Lyon?

   _____

Les réponses se trouvent dans la partie « Answer Key » à la page 499.
The answers can be found in the "Answer Key" section on page 499.

Exercises section

Dans cette section d'exercices, tu trouveras divers exercices de grammaire, conjugaison et vocabulaire pour ainsi pouvoir t'exercer.

In this exercise section, you will find various grammar, conjugation, and vocabulary exercises for you to practice.

Exercise 11

Transforme les phrases ci-dessous afin d'utiliser le gérondif.

Transform the sentences below by using the gerund.

1. Emmy pense à sa famille pendant qu'elle voyage.

   _____

2. Elle écrit ses aventures dans un carnet pendant qu'elle pense à son petit frère.

   _____

3. Jean marche pendant qu'il raconte une histoire à Emmy.

   _____

4. Il chante pendant qu'il se douche.

   _____

5. Emmy réfléchit pendant qu'elle fait un gâteau.

   _____

Les réponses se trouvent dans la partie « Answer Key » à la page 499.

The answers can be found in the "Answer Key" section on page 499.

Exercise 12

Trouve les verbes à l'infinitif des participes présents.

Find the infinitive verbs of the present participles.

Verbe à l'infinitif	Participe présent
	Dansant
	Discutant
	Croyant
	Partant
	Commandant

	Devant
	Courant
	Finissant
	Décorant
	Préparant
	Prenant
	Conduisant
	Apprenant
	Regardant
	Dessinant

Les réponses se trouvent dans la partie « Answer Key » à la page 499.
The answers can be found in the "Answer Key" section on page 499.

Did you know…?

Est-ce que tu savais qu'à Lyon, il y a le meilleur restaurant végétarien au monde?

En effet, en 2020, le restaurant Culina Hortus situé en ville de Lyon a été élu meilleur restaurant végétarien au monde. Le chef, Adrien Zedda, propose toutes sortes de plats gastronomiques à base de végétaux. Il cuisine selon les saisons avec des produits de grande qualité.

Si tu souhaites y manger un jour, réserve bien à l'avance car le restaurant est généralement complet plusieurs mois à l'avance.

Did you know that Lyon has the best vegetarian restaurant in the world?

Indeed, in 2020, the Culina Hortus restaurant in the city of Lyon was elected the best vegetarian restaurant in the world. The chef, Adrien Zedda, offers all kinds of gastronomic dishes based on plants. He cooks according to the seasons with high-quality products.

If you want to eat there one day, book well in advance as the restaurant is usually full several months in advance.

Chapter 9: The Passive and the Conditional

L'automne arrive en France et les récoltes de raisins débutent dans la Bourgogne. Emmy s'est trouvée un nouveau travail là-bas et elle va te raconter ce qu'elle fait au quotidien tout en t'introduisant les thèmes du conditionnel et de la forme passive.

Autumn is coming to France, and the grape harvest is starting in Bourgogne. Emmy has found a new job there, and she is going to tell you what she does on a daily basis while introducing you to the topics of conditional and passive forms.

The passive form

En français, selon comment la phrase est construite, on dit qu'elle est à la forme active ou à la forme passive. La force active, comme tu sais déjà, c'est la forme de base. Elle est construite comme ceci: sujet + verbe + complément. Le sujet réalise l'action.

La forme passive est un peu plus compliquée et nous allons nous concentrer sur celle-ci. Lorsqu'on rédige une phrase au passif, le sujet ne réalise pas l'action du verbe mais il subit l'action.

In French, depending on how the sentence is constructed, it is said to be in the active or passive form. The active form, as you already know, is the basic form. It is constructed like this: subject + verb + complement. The subject performs the action.

The passive form is a bit more complicated, and we will focus on this one. When you write a sentence in the passive form, the subject does not perform the action of the verb but undergoes the action.

Par exemple / for example:

Emmy récolte le raisin. = **forme active** / Emmy picks the grapes = active form

Le raisin est récolté par Emmy. = **forme passive** / The grapes are picked by Emmy = passive form

Comme tu peux le remarquer dans l'exemple ci-dessus pour la forme active, le sujet « Emmy » réalise l'action de récolter le raisin. Par contre, à la forme passive, le sujet « le raisin » subit l'action réalisée par le complément « par Emmy ».

As you can see in the example above for the active form, the subject "Emmy" performs the action of harvesting the grapes. In the passive form, however, the subject "the grape" undergoes the action performed by the complement - "by Emmy."

From active to passive

Une phrase à la voix active peut être transformée à la voix passive. Pour cela, il faut analyser le temps verbal utilisé dans la phrase à la voix active. Pour conjuguer un verbe au passif, il faut utiliser l'auxiliaire être et ajouter le participe passé.

Ce qu'il faut retenir, c'est que le complément de la phrase à la voix active devient le sujet dans la nouvelle phrase à la voix passive. Aussi, le sujet initial de la phrase active peut parfois être complétement supprimé ou alors être introduit par un complément d'agent. Le complément d'agent se reconnait facilement car il est toujours composé de « par ... ».

A sentence in the active voice can be transformed into the passive voice. To do this, we need to analyze the verb tense used in the active voice sentence. To conjugate a verb in the passive voice, you have to use the auxiliary *to be* and add the past participle.

The important thing to remember is that the complement of the sentence in the active voice becomes the subject in the new sentence in the passive voice. Also, the original subject of the active sentence can sometimes be completely deleted or introduced by an agent complement. The agent complement is easy to recognize because it is always composed of "by ...".

Par exemple / for example:

Emmy effectue le travail. = forme active / Emmy does the work. = active form

Le travail est effectué <u>par Emmy</u>. = forme passive / The work is done <u>by Emmy</u>. = passive form

Emmy mange les pommes. = forme active / Emmy eats apples. = active form

Les pommes sont mangées <u>par Emmy</u>. = forme passive / The apples are eaten <u>by Emmy</u>. = passive form

Emmy rangeait la vaisselle. = forme active / Emmy was putting the dishes away. = active form

La vaisselle avait été rangée <u>par Emmy</u>. = forme passive / The dishes had been put away <u>by Emmy</u>. = passive form

Pour t'aider, Emmy a réalisé un tableau qui t'indique quel temps verbal tu dois utiliser pour mettre une phrase à la voix passive.

In order to help you, Emmy has made a table that tells you which tense to use to put a sentence in the passive voice.

Temps verbaux à l'actif	Temps verbaux au passif
Présent	Passé composé
Imparfait	Plus-que-parfait
Futur	Futur antérieur
Passé simple	Passé antérieur

The conditional

Le conditionnel est un mode verbal très important. Comme tu le sais déjà, le conditionnel possède deux temps différents: le conditionnel présent et le conditionnel passé.

The conditional tense is a very important verbal mode. As you already know, the conditional has two different tenses: the present conditional and the past conditional.

To express the future in the past

Ces temps verbaux servent à exprimer une éventualité, un désir, quelque chose d'imaginaire mais il peut aussi exprimer le futur dans le passé.

Exprimer le futur dans le passé parait être une notion bien compliquée et pourtant, quand tu comprendras ce que cela veut dire, ça prendra tout son sens. En quelques mots, exprimer le futur dans le passé veut dire qu'on exprime quelque chose du passé qui aurait pu se passer dans un futur.

These tenses are used to express a possibility, a desire, or something imaginary, but they can also express the future in the past.

Expressing the future in the past seems to be a very complicated notion, but once you understand what it means, it will make sense. In a few words, expressing the future in the past means expressing something from the past that could have happened in the future.

Par exemple / for example:

Si j'avais su à quel point les examens étaient faciles, je n'aurais pas arrêté mes études.

If I had known how easy the exams were, I would not have stopped my studies.

Dans cet exemple, on exprime dans la première partie de la phrase un regret au passé. La deuxième partie de la phrase est une éventualité qui aurait pu se passer dans le futur. Comme tu peux le voir, pour créer cette forme de phrase, il faut utiliser la forme « **si + verbe au plus-que-parfait + , + suite de la phrase avec verbe au conditionnel passé** ».

In this example, the first part of the sentence expresses a regret in the past tense. The second part of the sentence is a possibility that could have happened in the future. As you can see, to create this sentence form, you need to use the form "**if + verb in the past perfect +, + continuation of the sentence with a verb in the past conditional.**"

To express a desire

L'usage le plus fréquent du conditionnel reste celui pour exprimer un désir. Il est donc judicieux d'utiliser les verbes « aimer, souhaiter, vouloir, pouvoir » car ces verbes expriment tous un désir / une envie.

En mettant ces verbes au conditionnel présent, la phrase gagne en politesse. On utilise donc souvent cette tournure de phrase quand on demande quelque chose au restaurant par exemple.

The most frequent use of the conditional is to express a desire. It is, therefore, wise to use the verbs "to like, to wish, to want, to can" because these verbs all express a desire / a wish.

By putting these verbs in the present conditional, the sentence becomes more polite. This is often used when asking for something in a restaurant, for example.

Par exemple / for example:

Je souhaiterais un verre de vin. = I would like a glass of wine.

Je voudrais un dessert. = I would like a dessert.

J'aimerais une soupe à la courge. = I would like pumpkin soup.

Quant à lui, le verbe « pouvoir » au conditionnel s'utilise pour poser une question polie.

The verb "may" in the conditional tense is used to ask a polite question.

Par exemple / for example:

Est-ce que je pourrais avoir l'addition s'il vous plait? = Could I have the bill please?

Pourrais-je avoir une carafe d'eau s'il vous plait? = Could I have a jug of water please?

Reading comprehension 8

Lis le texte ci-dessous en utilisant les techniques que t'as données Emmy.

Read the text below using the techniques Emmy has given you.

Emmy s'est rendue à Beaune pour travailler dans les **vignes**. Après avoir visité quelques endroits en France, elle souhaitait travailler à nouveau. Le vin est très **réputé** en France et elle s'est dit que ça serait une excellente idée de travailler quelques temps dans ce **domaine**.

Tous les matins, elle se réveille à 05h00 pour se rendre dans les vignes. Le travail commence très tôt car il fait souvent trop chaud l'après-midi pour continuer le travail **jusqu'à** 16h00. Elle travaille donc de 05h30 à 13h30 tous les jours de la semaine, sauf le dimanche. Sa **tâche** principale est de cueillir le **raisin** sur les vignes. Elle accroche un grand sac sur son dos et elle avance de vigne en vigne pour récolter le raisin **mûr**.

Grâce à ce travail, elle gagnera suffisamment d'argent pour visiter d'autres endroits en France. Elle souhaiterait aller au sud pour visiter

Toulouse et Montpellier. Là-bas, elle aimerait rencontrer d'autres jeunes qui voyage comme elle.

Translation to reading comprehension 8

Emmy went to Beaune to work in the vineyards. After visiting a few places in France, she wanted to work again. Wine is very famous in France, and she thought it would be a great idea to work in this area for a while.

Every morning she wakes up at 5am to go to the vineyards. The work starts very early because it is often too hot in the afternoon to continue working until 4pm. She, therefore, works from 5.30 a.m. to 1.30 p.m. every day of the week except Sunday. Her main task is to pick grapes from the vines. She hangs a large bag on her back and walks from vine to vine to pick the ripe grapes.

Through this work, she will earn enough money to visit other places in France. She would like to go south to visit Toulouse and Montpellier. There she would like to meet other young people who travel like her.

Vocabulary list 8

Afin de faciliter ta compréhension de texte, Emmy a surligné quelques mots dans le texte qu'elle trouve important que tu apprennes. En les répétant à haute voix, tu pourras améliorer ta prononciation aussi.

To help you understand the text, Emmy has highlighted some words in the text that she thinks are important for you to learn. By repeating them out loud, you can improve your pronunciation too.

Français	English
La vigne	The vine, the vineyards
Réputé	Famous
Le domaine	The area
Jusqu'à	Until
La tâche	The task

Le raisin	The grape
Mûr	Ripe

Questions to reading comprehension 8

Réponds aux questions ci-dessous.

Answer the questions below.

1. Cite 3 verbes conjugués au conditionnel dans le texte.
   _____
2. Combien de jours par semaine est-ce qu'Emmy travaille?
   _____
3. Quelle est sa tâche principale au travail?
   _____
4. Quel est son but grâce à ce travail?
   _____
5. Dans quelle région souhaite-t-elle continuer à voyager?
   _____

Les réponses se trouvent dans la partie « Answer Key » à la page 499.
The answers can be found in the "Answer Key" section on page 499.

Exercises section

Dans cette section d'exercices, tu trouveras divers exercices de grammaire, conjugaison et vocabulaire pour ainsi pouvoir t'exercer.

In this exercise section, you will find various grammar, conjugation, and vocabulary exercises for you to practice.

Exercise 13

Transforme les phrases de la voix active à la voix passive.

Change the sentences from active to passive voice.

1. Emmy prépare le repas pour elle et ses collègues.
   _____
2. Le collègue d'Emmy nettoie la vaisselle.
   _____

3. Emmy et ses collègues partagent une grande maison.
   _____

4. Emmy fait la lessive une fois par semaine.
   _____

5. L'entreprise produit du très bon vin.
   _____

Les réponses se trouvent dans la partie « Answer Key » à la page 499.

The answers can be found in the "Answer Key" section on page 499.

Exercice 14

Rédige ta liste de souhaits en utilisant les verbes au conditionnel. Écris-en au moins 5.

Write your wish list using conditional verbs. Write at least 5 wishes.

_____
_____
_____
_____
_____
_____
_____
_____
_____

Les réponses se trouvent dans la partie « Answer Key » à la page 499.

The answers can be found in the "Answer Key" section on page 499.

Did you know…?

Savais-tu que la France avait une loi par rapport au salaire minimum? Le salaire minimum de quelqu'un qui travaille en France est de 11,27€ de l'heure. Cela fait un revenu de 1709,28€ par mois. On appelle ce revenu le « SMIC ».

Did you know that France has a minimum wage law? The minimum wage for someone working in France is 11.27€ per hour. That's an income of 1709,28€ per month. This income is called the "SMIC."

Chapter 10: From Direct to Indirect Speech

Dans ce chapitre, Emmy et toi allez vous concentrer sur le discours direct et indirect. Comme à son habitude, Emmy te partagera les rebondissements de son expérience en France.

In this chapter, you and Emmy will focus on direct and indirect speech. As usual, Emmy will share with you the twists and turns of her experience in France.

Direct speech

Le discours direct est une forme de discours qui sert à rapporter une phrase sans y apporter aucune modification. On retransmet exactement la parole comme elle a été dite ou écrite. On l'utilise par exemple dans les articles de journaux pour rapporter le discours lors d'un interview.

Quand on rapporte un discours direct, on utilise souvent des verbes introducteurs comme: dire, déclarer, affirmer, raconter, s'exclamer,...

Direct speech is a form of speech used to report a sentence without making any changes to it. The speech is reported exactly as it was spoken or written. It is used, for example, in newspaper articles to report the speech in an interview.

When reporting direct speech, introductory verbs are often used, such as: to say, to declare, to affirm, to tell, to exclaim, etc.

Par exemple / for example:

J'ai faim. = Emmy dit: "j'ai faim". / I am hungry = Emmy says: "I am hungry."

J'ai envie d'aller visiter Toulouse. = Emmy raconte: "j'ai envie d'aller visiter Toulouse". / I want to go and visit Toulouse. = Emmy tells : "I want to go and visit Toulouse".

Dans les deux exemples ci-dessus, tu remarques que le discours est rapporté de manière directe car il n'y a aucune modification dans les paroles dites par Emmy. Quand on utilise le discours direct, il est nécessaire d'utiliser les deux points superposés et les guillemets.

In the two examples above, you notice that the speech is reported in a direct way because there is no change in the words spoken by Emmy. When using direct speech, it is necessary to use a colon and quotation marks.

Indirect speech

Le discours indirect ressemble un peu au discours direct mais possède tout de même des différences. Dans le discours indirect, on ne rapporte pas exactement la même phrase qui a été dite ou écrite. Le sens de la phrase n'est pas modifié mais elle est écrite ou prononcée d'une manière différente. Aussi, les marques de ponctuation typique au discours direct ne sont pas utilisées pour le discours indirect. On ne met donc pas les deux points superposés, ni les guillemets.

Indirect speech is somewhat similar to direct speech, but there are differences. In indirect speech, you do not report exactly the same sentence that was said or written. The meaning of the sentence is not changed, but it is written or spoken in a different way. Also, the punctuation marks typical of direct speech are not used in indirect speech. Thus, colons and inverted commas are not used.

Par exemple / for example:

Emmy a hâte de revoir sa famille. / Emmy is looking forward to seeing her family again. = Elle m'a dit qu'elle avait hâte de revoir sa famille. / She told me that she was looking forward to seeing her family again.

Emmy se réjouit de visiter Toulouse. / Emmy is looking forward to visiting Toulouse. = Elle m'a dit qu'elle se réjouissait de visiter Toulouse. / She told me that she was looking forward to visiting Toulouse.

Comme tu peux le voir dans les exemples ci-dessus, les phrases rapportées au discours indirectes possède le même sens de base mais ne sont pas construite de la même façon. Dans la première phrase, on remarque que le temps verbal est le présent. Dans sa traduction en discours indirect, on remarque que le temps utilisé est l'imparfait.

As you can see from the examples above, the sentences reported in indirect speech have the same basic meaning but are not constructed in the same way. In the first sentence, you can see that the verbal tense is present. In the indirect speech translation, the tense is the imperfect tense.

Emmy t'a fait un petit tableau pour que tu puisses savoir comment transformer les temps verbaux du discours direct au discours indirect.

Emmy has made a little table for you so that you can find out how to change the verbal tenses from direct to indirect speech.

Transformation des temps verbaux / Transformation of verbal tenses	
Discours direct	**Discours indirect**
Présent	Imparfait
Passé composé	Plus-que-parfait
Futur	Conditionnel présent
Futur antérieur	Conditionnel passé
Imparfait	Imparfait
Passé simple	Passé simple

Reading comprehension 9

Lis le texte ci-dessous en utilisant les techniques que t'as données Emmy.

Read the text below using the techniques Emmy has given you.

Emmy **a pris le temps** d'appeler ses parents la semaine passée. Cela faisait longtemps qu'elle ne leur avait pas donné de **nouvelles**. Elle leur a raconté son travail dans les vignes et ses futurs plans de voyage dans le sud de la France.

Emmy a raconté: "Je vais encore travailler 2 semaines dans les vignes et ensuite, je partirai 5 jours à Montpellier, puis 3 jours à Toulouse ».

Ses parents et son petit frère sont très heureux pour elle et **enthousiastes** à l'idée qu'elle puisse découvrir autant de choses cette année. Ils sont aussi très **fiers** d'elle car à son âge, ce n'est pas facile de tout quitter et de recommencer **ailleurs**. Ils ont envie de venir en France pour Noël afin qu'ils puissent profiter en famille pendant 15 jours. Ils ont donc prévus d'acheter prochainement leurs billets d'avion et de réserver un chalet à Chamonix pour faire du ski, **des raquettes**, de la randonnée et de **la luge** tous ensemble.

Translation to reading comprehension 9

Emmy took the time to call her parents last week. It had been a long time since she had given them news. She told them about her work in the vineyards and her future plans to travel to the south of France.

Emmy said, "I am going to work in the vineyards for 2 more weeks, and then I will go to Montpellier for 5 days, and then 3 days to Toulouse.

Her parents and little brother are very happy for her and excited that she will be able to experience so much this year. They are also very proud of her because, at her age, it is not easy to leave everything and start again somewhere else. They want to come to France for Christmas so that they can enjoy a fortnight with their family. So they are planning to buy their plane tickets soon and book a chalet in Chamonix to go skiing, snowshoeing, hiking, and sledding together.

Vocabulary list 9

Pour améliorer ton vocabulaire, Emmy te propose d'apprendre les mots de la liste ci-dessous. N'hésite pas à les écrire pour mieux les assimiler. Tu peux aussi les répéter en t'enregistrant sur ton portable pour écouter et analyser ta prononciation.

To improve your vocabulary, Emmy suggests you learn the words in the list below. Do not hesitate to write them down to help you learn them. You can also repeat them by recording yourself on your mobile phone to listen and analyze your pronunciation.

Français	English
Prendre le temps	To take the time
Les nouvelles	The news
Enthousiaste	Excited / enthusiastic
Fier, fière	Proud
Ailleurs	Somewhere else
Faire des raquettes	To go snowshoeing
Faire de la luge	To go sledding

Questions to reading comprehension 9

Réponds aux questions ci-dessous.

Answer the questions below.

1. Dans la phrase: Emmy a raconté: "Je vais encore travailler 2 semaines dans les vignes et ensuite, je partirai 5 jours à Montpellier, puis 3 jours à Toulouse », est-ce qu'il s'agit d'un discours direct ou indirect?

   _____

2. Cite 3 adjectifs dans le texte qui qualifient comment les proches d'Emmy sont à son égard.

   _____

3. Quand est-ce que la famille d'Emmy va venir en France?

   _____

4. Quelles sont les activités sportives qu'ils feront à la montagne?

   _____

5. Combien de jours est-ce qu'Emmy part dans le sud?

   _____

Les réponses se trouvent dans la partie « Answer Key » à la page 499.
The answers can be found in the "Answer Key" section on page 499.

Exercise section

Dans cette section d'exercices, tu trouveras divers exercices de grammaire, conjugaison et vocabulaire pour ainsi pouvoir t'exercer.

In this exercise section, you will find various grammar, conjugation, and vocabulary exercises for you to practice.

Exercise 15

Rapporte les phrases du discours direct au discours indirect.

Report sentences from direct speech to indirect speech.

1. Emmy dit: "je me réjouis de retrouver ma famille pendant les vacances de Noël ".

    _____

2. Emmy affirme: "j'ai beaucoup aimé travailler dans les vignes ".

    _____

3. Emmy a raconté: "mon moment préféré en France est quand nous sommes allés faire du canoë en Ardèche ".

    _____

4. Les parents d'Emmy disent: "nous sommes très fiers de toi".

    _____

5. Jean, l'ami d'Emmy, dit: "j'espère pouvoir te revoir un jour".

    _____

Les réponses se trouvent dans la partie « Answer Key » à la page 499.

The answers can be found in the "Answer Key" section on page 499.

Exercise 16

Traduis les phrases ci-dessous.

Translate the sentences below.

1. Emmy's parents are coming to France from the 20th of December to the 3rd of January.

    _____

2. The chalet they rented costs 1000 euros per week.

    _____

3. They will drink hot chocolate every day.

    _____

4. Emmy's little brother will take ski lessons.

   _____

5. Perhaps Jean will join Emmy and her family in Chamonix.

   _____

Les réponses se trouvent dans la partie « Answer Key » à la page 499.

The answers can be found in the "Answer Key" section on page 499.

Did you know...?

Est-ce que tu savais que Chamonix est une station de ski de luxe?

Des touristes du monde entier vont à Chamonix pour admirer le Mont Blanc depuis le centre-ville. Le Mont Blanc est un des sommets les plus haut d'Europe. Il mesure 4807 mètres d'altitude. Chaque année, il y a environ 20000 alpinistes qui se rendent au sommet.

Attention, si tu n'es pas un alpiniste expérimenté, n'essaie pas de t'attaquer à ce sommet!

Did you know that Chamonix is a luxury ski resort?

Tourists from all over the world come to Chamonix to see Mont Blanc from the town center. Mont Blanc is one of the highest peaks in Europe. It is 4807 meters high. Every year, there are about 20,000 climbers who go to the summit.

Beware, if you are not an experienced mountaineer, do not try to tackle this peak!

Chapter 11: Phrasal Verbs and Other Useful Idioms

Dans ce chapitre un peu particulier, Emmy va t'introduire des expressions et des clichés sur la France. Elle va te les partager par le biais d'exercices de lecture. Utilise donc bien toutes les techniques qu'elle t'a appris pour que tu puisses comprendre un maximum d'informations.

In this special chapter, Emmy will introduce you to expressions and clichés about France. She will share them with you through reading exercises. Make sure you use all the techniques she has taught you so that you can understand as much information as possible.

Reading comprehension 10

Lis le texte ci-dessous en utilisant les techniques que t'as données Emmy.

Read the text below using the techniques Emmy has given you.

Emmy a entendu pleins de clichés au cours de ses aventures en France. L'un d'eux est à propos de **la gastronomie**. Avant de venir en France, quand elle regardait un film français, elle s'attendait à ce que tous les français soient de fin gourmets. Pourtant, ce n'est pas le cas.

Bien **évidemment**, la gastronomie française est excellente mais ses habitants mangent aussi des choses simples comme dans les autres pays.

Ce qu'elle a trouvé le plus **étonnant** dans la cuisine française, c'est à quel point les gens mangent **énormément** de viande. Elle qui est **pratiquement** végétarienne, elle était surprise de manger de la viande à midi et le soir lorsqu'elle travaillait dans le restaurant à Biarritz et dans les vignes.

Pendant son voyage, elle a goûté différentes spécialités qu'elle n'aurait jamais penser un jour. Elle a mangé des cuisses de grenouilles, des escargots au beurre à l'ail, du coq au vin,...

Elle a aimé tout ce qu'elle a goûté mais elle aurait aimé retrouver une cuisine un peu plus végétale. Heureusement, dans toutes les grandes villes qu'elle a visité, elle a toujours réussi à trouver un restaurant proposant de bonnes salades, des pâtes aux légumes ou des hamburgers végétariens.

Translation of reading comprehension 10

Emmy has heard many clichés during her adventures in France. One of them is about food. Before coming to France, when she watched a French movie, she expected all French people to be gourmets. However, this is not the case.

Of course, French gastronomy is excellent, but its inhabitants also eat simple things, like in other countries.

What she found most surprising about French cuisine was how much meat people eat. As an almost vegetarian, she was surprised to eat meat at lunch and dinner when she worked in the restaurant in Biarritz and in the vineyards.

During her trip, she tasted different specialties that she would never have thought of. She ate frog legs, snails with garlic butter, and chicken in wine sauce...

She liked everything she tasted, but she would have liked to have found a more vegetable-based cuisine. Fortunately, in all the big cities she visited, she always managed to find a restaurant with good salads, vegetable pasta, or vegetarian burgers.

Vocabulary list 10

Emmy a surligné quelques mots dans le texte qu'elle trouve important que tu apprennes. Si tu ne les connais pas déjà, fais-toi des cartes et répètes-les régulièrement. Elle a aussi décidée de rajouter d'autres mots et d'autres phrases que tu pourras toi-même utiliser lorsque tu iras manger dans un restaurant en France.

Emmy has highlighted some words in the text that she thinks are important for you to learn. If you do not already know them, make flashcards and review them regularly. She also decided to add other words and phrases that you can use yourself when you go to eat in a restaurant in France.

Français	English
La gastronomie	The gastronomy (cuisine)
Évidemment	Of course / obviously
Étonnant	surprising
Énormément	How much / enormously
Pratiquement	Almost
Est-ce que je pourrais avoir l'addition, s'il vous plait?	Can I have the bill, please?
Quel est le menu du jour?	What is on the menu today?
Quelle est votre spécialité?	What is your specialty?
Le pourboire	The tip
Quel vin me conseillez-vous?	Which wine do you recommend?
Avez-vous des alternatives sans gluten?	Do you have any gluten-free alternatives?
D'où provient la viande?	Where does the meat come from?
Est-ce que la nourriture est produite localement?	Is the food produced locally?

Est-ce que le poisson est frais de ce matin?	Is the fish fresh from this morning?
Est-ce qu'il vous reste une table pour 5 personnes?	Do you have a table for 5 people?

Questions to reading comprehension 10

Réponds aux questions ci-dessous.

Answer the questions below.

1. Qu'est-ce que les français mangent beaucoup?

   _____

2. Est-ce qu'Emmy aurait préféré manger plus ou moins de viande?

   _____

3. Quand est-ce qu'elle mangeait 2 fois par jour de la viande?

   _____

4. Où est-ce qu'elle a pu manger des repas végétariens?

   _____

5. Quel est le cliché sur les français qu'Emmy croyait avant de venir en France?

   _____

Les réponses se trouvent dans la partie « Answer Key » à la page 499.
The answers can be found in the "Answer Key" section on page 499.

Reading comprehension 11

Lis le texte ci-dessous en utilisant les techniques que t'as données Emmy.

Read the text below using the techniques Emmy has given you.

Avant de voyager en France, Emmy avait entendu des **rumeurs** disant que les **habitants** à Paris n'étaient pas très **sympathiques**. Elle **appréhendait** donc le début de son voyage car elle commençait par visiter la capitale en prenant des cours de français sur place.

Pourtant, quand elle a atterri à Paris, elle a tout de suite rencontrer des personnes **formidables**. Les parisiens ont toujours été très **accueillant** avec elle. Lorsqu'elle avait des questions pour prendre le métro ou le bus, des **passants** l'aidaient très volontiers.

À la boulangerie proche de son école de langue, le vendeur l'a aidé les premiers jours lorsqu'elle voulait commander un croissant. Il lui a expliqué les différences entre les pains et les brioches. Il l'a même aidé pour la prononciation.

D'ailleurs pendant son séjour à Paris, elle a regardé la série sur Netflix « Emily in Paris » et elle a pu reconnaître certains clichés qui l'ont fait beaucoup rigoler.

Translation of reading comprehension 11

Before traveling to France, Emmy had heard rumors that the inhabitants of Paris were not very friendly. So she was apprehensive about starting her trip because she was going to visit the capital first and take French classes there.

However, when she landed in Paris, she immediately met some great people. Parisians were always very welcoming to her. When she had questions about taking the metro or the bus, passers-by were very willing to help her.

At the bakery near her language school, the shop assistant helped her the first few days when she wanted to order a croissant. He explained the differences between bread and buns. He even helped her with pronunciation.

Moreover, during her stay in Paris, she watched the Netflix series "Emily in Paris" and was able to recognize some clichés that made her laugh a lot.

Vocabulary list 11

Voici quelques mots à apprendre pour parfaire ton vocabulaire. N'hésite pas à en faire des cartes pour faciliter ton apprentissage.

Here are some words to learn to improve your vocabulary. Do not hesitate to make flashcards to help you learn them.

Français	English
La rumeur	The rumor
L'habitant	The inhabitant
Sympathique	Friendly

Appréhender	To apprehend
Pourtant	However
Formidable	Great / wonderful
Accueillant	Welcoming
Le passant, la passante	The passer-by

Questions to reading comprehension 11

Réponds aux questions ci-dessous.

Answer the questions below.

1. Est-ce que le cliché sur les parisiens est vrai selon Emmy?

   _____

2. Est-ce qu'elle était sereine à l'idée de commencer son voyage par Paris?

   _____

3. Où était située la boulangerie où elle mangeait des croissants?

   _____

4. Comment sont les parisiens selon l'expérience d'Emmy?

   _____

5. Dans quelle situation est-ce qu'Emmy a reçu de l'aide des passants?

   _____

Les réponses se trouvent dans la partie « Answer Key » à la page 499.

The answers can be found in the "Answer Key" section on page 499.

Reading comprehension 12

Lis le texte ci-dessous en utilisant les techniques que t'as données Emmy.

Read the text below using the techniques Emmy has given you.

Quand Emmy pensait à la France, elle n'**avait** que la Tour Eiffel **en tête**. Comme elle n'avait jamais visité ce pays, elle ne savait pas trop à quoi **s'attendre** et quand elle parlait à son entourage, les gens ne **citaient** que Paris, Les Champs-Elysées, Notre-Dame de Paris et la Tour Eiffel.

Finalement, en arrivant en France, Emmy a trouvé que cette image de la France était très **réductrice**. La France **regorge** de villes plus intéressantes les unes que les autres. Bien sûr, elle trouve que la Tour Eiffel est très belle mais elle a vu tellement d'autres endroits remplis de **charme** à Paris et ailleurs en France.

Elle a d'ailleurs même **rédigée** une liste de ses endroits préférés. Parmi eux figurent la rivière de l'Ardèche, les Gorges du Verdon, les vignes dans la Bourgogne, la place Bellecour à Lyon, la vue sur le Mont-Blanc depuis Chamonix,...

Dorénavant, lorsqu'elle rentrera en Nouvelle-Zélande et qu'elle parlera de son voyage, elle racontera toutes les merveilleuses choses qu'elle a pu découvrir. Elle ne s'arrêtera pas uniquement à la Tour Eiffel.

Translation of reading comprehension 12

When Emmy thought of France, all she could think of was the Eiffel Tower. As she had never visited the country, she was not sure what to expect, and when she spoke to people around her, they would only mention Paris, the Champs-Elysées, Notre-Dame de Paris, and the Eiffel Tower.

Finally, when she arrived in France, Emmy found that this image of France was very simplistic. France is full of cities, each more interesting than the last. Of course, she thinks the Eiffel Tower is beautiful, but she has seen so many other charming places in Paris and elsewhere in France.

She has even written a list of her favorite places. These include the river Ardèche, the Gorges du Verdon, the vineyards in Bourgogne, the Place Bellecour in Lyon, and the view of Mont Blanc from Chamonix...

From now on, when she returns to New Zealand and talks about her trip, she will tell about all the wonderful things she discovered. She would not just speak about the Eiffel Tower.

Vocabulary list 12

Améliore ton vocabulaire en apprenant les mots de la liste ci-dessous ! En les révisant régulièrement, tu les maitriseras parfaitement.

Improve your vocabulary knowledge by learning the words in the list below! By reviewing them regularly, you will master them perfectly.

Français	English
Avoir en tête	To think of
S'attendre	To expect
Citer	To mention
Réducteur, réductrice	Simplistic / reductive
Regorger	To be full of
Charme	Charming
Rédiger	To write
Dorénavant	From now on

Questions to reading comprehension 12

Réponds aux questions ci-dessous.

Answer the questions below.

1. Quel est le monument dont Emmy avait entendu parler le plus avant son voyage?

   _____

2. Est-ce qu'elle trouve que ce cliché donne une bonne image de la France?

   _____

3. Cite 3 adjectifs qui apparaissent dans le texte.

   _____

4. Comment va-t-elle raconter son voyage à son retour en Nouvelle-Zélande?

   _____

5. Est-ce qu'elle a quand même aimé visiter la Tour Eiffel?

   _____

Les réponses se trouvent dans la partie « Answer Key » à la page 499.
The answers can be found in the "Answer Key" section on page 499.

French expressions

Pendant son séjour à l'étranger, Emmy a remarqué que les français utilisaient beaucoup d'expressions qui sont très différentes de celles qu'elle connait en anglais. Elle t'a fait une petite liste des plus courantes.

During her stay abroad, Emmy noticed that the French use many expressions that are very different from those she knows in English. She has made you a short list of the most common ones.

Expression en français	Sens de l'expression
Avoir un coup de foudre	To fall in love at first sight
Tomber dans les pommes	To faint
Il pleut des cordes	It is raining cats and dogs
Appeler un chat, un chat	To name something by their name
Se jeter dans la gueule du loup	To expose yourself to danger
Ce n'est pas la mer à boire	It is not a big deal
Avoir un coup de barre	To be tired
Poireauter	To wait
Avoir un cœur d'artichaut	To fall in love really quickly
Avoir le cœur sur la main	To be generous
Sécher les cours	To skip school

N'hésite pas à rechercher d'autres expressions en français qui pourraient t'être utile. Il y en a pleins sur internet :
https://www.laculturegenerale.com/expressions-francaises-liste/

Do not hesitate to look for other French expressions that might be useful. There are plenty of them on the internet:
https://www.laculturegenerale.com/expressions-francaises-liste/

Exercises section

Dans cette section d'exercices, tu trouveras divers exercices de grammaire, conjugaison et vocabulaire pour ainsi pouvoir t'exercer.

In this exercise section, you will find various grammar, conjugation, and vocabulary exercises to practice.

Exercise 17

Relie les expressions à la bonne définition. Si tu ne les connais pas toutes, n'hésite pas à les ajouter dans tes listes de vocabulaire.

Link the words to the correct definition. If you do not know them all, feel free to add them to your vocabulary lists.

Avoir la pêche	●	● Gagner suffisamment d'argent pour bien vivre
Avoir les yeux plus gros que le ventre	●	● Dormir tard le matin
Il fait un froid de canard	●	● Être en forme / de bonne humeur
Filer à l'anglaise	●	● Partir en douce
Être un faux jeton	●	● Être gourmand
Faire la grasse matinée	●	● Se faire duper
Se faire rouler dans la farine	●	● Ne pas se rendre au rendez-vous
L'habit ne fait pas le moine	●	● Être ambitieux
Joindre les deux bouts	●	● Il fait très froid
Avoir les dents longues	●	● Être un menteur / un hypocrite
Poser un lapin	●	● Les apparences sont trompeuses

Les réponses se trouvent dans la partie « Answer Key » à la page 499.
The answers can be found in the "Answer Key" section on page 499.

Exercise 18

Place les verbes de la liste ci-dessous dans la phrase pour qu'elle ait du sens. Attention, il faut que tu les conjugues de la bonne manière.

Using the following list, place the verbs into the sentence so that it makes sense. Be careful; you have to conjugate them in the right way.

La liste de verbes: manger / ne pas oublier / faire / parcourir / travailler / rejoindre / prévoir / aimer / tomber / skier

1. Emmy _____ cinq fruits et légumes par jour pour être en bonne santé.
2. Emmy _____ toute la France pendant une année entière.
3. La famille d'Emmy la _____ pour deux semaines de vacances.
4. Emmy _____ particulièrement _____ son séjour à Toulouse.
5. Elle _____ la connaissance de belles personnes.
6. Elle _____ dans un restaurant au bord de la mer.
7. Jean _____ amoureux d'elle.
8. Jean _____ de faire un PVT en Nouvelle-Zélande pour revoir Emmy.
9. Pendant les vacances, la maman d'Emmy _____ sur la montagne.
10. Emmy _____ jamais son expérience en France.

Les réponses se trouvent dans la partie « Answer Key » à la page 499.
The answers can be found in the "Answer Key" section on page 499.

Did you know...?

Est-ce que tu savais que selon le pays d'où tu viens, tu as la possibilité de faire la même expérience qu'Emmy en France?

Le PVT (permis vacances/travail) est un visa réservé aux jeunes (généralement âgés de 18 à 30 voire 35 ans) qui veulent travailler dans un pays étranger et profiter pour le visiter.

Par exemple, si tu viens d'Argentine, d'Australie, du Brésil, du Canada, du Chili, de Colombie, de Corée du Sud, de Hong Kong, du Japon, du Mexique, de Nouvelle-Zélande, de Russie, de Taiwan ou d'Uruguay, tu as la possibilité de faire ta demande de visa. Alors, si l'expérience te tente et que tu souhaites venir en France pour travailler, apprendre le français et voyager pendant un an, n'hésite plus et fais ta demande!

Did you know that depending on the country you come from, you can have the same experience as Emmy in France?

The WHV (working holiday visa) is a visa reserved for young people (generally ages between 18 and 30 or even 35 years old) who want to work in a foreign country and visit it.

For example, if you come from Argentina, Australia, Brazil, Canada, Chile, Colombia, South Korea, Hong Kong, Japan, Mexico, New Zealand, Russia, Taiwan, or Uruguay, you can apply for that visa in France. So, if you are interested in coming to France to work, learn French, and travel for a year, do not hesitate to apply!

Chapter 12: Formal Writing

Dans ce dernier chapitre, Emmy va t'apprendre comment rédiger les différents types de texte. De la lettre de motivation pour décrocher ton premier job à une dissertation scolaire pour réussir tes examens, tu auras toutes les cartes en main pour améliorer tes compétences à l'écrit. D'ailleurs, si tu as besoin de plus d'exemples, n'hésite pas à aller chercher sur internet. Tu trouveras pleins d'autres modèles qui pourront t'aider. Ci-dessous, Emmy te donne quelques liens qui pourront t'être utiles.

In this final chapter, Emmy will teach you how to write different types of texts. From a cover letter to get your first job to a school essay to pass your exams, you will have everything you need to improve your writing skills. By the way, if you need more examples, do not hesitate to look on the internet. You will find plenty of other models that can help you. Below, Emmy gives you some links that may be useful to you.

Pour ta letter formelle / For your formal letter:

https://www.laposte.fr/courriers-colis/conseils-pratiques/rediger-une-lettre-formelle-quelles-formules-de-politesse

Pour ta lettre de motivation / For your cover letter:

https://www.cadremploi.fr/editorial/conseils/lettre-de-motivation/comment-bien-ecrire-une-lettre-de-motivation

Pour ton CV / For your resume:

https://www.moncvparfait.fr

Everything about writing

Ce thème est très important si tu as prévu de passer un examen pour évaluer ton niveau de français ou si tu as envie de postuler pour trouver un travail en France. Dans les deux cas, le vocabulaire et l'orthographe sont deux disciplines très importante pour ce chapitre. Alors, si tu as besoin d'un dictionnaire pour trouver un synonyme ou pour vérifier l'orthographe d'un mot pour rendre tes phrases plus belles, n'hésite pas à les utiliser. Il y en a pleins sur internet qui sont très pratique.

This topic is very important if you are planning to take an exam to assess your level of French or if you want to apply for a job in France. In both cases, vocabulary and spelling are very important for this chapter. If you need a dictionary to find a synonym or to check the spelling of a word to make your sentences more beautiful, do not hesitate to use them. There are plenty of them on the internet that are very handy.

Dictionnaire des synonymes / Dictionary of synonyms: https://crisco4.unicaen.fr/des/

Dictionnaire Le Robert / Dictionary Le Robert: https://dictionnaire.lerobert.com/

Formal letter

Emmy veut t'introduire ce chapitre en te montrant comment écrire une lettre formelle. En français, il y a plusieurs règles à respecter pour que la lettre soit correctement composée.

Premièrement, la mise en page doit être impeccable. Tu retrouveras un exemple à la page suivante qui te montrera exactement où placer les informations. En haut à gauche de ta lettre, tu dois mettre tes coordonnées. C'est-à-dire que tu vas mettre ton prénom et ton nom, ton adresse, ton numéro de téléphone et même ton adresse e-mail si nécessaire. À la même hauteur mais à droite, tu devras mettre le lieu et la date à laquelle tu écris cette lettre. En dessous du lieu et de la date, tu peux ensuite mettre l'adresse du destinataire. Le destinataire est celui à qui tu adresses la lettre. Quelques lignes plus bas, tu peux ajouter le sujet de ta lettre. Par exemple, si tu souhaites faire une réclamation par rapport à un vêtement que tu as commandé sur internet qui est arrivé en mauvais état, tu peux ajouter le numéro de ta commande en précisant « réclamation ».

Ensuite, si tu sais exactement à qui adresser la lettre, tu peux préciser: « Madame Dubois, » ou « Monsieur Leprêtre, ». Si tu écris à une entreprise et donc tu ne sais pas à qui tu dois t'adresser, il faut que tu mettes: « Madame, Monsieur, ». Suite à cela vient le corps de texte. Ta lettre n'a pas besoin d'être très longue mais elle doit être claire et doit contenir toutes les formes de politesse nécessaires. C'est-à-dire qu'à la fin de la lettre, il faudra aussi saluer le destinataire en écrivant par exemple: « Dans l'attente de vos nouvelles, je vous adresse, Madame, Monsieur, mes meilleures salutations ».

Emmy wants to introduce you to this chapter by showing you how to write a formal letter. In French, there are several rules that must be followed for a letter to be properly composed.

First, the layout must be perfect. You will find an example on the next page that will show you exactly where to place the information. At the top left of your letter, you should put your contact details. This means that you should put your first and last name, your address, your telephone number, and even your e-mail address if necessary. At the same height but on the right, you should put the place and date you are writing this letter. Below the place and date, you can put the address of the recipient. The recipient is the person to whom you are addressing the letter. A few lines down, you can add the subject of your letter. For example, if you want to make a complaint about a piece of clothing you ordered on the internet that arrived in a bad state, you can add the number of your order and specify "complaint."

Then, if you know exactly who to address the letter to, you can specify: "Mrs. Dubois" or "Mr. Leprêtre." If you are writing to a company and you don't know who you should address, you should write: "Dear Sir or Madam." After that comes the body of the text. Your letter doesn't have to be very long, but it should be clear and contain all the necessary forms of politeness. At the end of the letter, you should also end the salutation by writing, for example: "I look forward to hearing from you."

À la page suivante, tu trouveras un exemple de lettre formelle / On the next page you will find an example of a formal letter:

Emmy Simperingham
20 Rue Charles de Freycinet
64200 Biarritz
+33 6 44 20 98 27
Emmy.Simperingham@hotmail.com

Biarritz, le 14 juin 2022

Zalando
21 Boulevard Haussmann
75009 Paris

Réclamation commande n°12345

Madame, Monsieur,

    J'ai passé commande sur votre site internet en date du 2 juin 2022 et je voulais vous informer qu'un de mes articles (référence 3879) m'a été envoyé avec un défaut.

    En effet, lorsque j'ai voulu essayer le vêtement, le tissu du t-shirt avait un trou sur la manche. Par conséquent, je suis contrainte de vous le renvoyer dans l'état actuel, c'est-à-dire troué.

    Voulant vraiment obtenir ce t-shirt en bon état mais refusant de payer les frais de port pour un article abîmé, je vous prierais de me contacter afin que nous puissions trouver une solution satisfaisante pour vous et moi.

    Dans l'attente de votre réponse, je vous adresse, Madame, Monsieur, mes meilleures salutations.

Emmy Simperingham

E. Simperingham

Formal letter's translation

Emmy Simperingham
20 Rue Charles de Freycinet
64200 Biarritz
+33 6 44 20 98 27
Emmy.Simperingham@hotmail.com

Biarritz, le 14 juin 2022

Zalando
21 Boulevard Haussmann
75009 Paris

Complaint order no. 12345

Dear Sir or Madam,

I placed an order on your website on 2 June 2022 and I wanted to inform you that one of my items (reference 3879) was sent to me with a defect.

Indeed, when I wanted to try on the clothes, the fabric of the t-shirt had a hole on the sleeve. Therefore, I have to send it back to you in its current state, i.e., with a hole.

However, I really want to get this t-shirt in good condition but refuse to pay the shipping costs for a damaged item. Please contact me so that we can find a satisfactory solution for you and me.

I look forward to hearing from you.

Best regards,

Emmy Simperingham

E. Simperingham

Essay

Si tu décides de passer un examen officiel pour évaluer ton niveau de français, tu auras une rédaction à écrire. La plupart du temps, tu recevras un thème donné et tu devras écrire par rapport à ce sujet. Si tu passes un examen niveau A1 à B1, tu auras probablement une lettre à un ami à rédiger. À partir du niveau B2, il y a très souvent un texte argumentatif à faire. C'est d'ailleurs sur celui-ci que nous allons nous concentrer car c'est celui qui demande le plus de technique.

Tout d'abord, un texte argumentatif, comme son nom l'indique, est un texte où tu devras écrire différents types d'arguments. Le but de ce type de texte est que tu rédiges une argumentation avec plusieurs arguments positifs et négatifs. Selon le thème que tu recevras, tu te définiras plutôt « pour » ou plutôt « contre ». Cependant, ton avis réel ne compte pas dans ce genre de texte car l'examinateur ne te jugera pas sur ton opinion mais sur ta manière d'écrire. C'est pourquoi, tu devras rédiger des avis positifs et des avis négatifs.

Il y a une structure que tu dois absolument respecter. Ta rédaction argumentative doit toujours commencer par une introduction. L'introduction sert à introduire le sujet. Tu dois introduire le sujet de manière neutre tout en donnant envie au lecteur de continuer à lire ton texte. L'introduction se fait en 1 paragraphe.

Après l'introduction vient le corps de texte général où tu devras développer tes arguments. Selon ton positionnement, je te recommande de donner 3 arguments « pour » et 1 à 2 arguments « contre » ou inversement. Dans tes arguments, tu peux utiliser des statistiques si tu connais des chiffres réels, par contre, tu n'auras pas le droit d'utiliser internet pendant ta rédaction donc si tu n'es pas sûr de toi, ne donne pas de chiffre précis. Si tu connais des citations, n'hésite pas à en ajouter car cela pourra appuyer tes arguments. Pour chaque argument il faudra faire un nouveau paragraphe.

Finalement, dès que tu auras rédigé tous tes arguments et tes contre-arguments, tu devras écrire ta conclusion. La conclusion sert à clôturer ton texte. Elle sert à récapituler tout ce que tu as dit plus haut. Tu n'es pas obligé de donner ton avis personnel dans cette partie mais tu peux le faire si tu trouves que cela apporte quelque chose au texte.

Aussi, ce qui est très important c'est de bien suivre les consignes qui te sont données. Parfois, tu auras un nombre de mots précis à respecter ou d'autres consignes. Alors avant de te lancer dans la rédaction, penche toi quelques minutes sur les consignes et réfléchis à ce que tu pourrais écrire. Une bonne rédaction se prépare et ne doit pas être écrite à froid. Tu as normalement toujours le droit d'utiliser un papier brouillon sur lequel tu peux rédiger un plan.

If you decide to take an official exam to assess your level of French, you will have an essay to write. Most of the time, you will be given a topic, and you will have to write about it. If you are taking an exam at A1 to B1 level, you will probably have a letter to a friend to write. From level B2 onwards, there is very often an argumentative text to be written. This is the one we will focus on, as it requires the most technique.

First of all, an argumentative text, as its name suggests, is a text where you have to write different types of arguments. The aim of this type of text is that you write an argument with several positive and negative arguments. Depending on the topic you receive, you will define yourself as either 'for' or 'against.' However, your real opinion does not count in this type of text because the examiner will not judge you on your opinion but on the way you write. Therefore, you should write both positive and negative opinions.

There is a structure that you must follow. Your argumentative essay should always start with an introduction. The introduction serves to introduce the topic. You should introduce the topic in a neutral way and, at the same time, make the reader want to continue reading your text. The introduction is one paragraph long.

After the introduction comes the general body of the text, where you have to develop your arguments. Depending on your position, I recommend that you give 3 arguments "for" and 1 to 2 arguments "against" or vice versa. In your arguments, you can use statistics if you know real figures, but you will not be allowed to use the internet during your essay, so if you are not sure, do not give precise figures. If you know any quotes, do not hesitate to add them, as they may support your arguments. For each argument, you will have to write a new paragraph.

Finally, once you have written all your arguments and counter-arguments, you should write your conclusion. The conclusion is the final part of your text. It summarises everything you have said above. You do not have to give your personal opinion in this part, but you can do so if you think it adds something to the text.

Also, it is very important to follow the instructions given to you. Sometimes you will have a specific word count or other instructions. So before you start writing, take a few minutes to look at the instructions and think about what you could write. A good essay is prepared and should not be written on the spot. You are normally always allowed to use a rough paper on which you can write an outline.

À la page suivante, tu trouveras un exemple de rédaction de type argumentative. Le thème choisi est « Les voyages en avion influencent le réchauffement climatique »

On the next page, you will find an example of an argumentative essay. The theme chosen is "traveling by plane influences global warming."

Titre:

Les voyages en avion influencent le réchauffement climatique.

Title:

Travels by plane influence global warming.

Introduction:

Au XXIe siècle, la question du réchauffement climatique se pose de plus en plus. Notre planète Terre se réchauffe d'année en année à cause de la pollution émise par les humains. Parmi tous les types de pollution, une fait souvent la une des journaux: les trajets en avion.

Introduction:

In the 21st century, the issue of global warming is becoming increasingly important. Our planet Earth is getting warmer every year because of the pollution emitted by humans. Of all the types of pollution, one often makes the headlines: travels by plane.

Argument 1:

Cela n'a de secret pour personne: prendre l'avion pollue la planète. Peut-être l'avez-vous entendu, certaines compagnies aériennes maintiennent leurs vols même si l'avion est complètement vide. Prendre l'avion est une chose mais faire voler un avion vide en est une autre. Selon les compagnies aériennes, elles font cela pour maintenir leurs places dans les aéroports malgré la pollution émise.

Argument 1:

It's no secret that flying pollutes the planet. You may have heard that some airlines keep flying even when the plane is completely empty. Flying is one thing, but flying an empty plane is another. According to the airlines, they do this to keep their places in the airports despite the pollution emitted.

Argument 2:

Afin de voyager en toute sécurité, nos dirigeants ou des célébrités utilisent leur jet privé pour aller d'un point A à un point B. Ces personnes-là le font car elles en ont les moyens mais est-ce qu'elles se soucient réellement de la Terre en faisant cela? Bien que leur sécurité soit importante et non négligeable, n'y a-t-il pas d'autres moyens de voyager en toute sécurité?

Argument 2:

In order to travel safely, our leaders or celebrities use their private jet to go from point A to point B. These people do this because they can afford it, but do they really care about the Earth in doing so? While their safety is important and not insignificant, are there not other ways to travel safely?

Argument 3:

De nos jours et particulièrement dans les pays riches, l'avion est utilisé très régulièrement et cela même pour des courtes distances. En effet, prendre l'avion pour faire un trajet de Paris à Lisbonne coûte actuellement moins cher que de prendre le train. Les gens ont donc une préférence à prendre l'avion car cela est bénéfique pour leur porte-monnaie et ils gagnent aussi en temps.

Argument 3:

Nowadays, especially in rich countries, traveling by plane is very common, even for short distances. Indeed, flying from Paris to Lisbon is currently cheaper than taking the train. People, therefore, prefer to fly because it is good for their wallets and saves time.

Contre-argument 1:

Bien que les gens utilisent de plus en plus l'avion, il reste un moyen de transport coûteux notamment pour les personnes vivant dans des pays en voie de développement. La majorité des gens sur cette planète n'utilise pas ce moyen de transport et il reste occasionnel pour les autres.

Counter-argument 1:

Although people are increasingly using the plane for their travels, it remains an expensive means of transport, especially for people living in developing countries. The majority of people on this planet do not use this transportation, and it remains occasional for others.

Conclusion:

En conclusion, bien que certaines personnes n'aient jamais pris l'avion, ce mode de transport reste un moyen extrêmement polluant. Prendre l'avion, même qu'une fois par année, vous fera contribuer d'une manière ou d'une autre au réchauffement climatique.

Conclusion:

In conclusion, although some people have never flown, it is still an extremely polluting mode of transport. Flying, even once a year, will make you contribute in one way or another to global warming.

Et toi, qu'en penses-tu à ce sujet? Emmy te laisse la place sur la prochaine page pour que tu puisses écrire ton texte argumentatif sur le même thème.

What do you think about this? Emmy leaves room on the next page for you to write your argumentative piece on the same theme.

_____

_____

_____

_____

_____

_____

_____

_____

_____

_____

Report

Un rapport est généralement un document officiel qu'on rédige pour avoir une trace de ce qui a été dit. Dans un tel cas, on appelle cela en français un PV (procès-verbal). La personne qui s'occupe de rédiger le PV doit écouter très attentivement tout ce qui se dit lors de la réunion afin de reporter cela correctement par écrit.

Il existe plusieurs techniques pour prendre un PV. Certaines personnes préfèrent enregistrer sur un téléphone tout ce qui a été dit pour ensuite pouvoir le retranscrire ensuite. Attention, si la réunion comporte des sujets sensibles ou confidentiels, il te sera peut être interdit d'enregistrer cela.

Personnellement, quand Emmy doit prendre un PV lors des réunions qu'il y a eu dans le restaurant dans lequel elle travaillait, elle écrivait toujours le nom de la personne qui parlait et ensuite elle écrivait des mots clés pour ensuite réécrire au propre tout le document.

Lorsque tu as terminé de rédiger ton rapport, il est nécessaire de relire ton orthographe et de l'envoyer aux personnes qui sont censés recevoir le document.

A report is usually an official document that is drawn up to keep a record of what has been said. In this case, it is called a PV (procès-verbal). The person who writes it has to listen very carefully to everything that is said at the meeting in order to write it down correctly.

There are several techniques for taking the PV. Some people prefer to record everything that is said on a telephone and then transcribe it. Be aware that if the meeting is sensitive or confidential, you may not be allowed to record it.

Personally, when Emmy had to take the report at meetings in the restaurant where she worked, she always wrote down the name of the person who spoke and then wrote down keywords, and then rewrote the whole document.

When you have finished writing your report, it is necessary to proofread your spelling and send it to the people who are supposed to receive the document.

Voilà ce qu'elle écrivait par exemple dans le PV / This is what she wrote in the report, for example:

Martin: Je vous remercie tous de participer à cette réunion aujourd'hui. Merci à Emmy pour la rédaction du PV. Nous allons parler aujourd'hui des nouveaux menus pour le mois prochain. Julie, est-ce que tu peux nous dire ce que tu as prévu de mettre à la carte ?

Julie: Pour le mois prochain, nous avons décidé avec Anna de mettre des nouveaux produits de saison à la carte. Nous allons donc commencer à cuisiner les légumes d'automne et rajouter des spécialités à base de champignons.

Resume

Si tu as décidé de venir travailler en France, il faudra que tu te fasses un CV (curriculum vitae). En français, on utilise le mot latin ou l'abréviation « CV » pour désigner le « resume ».

Un CV doit contenir toutes les informations nécessaires pour que le recruteur ait envie de t'engager. Donc, il doit y avoir tes informations personnelles (prénom, nom, adresse postale, adresse e-mail, numéro de téléphone, permis de conduire), ton parcours scolaire (lycée, université, ...), ton parcours professionnel (stage, job d'étudiant, job), tes connaissances linguistiques suivies du niveau que tu as dans ses langues (A1, A2, B1, B2, C1, C2, langue maternelle), tes loisirs, tes compétences en informatique (suivant le travail pour lequel tu postules) et tes qualités.

Dans ton CV, tu peux y ajouter de la couleur mais attention à ne pas utiliser des couleurs trop forte. Des couleurs claires seront plus appréciées comme le bleu clair, le vert pâle,...

Il est généralement conseillé de mettre sa photo dans le coin en haut à gauche de ton CV. Ta photo doit être professionnel et il n'y a pas besoin de te prendre de la tête au pied. Tu peux par exemple prendre une photo passeport où l'on voit ta tête et tes épaules.

If you have decided to come and work in France, you will have to make a CV (curriculum vitae). In French, the Latin word or abbreviation "CV" is used for "resume."

A CV should contain all the information necessary for the recruiter who wants to hire you. So, it should contain your personal information (first name, last name, postal address, e-mail address, telephone number, driving license), your educational background (high school, university, ...), your professional background (internship, student job, job), your language skills followed by the level you have in these languages (A1, A2, B1, B2, C1, C2, mother tongue), your hobbies, your computer skills (depending on the job you are applying for) and your qualities.

In your CV, you can add some color but be careful not to use too strong colors. Light colors are more appreciated, such as light blue, light green, etc.

It is generally recommended to put your photo in the top left corner of your CV. Your photo should be professional, and there is no need to take a headshot. You can, for example, take a passport photo where your head and shoulders are visible.

À la page suivante, tu trouveras un exemple de CV qu'Emmy a rédigé pour postuler dans le restaurant à Biarritz. Tu peux inspirer du sien mais n'oublie pas de le render créatif pour qu'il attire l'œil du recruteur!

On the next page, you will find an example of the CV that Emmy wrote to apply for the restaurant in Biarritz. You can take inspiration from hers but do not forget to make it creative so that it catches the recruiter's eye!

Emmy Simperingham
20 Rue Charles de Freycinet
64200 Biarritz
+33 6 44 20 98 27
Emmy.Simperingham@hotmail.com
Permis de conduire international

Persévérante
Réactive
Bienveillante

Loisirs:
Natation
Surf
Paddle

Disponible à travailler de suite

Expériences professionnelles:
01.2022 - 04.2022: aide en cuisine dans un restaurant à Auckland (Nouvelle-Zélande)
12.2020 - 03.2022: serveuse dans un café à Gisborne (Nouvelle-Zélande)
07.2020: stage de cuisinière à Wanui Beach (Nouvelle-Zélande)
01.2019 - 12.2019: serveuse dans un restaurant à Gisborne (Nouvelle-Zélande)

Parcours scolaire:
2019 à 2022: en économie à Wellington (Nouvelle-Zélande) - Bachelor obtenu avec mention
2014 à 2019: Lycée à Gisborne avec option économie et droit

Connaissances linguistiques:
Anglais - langue maternelle
Français - niveau entre B1 et B2
Je suis actuellement des cours de français pour m'améliorer
Espagnol - notions, niveau A2

Compétences informatiques:
Utilisation courante des outils MS office
Utilisation courante du logiciel Wincash pour enregistrer les dépenses d'un restaurant

Cover letter

Comme précédemment, si tu souhaites postuler pour trouver un travail en France, tu devras joindre une lettre de motivation à ta candidature. N'oublie pas, ta candidature doit toujours contenir une lettre de motivation, un CV, tes diplômes éventuellement et ton dernier certificat de travail attestant que tu as bel et bien travaillé à telle ou telle place.

Une lettre de motivation se rédige sur une page A4 au maximum. Elle peut être mise en page de la même manière que la lettre formelle.

Ta lettre de motivation doit contenir plusieurs paragraphes. Le premier paragraphe parle de l'endroit où tu as trouvé l'offre d'emploi. Le deuxième paragraphe explique ce que tu as fait auparavant. Le troisième raconte tes motivations pour le travail pour lequel tu postules et pourquoi tu serais le/la candidat/e idéal/e. Le dernier paragraphe est réservé pour les salutations. N'oublie pas de toujours signer ta lettre à la main en bas de la page.

As before, if you want to apply for a job in France, you will need to attach a cover letter to your application. Remember, your application should always contain a cover letter, a CV, any diplomas you may have, and your last work certificate proving that you have worked at such and such a place.

A cover letter should be written on a maximum of one A4 page. It can be formatted in the same way as the formal letter.

Your cover letter should contain several paragraphs. The first paragraph talks about where you found the job offer. The second paragraph explains what you have done before. The third paragraph tells what motivates you for the job you are applying for and why you would be the ideal candidate. The last paragraph is reserved for salutations. Remember to always sign your letter by hand at the bottom of the page.

À la page suivante, tu trouveras la lettre qu'Emmy a écrite pour postuler au restaurant dans lequel elle a travaillé à Biarritz

On the next page, you will find the letter Emmy wrote to apply for the restaurant where she worked in Biarritz:

Emmy Simperingham
20 Rue Charles de Freycinet
64200 Biarritz
+33 6 44 20 98 27
Emmy.Simperingham@hotmail.com

Biarritz, le 23 avril 2022

Le Corsaire
15 All Port des Pêcheurs
64200 Biarritz

Candidature au poste de serveuse à 100%

Madame, Monsieur,

   Ayant vu votre annonce sur internet pour le poste de serveuse à 100% au sein de votre restaurant « Le Corsaire », je me permets de vous adresser ma candidature pour ce travail. Je suis disponible de suite.

   Je suis arrivée en France il y a quelques semaines et je suis à la recherche d'un emploi. Pendant mes études en Nouvelle-Zélande, j'ai toujours travaillé dans la restauration. En effet, j'ai exercé le métier de serveuse mais aussi d'aide en cuisine.

   Je suis donc très intéressée par le poste que vous proposez afin de pouvoir m'épanouir dans le milieu professionnel en France. Travailler pour votre restaurant serait pour moi l'occasion de pratiquer mon français et de m'intégrer dans la vie ici. Étant de langue maternelle anglaise, je serai à même de servir les clients ne parlant pas le français. Passionnée par ce métier et étant naturellement bienveillante et au service des gens, je pense être la candidate parfait pour ce travail.

   Je suis bien évidemment disponible pour un entretien par téléphone ou dans votre restaurant. Dans l'attente de votre réponse que j'espère favorable, je vous adresse, Madame, Monsieur, mes meilleures salutations.

Emmy Simperingham

E. Simperingham

Professional e-mail

Lorsque tu souhaites rédiger un e-mail professionnel, suivant à la personne à qui tu l'adresses, tu pourras utiliser le tutoiement (pronom « tu ») ou le vouvoiement (pronom « vous »). C'est-à-dire que si tu l'écris à un/e collègue dont tu es proche, tu peux sans autre utiliser le pronom « tu » tout en restant poli. Si tu dois envoyer un e-mail à un client, l'usage du « vous » est recommandé.

Selon la politique de ton entreprise, peut-être qu'il est obligatoire de tutoyer ou de vouvoyer tout le monde. Emmy va te montrer deux exemples d'e-mail professionnel que tu pourrais rencontrer au cours de ta carrière en France.

Comme tu peux le voir dans les deux exemples à la page suivante, Emmy a réalisé des e-mails professionnels en utilisant le tutoiement envers sa collègue et le vouvoiement envers un client. L'important est d'être clair et de ne pas faire d'erreurs. Les textes n'ont pas de longueur précise mais il est judicieux d'être bref dans la rédaction d'un e-mail.

When you want to write a professional e-mail, depending on the person to whom you are addressing it, you can use the pronoun "tu" or the pronoun "vous." This means that if you are writing to a colleague you are close to, you can use the pronoun "tu" without further ado while remaining polite. If you have to send an e-mail to a client, the use of "vous" is recommended.

Depending on your company's policy, it may be compulsory to be on "tu" or "vous" terms with everyone. Emmy will show you two examples of business e-mails that you might encounter in your career in France.

As you can see in the two examples on the next page, Emmy has produced professional emails using the first name of her colleague and the last name of a client. The important thing is to be clear and not make mistakes. The texts do not have a specific length, but it is a good idea to be brief when writing an e-mail.

Exemple de mail 1 / Example of an email 1:

Objet: Chiffres de Noël

Bonjour Martine,

Je te remercie pour l'envoi du document. Je vais l'analyser puis le transférer à ma cheffe si tout est bon.

En annexe, je te transmet les chiffres des ventes de Noël. Pourrais-tu les vérifier stp?

D'avance, je te remercie pour ton retour et te souhaite une bonne journée.

Emmy Simperingham

Exemple de mail 2 / Example of an email 2:

Objet: Votre demande du 01.12.2022

Monsieur,

Je vous confirme que nous avons bien reçu les documents que vous nous avez transmis. Aussi, je vous confirme la prolongation de délai au 30.06.2023 afin que vous puissiez faire le nécessaire.

En cas de questions, n'hésitez pas à nous contacter.

Avec mes meilleures salutations,

Emmy Simperingham

Entreprise ABC

32 Rue du Lac

44000 Nantes

Did you know…?

Est-ce que tu savais qu'il était très difficile de licencier un employé en France ?

La France est un pays qui possède un code du travail très stricte. En effet, lorsque quelqu'un est engagé en CDI (contrat à durée indéterminée), il est extrêmement difficile de le licencier. Si l'employé n'a pas fait d'erreur grave, il est quasi impossible de lui demander de quitter l'entreprise.

Cela peut paraître très avantageux pour les employés et pourtant, ce système-là comporte des failles. Les employeurs savent très bien qu'il est difficile de congédier quelqu'un qui possède un contrat de travail à durée indéterminée, c'est pourquoi, par précaution, ils préfèrent faire des CDD (contrat de travail à durée déterminée). Le CDD peut durer plusieurs années et est renouvelable. Si l'employé fait ses preuves, il pourra ensuite être engagé en CDI selon les besoin de l'entreprise.

Cependant, une situation en CDD n'est pas forcément idéale pour tout le monde. En effet, si l'employé en CDD souhaite louer un appartement, celui-ci risque de lui être refusé car il n'a pas un contrat de travail stable. De même si cette personne souhaite contracter un crédit, la banque risque de le lui refuser.

Did you know that it is very difficult to dismiss an employee in France?

France is a country with a very strict labor code. Indeed, when someone is hired on a CDI (permanent contract), it is extremely difficult to fire them. If the employee has not made a serious mistake, it is almost impossible to ask them to leave the company.

This may sound very advantageous for employees, but there are flaws in this system. Employers know very well that it is difficult to dismiss someone with a permanent contract, so as a precaution, they prefer to use CDD (fixed-term contracts). A fixed-term contract can last for several years and is renewable. If the employee proves his or her worth, he or she can then be hired on an open-ended contract, depending on the company's needs.

However, a fixed-term contract is not necessarily ideal for everyone. If an employee on a fixed-term contract wishes to rent a flat, he or she may be refused because he or she does not have a stable employment contract. Similarly, if they want to take out a loan, the bank may refuse them.

Congratulations!

Félicitations! Si tu es arrivé jusqu'à cette page, c'est que tu as terminé tout le livre. J'espère que mes aventures à travers la France t'ont plu et que tu as pu progresser en français grâce à mes conseils et astuces. J'espère que tu te décideras à faire comme moi et à sauter le pas pour te retrouver en voyage en France. Je te le garantis, l'expérience en vaut la peine!

Congratulations! If you have reached this page, you have finished the whole book. I hope you enjoyed my adventures through France and that you were able to improve your French thanks to my tips and tricks. I hope you will decide to do as I did and take the plunge to find yourself traveling in France. I guarantee you, the experience will be worth it!

A bientôt pour de nouvelles aventures!

See you soon for further adventures!

Emmy

Answer Key

Dans cette section, tu retrouveras toutes les réponses aux exercices que tu as réalisé pendant ton apprentissage du français. N'hésite pas à refaire plusieurs fois les exercices afin de les maitriser complétement. Si tu fais plusieurs erreurs, tu peux toujours retourner dans le chapitre en question afin de revoir la théorie.

In this section, you will find all the answers to the exercises you have done while learning French. Do not hesitate to do the exercises several times in order to master them completely. If you make several mistakes, you can always go back to the chapter in question to review the theory.

Answers to the quiz: Are You An Advanced Speaker?

Answers to exercise 1

Français	English
Le chien	The dog
L'oiseau	The bird
Le cheval	The horse

Le poisson	The fish
Le soleil	The sun
La pluie	The rain
La météo	The weather
Le nuage	The cloud
Le fromage	The cheese
Le repas	The meal
Le pain	The bread
Le gâteau	The cake
La salle de bain	The bathroom
Le salon	The living room
La chambre à coucher	The bedroom
Le jardin	The garden
L'infirmier, l'infirmière	The nurse
L'avocat, l'avocate	The lawyer
Le boulanger, la boulangère	The baker
Le docteur, la doctoresse	The doctor

La chaussure	The shoe
La robe	The dress
Le pantalon	The pants
La jupe	The skirt
La ville	The city
Le village	The village
Le pays	The country
Le continent	The continent
La gare	The train station
Le bus	The bus
La voiture	The car
Le vélo	The bike

Answers to exercise 2

Être – to be			
Personnes	**Présent**	**Imparfait**	**Futur simple**
Je / J'	suis	étais	serai
Tu	es	étais	seras
Il / elle / on	est	était	sera

Nous	sommes	étions	serons
Vous	êtes	étiez	serez
Ils / elles	sont	étaient	seront

Avoir – to have			
Personnes	Présent	Imparfait	Futur simple
Je / J'	ai	avais	aurai
Tu	as	avais	auras
Il / elle / on	a	avait	aura
Nous	avons	avions	aurons
Vous	avez	aviez	aurez
Ils / elles	ont	avaient	auront

Answers to exercise 3
1. Emmy a pris l'avion pour venir en France.
2. Elle a appris le français à l'école.
3. Elle vient pour travailler et voyager en France.
4. Elle espère se faire pleins d'amis.
5. Elle se réjouit de cette nouvelle aventure.

Answers to exercise 4

Singulier -singular	Pluriel - plural
Le bateau	Les bateaux
L'appartement	Les appartements
Le jeu	Les jeux
Le journal	Les journaux
Le clou	Le clous
La montagne	Les montagnes
Le cours	Les cours
Le château	Les châteaux
La bière	Les bières
La fromagère	Les fromagères

Answers to exercise 5

1. Quel âge as-tu? / Quel âge est-ce que tu as?
2. Où habites-tu? / Où est-ce que tu habites?
3. Que vas-tu faire en France? / Qu'est-ce que tu vas faire en France?
4. Est-ce que tu as des frères et sœurs?
5. Quelle(s) langue(s) parles-tu? Quelle(s) langue(s) est-ce que tu parles?

Answers to exercise 6

1. Emmy n'aime pas le chocolat.
2. Il ne fait pas beau aujourd'hui.

3. Je n'aimerais pas aller au cinéma.
4. Emmy ne dépense pas beaucoup d'argent.
5. Emmy n'est pas égoïste.

Answers to exercise 7

Verbes	Ta conjugaison
Chanter, présent, 1ère pers. sing.	Je chante
Jouer, futur, 1ère pers. plur.	Nous jouerons
Manger, imparfait, 3ème pers. sing.	Il / elle / on mangeait
Finir, présent, 2ème pers. sing	Tu finis
Bouger, futur, 3ème pers. plur.	Ils /elles bougeront
Écrire, présent, 1ère pers. sing.	J'écris
Parler, imparfait, 2ème pers. plur.	Vous parliez

Answers to exercise 8

Text translation:

Emmy is from New Zealand. She grew up with her parents and her younger brother in a town called Gisborne. This town is on the North Island, on the edge of the Pacific Ocean. The country consists of two main islands, the North Island and the South Island. The more populated one is where Emmy and her brother grew up.

During her trip, she knows that she will miss her family very much, but she dreamed of discovering France, its culture, and its landscapes. She is looking forward to doing her WHV there and discovering all that France has to offer. She hopes to find a job in the Biarritz area so she can surf after working all day long. She is very good at this sport and wants to continue to practice it.

Answers to questions:
1. VRAI
2. FAUX
3. FAUX
4. VRAI
5. FAUX

Answers to exercise 9

Ce texte est juste un exemple de ce que tu pourrais écrire à propos d'un membre de ta famille.

This text is just an example of what you could write about a family member.

Voici ce que Emmy a écrit sur son frère:

This is what Emmy wrote about her brother:

Mon petit frère a 17 ans. Il habite encore chez mes parents car il n'a pas fini ses études. Bien qu'il soit mon petit frère, il est plus grand que moi en taille. Il mesure 1m83. Il a des cheveux bruns et des yeux verts.

Answers to reading comprehension 1

1. La natation, le surf, le kitesurf, le paddle
2. Se détendre
3. Boulot
4. Au bord de la plage
5. **Titre 3:** Les sports nautiques

Answers to reading comprehension 2

1. Décoller, accompagner, passer, manger, quitter, pleurer, enregistrer, s'envoler, embarquer, réserver, admirer, espérer, parler.
2. Être, prendre, partir, atterrir, boire, attendre, avoir, pouvoir.
3. Pour pouvoir admirer le paysage pendant le vol.
4. Elle a pleuré d'émotion.
5. Avant de passer la zone de sécurité.

Answers to exercise 1

1. a décollé
2. a regardé
3. a réveillée
4. rêvait
5. a décidé / recontrerait
6. imagine
7. pense / mangera
8. avait terminé

Answers to exercise 2

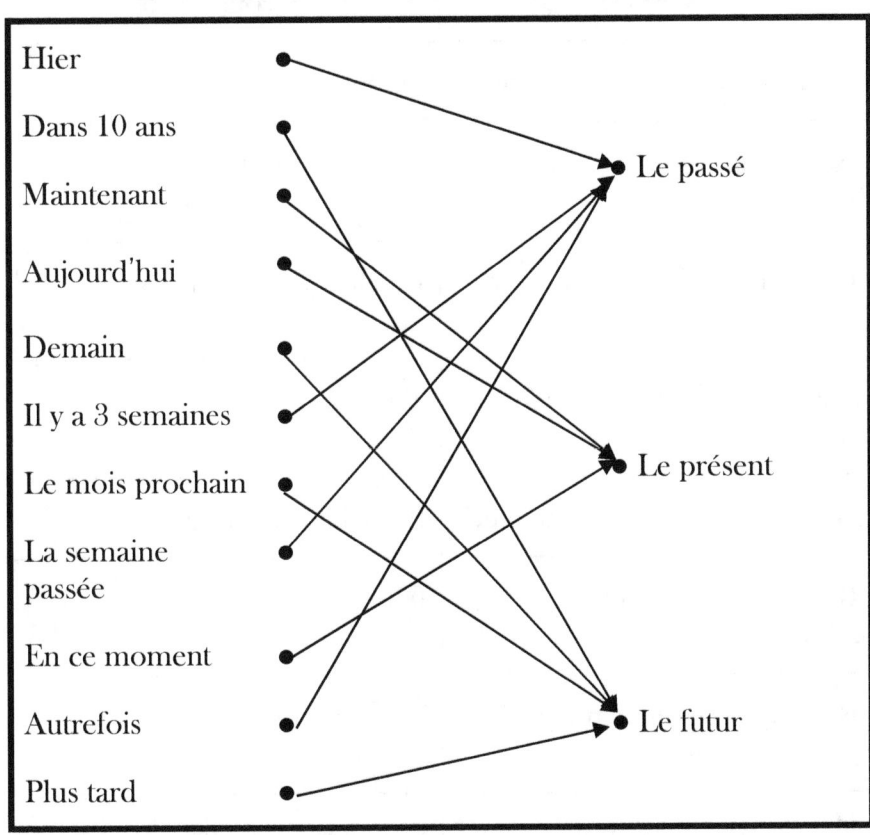

Answers to reading comprehension 3

1. Atterrir, finir, bâtir, enrichir.
2. Commencer, décider, débrouiller, aller, chercher, étudier, pratiquer, apprécier.
3. Elle reste 2 semaines à Paris.
4. L'objectif est de bâtir de bonnes bases en communication.
5. Sa journée commence en allant chercher un café et un croissant à la boulangerie.

Answers to exercise 3

Verbes	Ta conjugaison
Finir, présent, 1ère pers. sing.	Je finis
Accomplir, futur, 1ère pers. plur.	Nous accomplirons
Grandir, imparfait, 3ème pers. sing.	Il / elle / on grandissait
Maigrir, présent, 2ème pers. sing	Tu maigris
Grossir, futur, 3ème pers. plur.	Ils / elles grossiront
Réussir, présent, 1ère pers. sing.	Je réussis
Réagir, imparfait, 2ème pers. plur.	Vous réagissiez
Fleurir, passé composé, 3ème pers. plur.	Ils / elles ont fleuri

Obéir, futur antérieur, 2ème pers. sing.	Tu auras obéi
Rougir, plus-que-parfait, 3ème pers. plur.	Ils / elles avaient rougi
Remplir, conditionnel présent, 1ère pers. sing.	Je remplirais

Answers to exercise 4

Ce texte est juste un exemple de ce que tu pourrais écrire.

This text is just an example of what you could write.

Habituellement, je commence ma journée en me levant à 06:30. Je bois un thé noir et je prends mon petit-déjeuner à la maison. Ensuite, je pars au travail à pied. A midi, je mange avec mes collègues au restaurant. Puis le soir, après le travail, je fais une heure de sport pour me défouler.

Answers to reading comprehension 4

1. Pouvoir, prendre, partir, revenir, dormir.
2. Elle ne travaille pas le samedi et le dimanche.
3. Elle est allé visiter Bordeaux.
4. Elle travaille 6 heures par jour, de 09h00 à 15h00.
5. Elle est allée en train à Bordeaux.

Answers to exercise 5

1. Emmy travaille cinq jours par semaine.
2. Le restaurant où elle travaille est situé à Biarritz.
3. Durant le week-end, elle va souvent ailleurs pour profiter de son temps libre.
4. Elle déjeune tous les jours au restaurant.
5. Après le travail, elle a du temps pour aller surfer.

Answers to exercise 6

Customer: Hello, I would like a table to eat at.

Emmy: Hello, you can sit here. I will bring you the menu right away.

Customer: Thank you.

Emmy: Here is the menu. Can I get you something to drink already?

Customer: Yes, I would like a bottle of still water and a glass of red wine.

Emmy: Here are your drinks. What would you like to eat?

Customer: I would like to eat the salmon tartar with chips and a small green salad.

Emmy: I have got it. I will bring it right away.

Answers to reading comprehension 5

1. Cela veut dire: s'adresser à une personne avec la forme de politesse « vous ».
2. Non.
3. Elle leur demande d'abord s'ils veulent boire quelque chose.
4. Elle leur demande si tout se passe bien.
5. Travailler, parler, vouvoyer, arriver, proposer, demander, apporter, commander, manger, désirer, retourner.

Answers to exercise 7

1. Que voulez-vous?
2. Est-ce que vous pourriez venir?
3. Vous pouvez vous assoir à cette table.
4. Cela vous coutera 25 euros.
5. Est-ce que vous désirez manger quelque chose?

Answers to exercise 8

Emmy: Hi, Jean, would you like to go to the Aluna Festival in Ruoms in June?

Jean: Hi, Emmy. Yes, I would love to. What day would you like to go?

Emmy: I would love to go on Saturday night. I am going to book my ticket.

Jean: Can you book my ticket for me at the same time?

Emmy: Yes, of course. It costs 60 euros. Can you make a transfer?

Jean: Yes, no problem. I will do it right away.

Emmy: Perfect, thank you.

Answers to reading comprehension 6

1. Se motiver, se décider, se promener, se lever, se doucher, s'offrir, se rendre.
2. Non, elle est partie avec ses amis.
3. Elle a travaillé 2 mois complets.
4. Elle a mangé une glace à la fraise.
5. Ils dorment dans un camping.

Answers to exercise 9

1. Quand elle a du temps libre, Emmy *te balade* / *se balade* / *nous balade* dans la forêt.
2. Emmy et ses amis *se sont rendus* / *s'est rendue* / *vous êtes rendus* à Vallon-Pont-d'Arc.
3. Emmy et ses amis *se sont rencontré* / *se sont rencontrés* / *se sont rencontrées* à Biarritz.
4. Ils *se sont souvent offert* / *s'est souvent offert* / *nous sommes offert* des glaces l'après-midi.
5. Je *me suis promené* / *t'es promené* / *s'est promené* en montagne.

Answers to exercise 10

1. Le train
2. Le vélo / la bicyclette
3. La moto / le scooter
4. L'avion
5. Le bateau

Answers to mid-book quiz

Answers to exercise 1

Verbes	Ta conjugaison
Parier, imparfait, 1ère pers. sing.	Je pariais
Bondir, présent, 2ème pers. sing.	Tu bondis
Terminer, futur, 3ème pers. sing.	Il / elle / on terminera
Savoir, passé composé, 1ère pers. plur.	Nous avons su
Pouvoir, conditionnel présent, 2ème pers. plur.	Vous pourriez
Croire, présent, 3ème pers. plur.	Ils / elles croient
Naviguer, futur antérieur, 1ère pers. sing.	J'aurai navigué
Papoter, plus-que-parfait, 2ème pers. sing.	Tu avais papoté
Finir, imparfait, 3ème pers. sing.	Il / elle / on finissait
Bâtir, futur, 1ère pers. plur.	Nous bâtirons
Boire, passé composé, 2ème pers. plur.	Vous avez bu
Danser, plus-que-parfait, 3ème pers. plur.	Ils / elles avaient dansé

Marcher, passé simple, 1ère pers. sing.	Je marchai
Accomplir, présent, 2ème pers. sing.	Tu accomplis
Pleurer, futur antérieur, 3ème pers. sing.	Il / elle / on aura pleuré

Answers to exercise 2
1. Oui
2. Oui
3. Oui
4. Non
5. Oui

Answers to exercise 3
1. Je me lave tous les matins avant d'aller au travail.
2. Emmy se promène / se balade après le travail.
3. Il se brosse les dents après avoir mangé.
4. Ils s'assoient.
5. Nous nous demandons si tu vas venir ce soir.

Answers to exercise 4

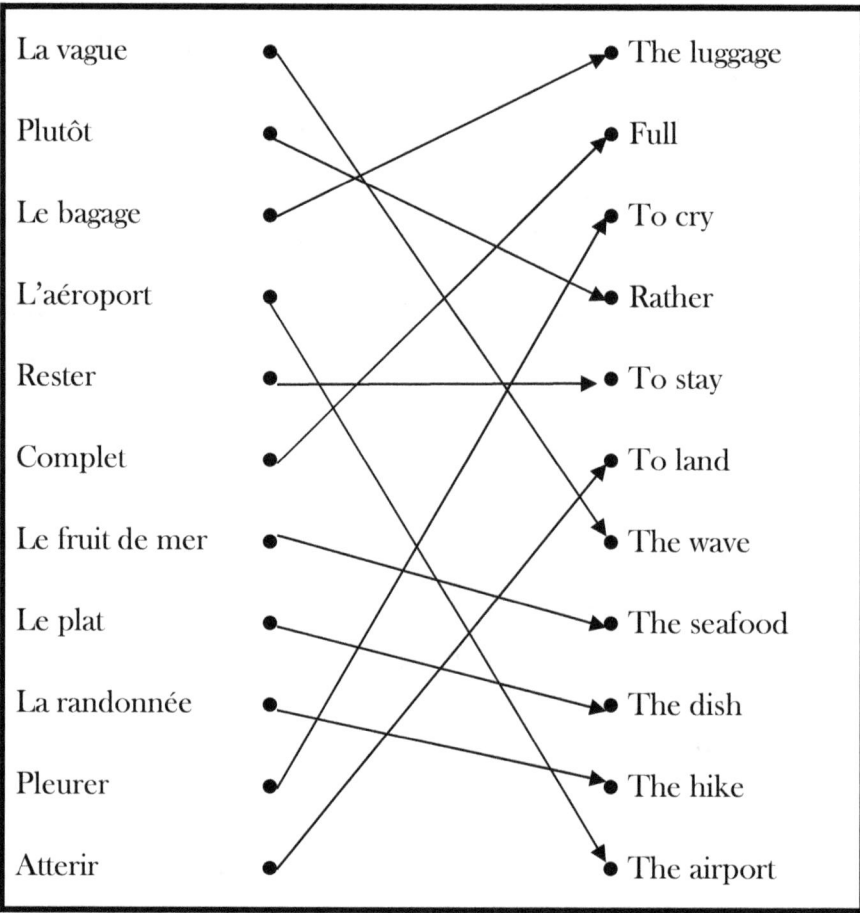

Answers to exercise 5
1. Emmy et ses amis sont allés quelques jours en Ardèche.
2. Ils ont fait de la randonnée et du canoë.
3. Ils étaient dans la région de Vallon-Pont-d'Arc.
4. Ils ont gouté des spécialités comme la crème de marrons.
5. Emmy a beaucoup aimé explorer ce département français.

Answers to reading comprehension 7
1. En montant, en marchant, en rentrant.
2. Avoir, aller, visiter, prendre, manger, se détendre, dévaler, traverser.

3. Elle a réservé 3 nuitées.
4. Elle a fait du yoga.
5. Le Rhône traverse la ville de Lyon.

Answers to exercise 11

1. Emmy pense à sa famille en voyageant.
2. Elle écrit ses aventures dans un carnet en pensant à son petit frère.
3. Jean marche en racontant une histoire à Emmy.
4. Il chante en se douchant.
5. Emmy réfléchit en faisant un gâteau.

Answers to exercise 12

Verbe à l'infinitif	Participe présent
Danser	Dansant
Discuter	Discutant
Croire	Croyant
Partir	Partant
Commander	Commandant
Devoir	Devant
Courir	Courant
Finir	Finissant
Décorer	Décorant
Préparer	Préparant

Prendre	Prenant
Conduire	Conduisant
Apprendre	Apprenant
Regarder	Regardant
Dessiner	Dessinant

Answers to reading comprehension 8

1. Serait, souhaiterait, aimerait.
2. Emmy travaille 6 jours par semaine.
3. Sa tâche principale est de récolter le raisin mûr.
4. Le but de ce travail est de gagner suffisamment d'argent pour continuer à voyager.
5. Elle souhaite continuer à voyager dans le sud, à Toulouse et à Montpellier.

Answers to exercise 13

1. Le repas est préparé par Emmy pour elle et ses collègues.
2. La vaisselle est nettoyée par le collègue d'Emmy.
3. Une grande maison est partagée par Emmy et ses collègues.
4. La lessive est faite une fois par semaine par Emmy.
5. Du très bon vin est produit par l'entreprise.

Answers to exercise 14

Ce texte est juste un exemple de ce que tu pourrais écrire.

This text is just an example of what you could write.

1. Je souhaiterais être en bonne santé toute ma vie.
2. J'aimerais voyager en Asie.
3. Je voudrais une belle voiture de sport.

4. Je souhaiterais passer du temps en famille au moins une fois par semaine.
5. J'aimerais réussir mes examens de fin d'année.

Answers to reading comprehension 9
1. Il s'agit du discours direct.
2. Ils sont heureux, enthousiastes et fiers.
3. La famille d'Emmy va venir 15 jours pendant les vacances de Noël.
4. Ils vont aller skier, faire des raquettes, de la randonnée et de la luge.
5. Elle reste 8 jours en tout. Elle sera 5 jours à Montpellier et 3 jours à Toulouse.

Answers to exercise 15
1. Emmy dit qu'elle se réjouit de retrouver sa famille pendant les vacances de Noël.
2. Emmy affirme qu'elle a beaucoup aimé travailler dans les vignes.
3. Emmy a raconté que son moment préféré en France était quand ils sont allés faire du canoë en Ardèche.
4. Les parents d'Emmy disent qu'ils sont très fiers d'elle.
5. Jean, l'ami d'Emmy, dit qu'il espère la revoir un jour.

Answers to exercise 16
1. Les parents d'Emmy viennent en France du 20 décembre au 3 janvier.
2. Le chalet qu'ils ont loué coûte 1000 euros par semaine.
3. Ils boiront du chocolat chaud tous les jours.
4. Le petit frère d'Emmy prendra des cours de ski.
5. Peut-être que Jean rejoindra Emmy et sa famille à Chamonix.

Answers to reading comprehension 10
1. Ils mangent beaucoup de viande.
2. Elle aurait préféré manger moins de viande.

3. Elle mangeait 2 fois par jour de la viande quand elle travaille au restaurant et dans les vignes.
4. Elle a mangé des repas végétariens dans les grandes villes qu'elle a visité.
5. Avant de venir en France, Emmy pensait que les français étaient tous de fin gourmets.

Answers to reading comprehension 11
1. Non, il est faux.
2. Non, elle n'était pas sereine. Elle appréhendait son début de voyage.
3. Elle est située proche de son école de langue.
4. Selon son expérience, les parisiens sont très accueillant.
5. Elle a reçu de l'aide lorsqu'elle avait des questions pour prendre le métro ou le bus.

Answers to reading comprehension 12
1. Le monument dont elle avait le plus entendu parlé est la Tour Eiffel.
2. Non, elle trouve que ça donne une image réductrice.
3. Réductrice, intéressantes, merveilleuses.
4. Elle va parler de toutes les choses merveilleuses qu'elle a découvert.
5. Oui, bien qu'il y ait des endroits encore plus charmant à Paris et en France.

Answers to exercise 17

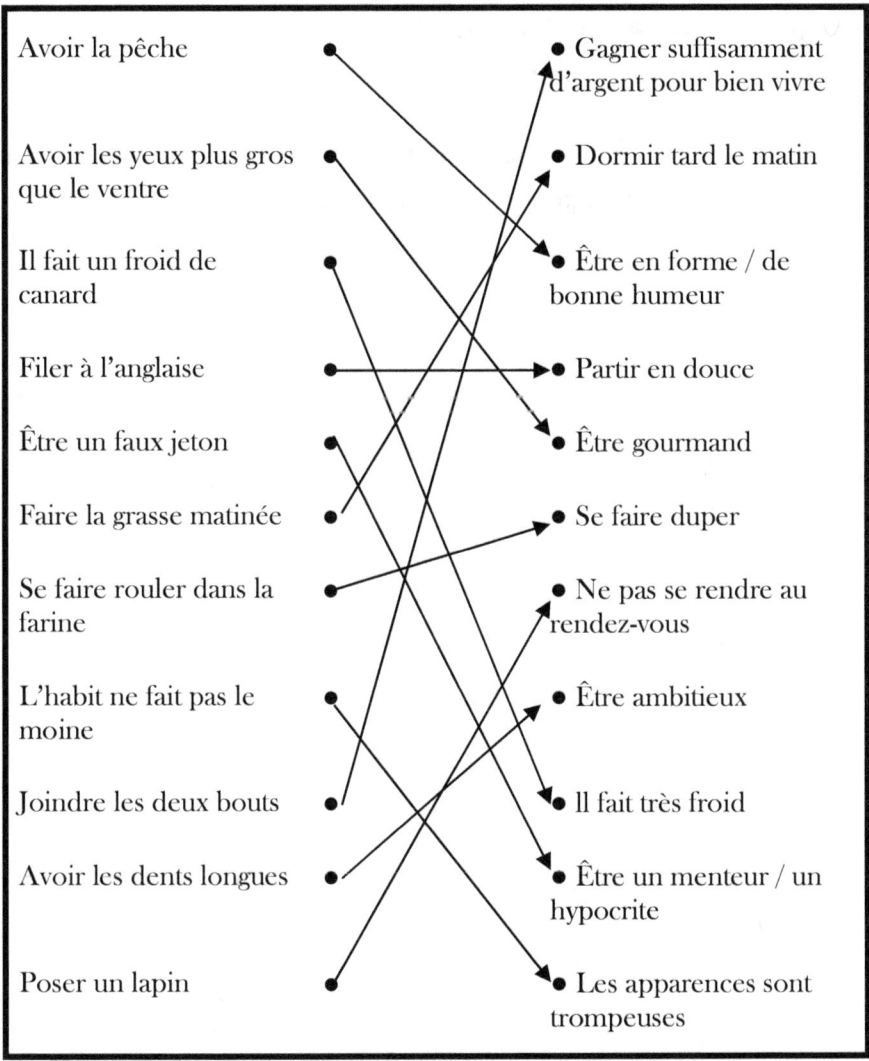

Answers to exercise 18

1. Emmy mange cinq fruits et légumes par jour pour être en bonne santé.
2. Emmy a parcouru toute la France pendant une année entière.
3. La famille d'Emmy la rejoint pour deux semaines de vacances.
4. Emmy a particulièrement aimé son séjour à Toulouse.

5. Elle a fait la connaissance de belles personnes.
6. Elle a travaillé dans un restaurant au bord de la mer.
7. Jean est tombé amoureux d'elle.
8. Jean a prévu de faire un PVT en Nouvelle-Zélande pour revoir Emmy.
9. Pendant les vacances, la maman d'Emmy a skié sur la montagne.
10. Emmy n'oubliera jamais son expérience en France.

Here's another book by Lingo Publishing that you might like

Free Bonuses from Raoul Dumont

Hi French Learners!

My name is Raoul Dumont, and first off, I want to THANK YOU for reading my book.

Now you have a chance to join my exclusive French language learning email list so you can get the ebooks below for free as well as the potential to get more French books for free! Simply click the link below to join.

P.S. Remember that it's 100% free to join the list.

Access your free bonuses here:
https://livetolearn.lpages.co/learn-french-paperback/